系図研究資料

島津家家臣団系図集　上巻

各家各氏一族分出略系図

野田幸敬　編著

南方新社

系図研究資料
島津家家臣団系図集上巻
各家各氏一族分出略系図

装　丁／鈴木　巳貴
ＤＴＰ／山元由貴奈

はじめに

　薩摩藩では江戸時代初期まで、島津家家臣団の系図類のまとまったものは存在しなかった。江戸幕府が第三代将軍家光の時代、寛永18（1641）年に、各大名・旗本家に先祖の由緒と系図の提出を求めた。これを受けて、当時の第2代薩摩藩主島津光久は、家臣が所持している文書・系図類を提出させた。これによって完成したのが島津本宗家の公式家系譜『新編島津氏世録正統系図』である。

　一方、宮之城島津図書久竹は、寛文12（1672）年に国家老に就任するや系図類の編纂事業を引き継ぎ、家臣団の系図集をまとめるように指示を出した。そしてついに、正徳年間（1711年頃）に『新編島津氏世録支流系図』が編纂され、島津本宗家より分出した一族の系図集が完成した。

　島津氏以外の系図集としては、ほぼ同時期の宝永年間（1704年頃）までに種子島氏、祢寝氏、肝付氏、鎌田氏、本田氏等、寄合以上の31家の嫡家の系図及び支族の分出状況を記した略系図が『甕府諸家系図』（東京大学史料編纂所所蔵）としてまとめられている。

　これ以降、薩摩藩が手掛けた系図集は存在しない。しかし、正徳年間の藩士数は約1万6000人であり、幕末の藩士数5万4000人の約3割に過ぎず、この間、続々と別立（分家）を繰り返し藩士数は増加しているのである。

　わずかに天保年間（1830年頃）に文書方がまとめたと思われる『薩陽武鑑』等、上級家臣寄合以上の各家の嫡家のみをまとめた武鑑類が存在するだけである。これは嫡家の流れを知るのがやっとで、膨大に輩出した分家の実態は不明のままであった。

　筆者は、昭和60年頃より各島津分家や有力家臣の子孫の方を訪ね、現在まで30年以上にわたり正徳年間にさかのぼる系図類を収集してきた。また、薩摩藩、佐土原藩内の墓地のほとんどを調査してまわり、不明なところを埋めていった。

　平成10年頃、島津帯刀家の御子孫、黒岡久尚氏を訪問する機会を得た。黒岡氏は貴重な史料を大量に所持されており、中でも寄合以上について詳細な系図集としてまとめた『薩陽諸家略譜』は、傑出したものであった。帯刀家の幕末期の当主、島津帯刀久直が明治中期までをまとめ、その子黒岡帯刀が大正9（1920）年までを書き継いだものである。この『薩陽諸家略譜』は印刷されたものではなく、当然に国内のどこの公的資料館にもない、いわば「幻の系図集」とも言えるものであった。

　平成12年頃より『薩陽諸家略譜』に黒岡久尚氏と筆者の調べた系図を合わせ、寄合

以下の小番、郷士も含めて薩摩藩全家臣の実態を明らかにしようという壮大な編纂作業に着手した。黒岡氏は平成24年に帰らぬ人となったが、ここに『島津家家臣団系図集』を刊行し、その全貌の一端を明らかにしたい。

　なお、山田氏、肝付氏等700年近い家系を誇る一族では、南北朝時代、戦国時代などのうち続く合戦のため、系図が滅却した例も多い。このため、子孫は自分の出自を証明できないことも多くみられる。これらの一族については、著者の判断で確定ではないが（出所不知）と記して繋いでいる。

　また本書は、東大史料編纂所等が保存する文書を翻刻出版するのとは違い、不確定な出自の一族も記すことによって、読者諸氏の系図研究の一助になればとも考えている。あえて、可能性のある一族をできるだけ網羅したつもりである。

野田幸敬

島津家家臣団系図集上巻　凡例

1．島津家家臣団系図集（上・下巻）は、幕末約５万4000戸にのぼる薩摩藩と佐土原藩の家臣団の系図集である。

2．島津家家臣団系図集は、上巻・各家各氏一族分出略系図と、下巻・各家各氏詳細系図からなる。上巻・各家各氏一族分出略系図は、本家より分家し藩内各地に定住していった一族の流れを分かりやすく見るためのものである。下巻・各家各氏詳細系図は、実名、通称、官名、生年月日、母親の名、実績、没年、法名を記載し、歴代家臣の藩内における地位・役割・功績を明らかにするものである。

3．上巻・各家各氏一族分出略系図の収録家数は3500家、下巻・各家各氏詳細系図の収録家数は1100家である。

上巻について

【対象】

1．島津氏一族、島津氏以外の他姓氏家臣、他国の島津氏一族を対象とする。

2．島津氏一族、島津氏以外の他姓氏家臣について、上級家臣の一門家４（４）家、一所持30（20）家、一所持格12（９）家、寄合54（27）家、寄合並10（５）家、無格２（２）家、（以上カッコ内は島津一族）に本家のある全一族、及び、小番に本家のある一族も一部加えた。

3．他国の島津氏一族については、信濃、越前、播磨、下野、米沢、京都、富山をはじめ、島津姓の存在する地域を網羅した。

【配列】

1．島津氏一族、島津氏以外の他姓氏家臣については、冒頭に近世〜現代までの島津本宗家の出自に由来する伊作氏系図、相州島津家系図を載せた。さらに佐土原島津家、島之内島津家と続ける。それ以降は、基本として、それぞれ本家の嘉永５年当時の家格順に配列した。

　　ただし、肝付氏については２男家の家格が上位のため、それを用いた。小番の鮫島氏については、下巻の詳細系図に種子島氏家臣家老組を特に取り上げたため、種子島氏の次に掲載する。西郷隆盛、大久保利通家は、嘉永5年当時は小姓与であったが、明治2（1869）年戊辰戦争の勲功で一代寄合を認められているため、小番の下に記載した。

　　また、氏祖が兄弟関係などの場合で、分家数の少ない家は同一系図に併記した。例えば桂氏、迫水氏、喜入氏等は同一系図とした。

2．他国の島津氏一族については、鎌倉幕府の御家人になった順に信濃、米沢、下野の順に配列した。越前、播磨については、島津一門家の重富島津家の系図に記載している。幕府旗本となった家は、相州島津家、佐土原島津家の系図に記載した。

【各一族の記載】

1．氏祖から幕末までを基本として、明治以降の判明した分については、適宜記載した。短命で養子などが連続した家もあり最終記載人名の年代は一致していない。

2．氏祖については、歴代当主の何男かを記し、出所を明らかにした。

3．島津家本宗家歴代当主及び、佐土原藩主のみ公をつけた。他の敬称は省略した。

4．主に家督継承者の実名を記載した。複数の実名をもつ者は、最後の実名を記した。実名不明

の場合は通称を記した。なお実名の下部に通称を記したものもある。家督継承者不明の場合は、男子をすべて記載した。

5．実名が不明な場合は時○、忠○、と○で表示した。

6．2、3男について、分家を認められ別立したと判明した者は以降の系図を記した。

7．実線（—）は親子関係、二重線（＝）は養子関係、点線（----）は数代不明を表す。

8．氏祖が不明ながら、途中から判明した家については、（出所不知）と記載した。なお、著者の判断で血縁関係が推察される場合については、点線で繋げ（出所不知）と記載した。

9．各系図の末尾に、例えば（一所持格　島津矢柄家　134）と各家を表示している。家格と幕末時点の家名、番号は下巻の掲載番号を記したものである。

島津家家臣団系図集上巻　各家各氏一族分出略系図

目　次

はじめに	3
凡例	5
解説	13

島津本宗家一族分出略系図	22
薩摩藩家臣配置図	30
薩摩藩内郡郷図	31

島津家家臣団概要 — 33

1. 島津一族上級家臣一覧 ——— 35
2. 他姓氏上級家臣一覧 ——— 37
3. 島津一族城下士小番一覧 ——— 38
4. 他姓氏城下士小番一覧 ——— 41
5. 島津一族郷士一覧①（薩摩国） ——— 44
　 島津一族郷士一覧②（大隅国） ——— 46
　 島津一族郷士一覧③（日向国） ——— 48
　 島津一族郷士一覧④（寺院・神社役人及び衆人） ——— 50
6. 島津一族家中士（陪臣）一覧 ——— 52
7. 佐土原藩島津一族一覧 ——— 56

各家各氏一族分出略系図 — 57

第1部　島津一族 （ ）は姓氏名 — 59

1. 伊作氏一族分出略系図（伊作、西、西田、石見、恒吉、若松、津野） ——— 60
2. 相州島津家一族分出略系図（島津、野間、後藤、藤島） ——— 68
3. 佐土原島津家、島之内島津家一族分出略系図（島津、曽小川、小島、新島） ——— 70
4. 越前島津家、播磨島津家、重富島津家、加賀島津家、江州島津家一族分出略系図（島津、三和、勝山、宇宿、知覧、加藤） ——— 72
5. 加治木島津家、島津助之丞家、佐司島津家一族分出略系図（島津、村橋、谷崎、三木原、郷原、谷川） ——— 78
6. 垂水島津家、新城島津家一族分出略系図（島津、末川、末富、細瀧、豊倉） ——— 80
7. 今和泉島津家一族分出略系図（島津、和泉、博多、増水、野久尾） ——— 82
8. 日置島津家一族分出略系図（島津、赤山、板鼻、山岡） ——— 84
9. 永吉島津家一族分出略系図（島津、九良賀野、掛橋、小林、本城） ——— 86

10. 花岡島津家、島津大蔵家、島津頼母家、島津求馬家一族分出略系図（島津、村森、三崎、権田、柳）————————88

11. 宮之城島津家、市成島津家一族分出略系図（島津、基太村、大熊、川久保、平岡）————90

12. 都城島津家（北郷氏）一族分出略系図（島津、北郷、龍岡、神田、末弘）————92

13. 川上氏一族分出略系図（川上、安山、小原、山口）————98

14. 総州島津家、碇山島津家一族分出略系図（島津、碇山、相馬、成山、始良）————112

15. 豊州島津家一族分出略系図（島津、倉山、黒岡、平山、加治木）————114

16. 知覧島津家（佐多氏）一族分出略系図（島津、佐多、達山、伊佐敷）————116

17. 新納氏一族分出略系図（新納、邦永、西谷）————124

18. 樺山氏一族分出略系図（樺山、音堅、村山）————130

19. 桂氏、迫水氏、喜入氏一族分出略系図（桂、迫水、吉満、吉水、喜入）————138

20. 町田氏、阿多氏一族分出略系図（町田、阿多、梅本、梅元、石谷、飯牟礼）————140

21. 薩州島津家一族分出略系図（島津、栗川、三葉、西川、大野、吉利、寺山、大田）————152

22. 伊集院氏庶流今給黎伊集院氏一族分出略系図（伊集院、末野、今給黎）————158

23. 大島氏、志和池氏、義岡氏、石坂氏、阿蘇谷氏一族分出略系図（大島、志和池、義岡、石坂、豊秀、阿蘇谷、浅谷）————166

24. 伊集院氏本家及庶流伊集院氏一族分出略系図（伊集院、末野、石原、門貫、今村）————168

25. 藤野氏、亀山氏一族分出略系図（藤野、亀山、広原）————176

26. 山田氏（島津支流）一族分出略系図（山田、武通、中村、宮里）————178

27. 伊集院氏庶流松下氏一族分出略系図（松下）————182

28. 伊集院氏庶流飛松氏一族分出略系図（伊集院、飛松、富松）————190

29. 伊集院氏庶流入佐氏一族分出略系図（入佐）————194

30. 伊集院氏庶流土橋氏一族分出略系図（土橋）————196

31. 伊集院氏庶流日置氏、古垣氏、春成氏、福山氏一族分出略系図（日置、古垣、春成、福山、家村）————198

32. 伊集院氏庶流大田氏、南郷氏一族分出略系図（大田、南郷）————202

33. 伊集院氏庶流猪鹿倉氏、麦生田氏、有屋田氏一族分出略系図（猪鹿倉、麦生田、有屋田）————204

34. 伊集院氏庶流黒葛原氏、東氏一族分出略系図（黒葛原、東）————206

35. 伊集院氏庶流丸田氏一族分出略系図（伊集院、丸田、堀之内、末野）————210

36. 伊集院氏庶流四本氏一族分出略系図（四本）————216

37. 伊集院氏庶流大重氏一族分出略系図（大重）————218

第2部　島津一族以外の他姓氏家臣（　）は姓氏名 ————223

38. 種子島氏一族分出略系図（種子島、北条、美座、國上、西村、河東、下村、肥後、早崎、

黒江、鎌樹、岩河、時任、子島、種子田、中田、河内）———————————————— 224

39. 鮫島氏一族分出略系図（鮫島）———————————————— 238

40. 桓武平氏三浦氏一族分出略系図（三浦、石井）———————————————— 242

41. 土岐氏、敷根氏一族分出略系図（島津、土岐、敷根）———————————————— 248

42. 伴姓肝付氏一族分出略系図（肝付）———————————————— 250

43. 肝付氏二男家肝付主殿家一族分出略系図（肝付、薬丸、徳永）———————————————— 256

44. 肝付氏二男家頴娃内膳家一族分出略系図（肝付、頴娃）———————————————— 260

45. 肝付氏庶流山下氏、鶴丸氏一族分出略系図（肝付、山下、鶴丸）———————————————— 262

46. 肝付氏庶流鹿屋氏、内之浦氏一族分出略系図（鹿屋、内之浦）———————————————— 264

47. 肝付氏庶流川南氏、津曲氏、吉国氏一族分出略系図（川南、津曲、吉国）———————————————— 266

48. 肝付氏庶流津曲氏一族分出略系図（肝付、津曲）———————————————— 270

49. 肝付氏庶流岸良氏、野崎氏、波見氏一族分出略系図（岸良、野崎、波見）———————————————— 274

50. 肝付氏庶流萩原氏、薬丸氏、古木氏、武満氏一族分出略系図（萩原、薬丸、古木、武満）———————————————— 278

51. 肝付氏庶流救仁郷氏、小城氏、馬関田氏、北原氏、川路氏一族分出略系図（救仁郷、小城、馬関田、北原、川路）———————————————— 282

52. 肝付氏庶流検見崎氏、松崎氏、左近充氏一族分出略系図（検見崎、松崎、左近充）———————————————— 286

53. 肝付氏庶流萩原氏一族分出略系図（萩原）———————————————— 290

54. 肝付氏庶流安楽氏一族分出略系図（安楽）———————————————— 294

55. 肝付氏庶流梅北氏、著野氏、岩倉氏一族分出略系図（梅北、著野、岩倉）———————————————— 298

56. 肝付氏庶流前田氏一族分出略系図（前田）———————————————— 304

57. 肝付氏庶流和泉氏、安楽氏、大浦氏一族分出略系図（和泉、出水、安楽、大浦）———————————————— 306

58. 肝付氏庶流三俣氏、橋口氏一族分出略系図（三俣、橋口）———————————————— 310

59. 肝付氏庶流出所不知肝付氏一族分出略系図（肝付）———————————————— 312

60. 小松氏、祢寝氏一族分出略系図（小松、祢寝、上脇、松沢、角、池端、馬場、西、武、竹崎、鶴丸、七目木、河窪、窪、西本、野久尾、堀之内、入鹿山、北、鳥浜、東、山本、在留、野間、丸嶺、今村、嶺崎、宮原）———————————————— 314

61. 入来院氏一族分出略系図（入来院、村尾、副田、岡本、木場、山口、寺尾、清瀬、中村、倉野）———————————————— 322

62. 比志島氏、川田氏一族分出略系図（比志島、小山田、川田、西俣）———————————————— 326

63. 菱刈氏、曽木氏一族分出略系図（菱刈、曽木、馬越、楠原）———————————————— 330

64. 諏訪氏、上井氏一族分出略系図（島津、諏訪、上井）———————————————— 342

65. 畠山氏、阿多氏一族分出略系図（畠山、阿多）———————————————— 344

66. 鎌田氏、篠原氏一族分出略系図（鎌田、篠原、篠田、小森、宇都）———————————————— 346

67. 伊勢氏、有川氏一族分出略系図（伊勢、有川、北条）———————————————— 354

68. 市田氏一族分出略系図（市田）———————————————— 358

69.　山田氏（平姓）、山田司家一族分出略系図（山田）————————————— 360

70.　平田氏、寺師氏一族分出略系図（平田、寺師）————————————— 364

71.　大蔵姓高橋氏一族分出略系図（高橋、立花、秋月）————————————— 378

72.　仁礼氏一族分出略系図（楡井、仁礼）————————————— 380

73.　二階堂氏一族分出略系図（二階堂）————————————— 382

74.　名越氏一族分出略系図（名越）————————————— 384

75.　本田氏一族分出略系図（本田、天辰、島田）————————————— 386

76.　相良氏一族分出略系図（相良、犬童、肱岡、稲留、中神、瀬之口、蓑田）————————————— 392

77.　堀氏一族分出略系図（堀）————————————— 398

78.　小笠原氏一族分出略系図（小笠原）————————————— 400

79.　市来氏一族分出略系図（市来、執印、國分、羽島、永利、向井、川上、志茂、角、吉永、
　　　平野、五代、馬場、山野田、植松、田口、厚地、川俣）————————————— 402

80.　河野氏一族分出略系図（河野）————————————— 410

81.　赤松氏一族分出略系図（赤松、有馬）————————————— 412

82.　渋谷氏、東郷氏一族分出略系図（渋谷、東郷、鳥丸、池山、白浜、瀬戸口）————————————— 414

83.　宮之原氏一族分出略系図（宮之原）————————————— 418

84.　関山氏一族分出略系図（関山）————————————— 420

85.　岩下氏一族分出略系図（岩下）————————————— 422

86.　上野氏一族分出略系図（上野）————————————— 424

87.　猪飼氏一族分出略系図（猪飼）————————————— 426

88.　調所氏一族分出略系図（調所）————————————— 428

89.　宇多源氏西氏一族分出略系図（西、皆吉）————————————— 430

90.　井上氏一族分出略系図（井上、藤井）————————————— 432

91.　面高氏一族分出略系図（面高）————————————— 434

92.　土持氏一族分出略系図（土持、富高、岡富、清水）————————————— 436

93.　高崎氏一族分出略系図（高崎）————————————— 440

94.　志岐氏一族分出略系図（志岐、菊池、西郷、栖本、猪原）————————————— 444

95.　田尻氏一族分出略系図（田尻）————————————— 446

96.　中西氏一族分出略系図（中西）————————————— 448

97.　吉田氏一族分出略系図（吉田、吉川、和田）————————————— 450

98.　伊東氏一族分出略系図（伊東、伊藤、井尻、曽我、佐土原、田島、堤、長倉、木脇、唐
　　　鎌、長野、松形）————————————— 452

99.　日向飫肥藩伊東氏一族分出略系図（伊東、高浜）————————————— 472

100.　岩山氏一族分出略系図（岩山）————————————— 476

101.　伊地知氏一族分出略系図（秩父、伊地知、前田、日高、福崎、渕之上）————————————— 478

102.　西郷氏一族分出略系図（西郷、奥松、真方）————————————— 486

103. 大久保氏一族分出略系図（大久保、牧野）————————————— 490

104. 桑波田氏一族分出略系図（桑波田）————————————————— 492

第3部　島津家家臣以外他国の島津一族（　）は姓氏名 ———————— 499

105. 三州（薩隅日）以外の他国の島津氏一族分出略系図（島津、後藤、藤島、吉本、
北郷、伊作、樺山、神代、津野、野々山、小曽戸、梅沢、三和、三方、山岸、加藤）————— 500

106. 信濃国関係島津氏一族分出略系図（島津、神代、津野、梅沢、小曽戸）———— 506

107. 信濃国浅野村島津氏一族分出略系図（島津）——————————————— 510

108. 松代藩島津佐織家一族分出略系図（島津）——————————————— 512

109. 松本藩家老野々山氏一族分出略系図（野々山、上田）—————————— 514

110. 米沢島津氏一族分出略系図（島津）—————————————————— 516

111. 下野国島津氏一族分出略系図（島津、梅沢、木村、小曽戸）——————— 518

112. 越前鯖江藩島津家他出所不知島津氏一族分出略系図（島津）——————— 522

解説1

薩摩藩島津一族及び家臣団の拡大

1．はじめに

　島津氏は、初代忠久が平氏政権滅亡後の文治2（1186）年、源頼朝によって鎮西島津荘の下司職に任命されたのに始まり、建久8（1197）年には薩摩、大隅、日向三国の守護に補任された。その後も鎌倉時代、南北朝・室町時代の守護大名、戦国大名、豊臣大名、江戸近世大名として、およそ700年間、南九州に君臨し続けた。同様に平安時代末期〜鎌倉初期よりの家系を誇る陸奥の伊達氏、信濃の諏訪氏、日向の伊東氏、肥前の五島氏、対馬の宗氏、肥後の相良氏等は一国内の一、二の郡あるいは郷（荘）の地頭職を相伝した地方領主にすぎず、島津氏のように各時代とも同一地域で、大名として栄え続けた家は他に例がない。

2．外城制

　島津氏は、江戸時代末までの700年間に多くの支族を分出し、その数は幕末までに島津苗字の分家35家、伊集院氏、川上氏等の他の苗字の支族は172苗字、およそ2600家に達している。
　近世薩摩藩はこれら一族を家臣化し、藩内113外城（別に佐土原支藩及5外城、旗本島之内島津家領）に分封配置し、強固な体制を築き上げた。これが明治維新を実現させた軍事組織である薩摩藩外城制と言われるものである。

3．家臣団の減少

　島津一族を含めた家臣団の総数を見てみると、天正14（1586）年、戸次川の合戦で豊臣軍の先鋒隊である四国の長曽我部元親と大友宗麟の連合軍を破って、ほぼ全九州を制圧していた時点でおよそ10万人といわれていた。しかしこの数は一時的に膨張していたに過ぎず25万人にも及ぶ豊臣秀吉軍の到着の知らせに、日和見していた各地の領主は離反してしまい、島津軍本隊総数は4万人前後となってしまった。その上、豊臣秀長軍との根白坂の決戦で敗れ降伏した後、領地も薩摩、大隅二国と日向諸懸郡一郡のみに減封された。
　さらに家臣減に追い打ちをかけたのは、豊臣政権下の文禄・慶長の役（朝鮮出兵）での大量の戦死者、梅北の乱での朝鮮出兵不満家臣団の処分と島津歳久の切腹、9ヵ月にも及ぶ内乱である伊集院忠真の乱、関ヶ原の合戦での島津義弘、豊久軍による

解説1　薩摩藩島津一族及び家臣団の拡大　13

1500人の敵中突破の玉砕戦、また18代太守家久（徳川幕府初代藩主）による16代義久系家臣団の粛正等により、傷病兵を含めても２万人弱へと弱体化していった。

４．家臣団の増強

　徳川大名となった島津氏は関ヶ原合戦後の軍事的緊張感の増した状態で幕府に対峙し続けたため、家臣団の増強をはかる必要に迫られた。近世薩摩藩は独自の外城制を採用し、他藩が城下に集中して藩士を居住させたのに比し藩内を113の外城に分割し、それぞれに有力家臣を居住させて守らせた。各外城の藩士には臨戦体制を保持したまま領地防衛と地方行政を任せた。また、２男以下の男子が誕生すると、他藩では制限した別立（分家）を数多く認めたので、江戸時代中期以降、比較的裕福な家臣達は新田開発等も行いながら次々に知行を分知し、藩士数は増加していった。

　江戸時代を通じて兵役を任う正式な家臣と認められた藩士数は表の通りである。

貞享元年　　（1684）	15,061人
宝永３年　　（1706）	16,313人
寛政６年頃　（1794）	38,256人
嘉永５年頃　（1852）	42,300人

芳　即正「樺山本“要用集”について」『鹿児島県立短大紀要』30号
尾口義男「薩摩藩と近世琉球国の人口」『黎明館調査研究報告』第13集
今吉　弘、徳永和喜編『鹿児島県謎解き散歩』新人物往来社

　外城制によって各地に定住した家臣の監視もあり農民一揆等もほとんどなかったので、分家創出により藩士数は増加し続けた。明治維新後の全国の県別の士族数を記した新潟県長岡士族本富安四郎の『薩摩見聞記』によると、加賀100万石の石川県が、支藩の大聖寺藩10万石分を含めて１万3619戸なのに対し、鹿児島県士族は４万6529戸もあり宮崎県の都城３万5000石分など、旧薩摩藩宮崎県分を含めると旧薩摩藩全体で約５万4000戸にものぼり、鹿児島県士族数は他県の５、６倍に達していた。
　明治４年に著された『薩隅日地理纂考』によると、黒木、蘭牟田、市成、蒲生など11外城では士族数が平民数より多いという他藩では考えられない現象が見られた。

５．私領と家臣配置

　薩摩藩は徳川幕藩体制の中でも、長州藩毛利家、佐賀藩鍋島家、仙台藩伊達家と並ぶ数少ない地方知行を認められた大藩の一つであった。すなわち家臣に私有の領地を

認め藩内各郷に分封した。それらは、あたかも徳川政権下の諸大名配置の如き様相を呈していた。

嘉永5（1852）年当時で、私領を有する家臣は21家を数え、私領主と呼ばれた。これ以外にも一郷全部ではないが一村だけ私有を許された14家があった。この村を一所持切村といい、私領と同じ扱いをされたし、後に正式に私領と認められた所もあった。

私領主と持切村を領した家臣合わせ35家と島津本宗家、支藩の佐土原島津家、幕府旗本となった島之内島津家及び飫肥藩の伊東家とを地図上に図示してみた。国境沿いの重要拠点出水、志布志、高岡郷などへ多数の家臣を定住させ、また、そこに通じる外城に島津一族を巧みに配置した。他国人は郷を何カ所も通らねば鹿児島城下に達することはできず、江戸幕府の隠密等の出入りに効果的なチェックの役割を果たした。

6．川上氏系図と他の一族

次に、島津一族の拡大の例を、有力支族川上氏で見てみたい。

川上一族は、城下士、郷士、私領士として藩内一円に分布している。この内垂水島津家臣（私領士）になった川上出羽入道忠光（川上六郎兵衛家）より分かれた垂水川上一族23家など、藩内におよそ140家に分かれている。

同様に島津支族の樺山、町田、新納、伊集院氏なども藩内各地に分散し、大いに繁栄し、家臣団拡大の中核となっていった。

今給黎流伊集院氏の伊集院民部少輔久延の二人の男子久乗、久道は喜入氏の臣となり、薩摩鹿籠に移ってから次々と別立を増やし、嘉永5年当時で41家になっている。

樺山氏では、豊万丸流5代樺山内蔵久武が徳之島代官などを勤めたが、子孫は112家まで増えている（樺山陸夫編『島津氏流樺山氏一族全系図』）。

以上のように、鎌倉時代島津忠久という一人の武将の血が、700年後の江戸時代末におよそ2600家という明治維新を主導した大武家集団へと拡大したのである。

〈追記〉

鹿児島、宮崎両県以外でも島津初代忠久の子孫が、信濃、越前、播磨、下野栃木、出羽米沢他の領地を相伝して各地に栄えており、そのほとんどの子孫を訪ねて調査を済ませている。小稿もあるので参照戴きたい（野田雄二「信濃の島津氏」『長野郷土史研究会機関紙　長野』125号、野田幸敬「島津氏支族について」『家系研究』33号）

解説2

薩摩藩の藩内統治と家格

1．薩摩藩の藩内統治

　薩摩藩77万石は、薩隅日三国の65万石と琉球国の12万石よりなる。琉球国及び奄美大島など屋久島以南の島嶼部は代官を置いて統治したが、種子島、屋久島より北、及び九州本土は藩内を直轄地92カ所と私領21カ所、合わせて113カ所の外城（郷）に分割して統治した。

　直轄外城は、藩府で重要な役にある寄合以下小番の有力な者を地頭に任命し統治した。地頭はその時々に任命され、世襲ではなかった（徳川政権下の天領及び代官に当たる）。私領は私領主が世襲で領有した（同じく大名に当たる）。また、鹿児島城下には直臣の城下士を住まわせた（同じく旗本、御家人に相当する）。

　各郷にも郷士と呼ばれる有力家臣を居住させ、いつでも戦いに備えられる状態に置いた。郷士もまた直臣であったが、家格は城下士の下に置かれた。私領の家臣は私領士あるいは家中士と呼ばれ、陪臣であり、郷士のさらに下の格であった。

　島津一族は私領主の17家を始め、直臣の城下士として鹿児島城下に居住した家、郷士や私領士になった家など、その数は分家が分家を生み、幕末嘉永5年当時でおよそ2600家に達した。

2．島津一族の系図上の通字

　ここで特記すべきことは、島津一族のほとんど全てが初代忠久にちなんで"忠""久"の二文字を使用して家系を伝えてきていることである。それ故、藩府は本宗家及び上級の家臣とそれ以下の家とを区別するため、正徳3（1713）年"忠""久"の二字の使用を禁止し、家格の高い家臣や、島津支族の中でも嫡家及び勲功のあった家だけに使用を認めた。それ以外の一族は分家、支族とも始祖にちなんだ通し字、例えば川上氏では2代親久の親の字を、また樺山氏は初代資久の資を、同様に町田、新納、伊集院氏はそれぞれ実、時、兼の字を通し字とするように命じられた。

　苗字についても川上氏の庶流のうち2男家以下は、川上姓を許された家以外は安山姓を名乗らされ、樺山、町田、新納、伊集院氏も同じく、音堅、梅本、邦永、末野姓を名乗るよう決められた。ほかの分家支族も同様であったが、これらのほとんどは明治になり、元の苗字に復している。

３．薩摩藩の家格と藩士数の内訳

　次に、家臣配置図中の私領主を始め、島津一族を中心にした上級の家臣をその領地、知行高を合わせて一覧表にしてみた。

　家格の一門家とは徳川家の御三家に相当するもので、いずれも知行高万石以上で本宗家の２男家、準２男家である。重富、加治木、垂水、今和泉家の４家を一門家とした。

　これに次ぐものとして、本宗家３男以下の分家支族と島津氏と対抗してきた在郷領主で当時まで所領を有した家を正徳２（1712）年に一所持と改め、当時一門家を含めて30家、嘉永５年には34家（内島津一族24家）があった。このうち私領主は21家（同17家）である。この中で日置、花岡、宮之城、都城、種子島と一門家４家を加え大身分９家といった。

　さらに一所持と同格の一所持格12家（同９家）があった。この下に主として一門家、一所持の２、３男家の分家である寄合54家（同27家）、寄合並10家（同５家）があり、ここまでが上士と呼ばれた。さらに本宗家の庶長子や本家筋に当たる山田氏、亀山氏の無格２家があった。

　これ以下は平士、あるいは諸士であり、嘉永５年当時の正確な史料はないが、文政３（1820）年薩藩史談集によると、小番760家（同およそ122家）、新番24家（同６家）、小姓与6146家（同約400家）があり、『鹿児島県史』によると文政９（1826）年外城には２万5490人（同約1000人）の郷士と、１万1674人（同約1000人）の私領士（家中士）がいたとされる。

　無一所一所持と呼ばれる家臣もいたが、私領主のように私領を持たない家臣であった。このうち川上氏以下14家が一郷全部でなく一村のみを持切村として領した家臣である。また、一所持格の日向岩川の伊勢氏は、戊辰戦争時に堂々と一隊を形成し出陣した功により、明治４年正式に認められ末吉郷から岩川郷を独立させ、私領主一所持に列している。

　一覧表の寄合54家に加え、嘉永３年嘉永朋党事件で切腹断絶した赤山靱負久晋家１家も記しておく。

４．佐土原藩の家格

　佐土原藩の家格は、ほぼ本藩と同じであるが一所持という家格はない。私領を持つ本藩の一所持に当たるのは、寄合樺山岩記久舒家である。都於郡1000石を私領としていた。

　また、一門家の島津主鈴久輝は、三納郷の内で500石を私領としていた。騎馬は本

藩の小番格に当たり、中小姓は同様に小姓与に相当する。

　旗本領では、２男家小島元督久賢（後復島津姓）が領主代行として島之内領内住吉村に住していた。

城下士（家）＊小姓与以上

家格		（内島津一族）	
一門家	4	（4）	
一所持	30	（20）	
一所持格	12	（9）	
寄合	54	（27）	
寄合並	10	（5）	
無格	2	（2）	山田・亀山
小番（騎馬格）	760	（約122）	
新番	24	（約6）	
小姓与（徒士）	6,146 (3,094)	（約400） （約300）	（内城下六組）
計	7,042	（約600）	

『斉興公史料』「門閥其他御目見以上総数」
『斉彬公史料』「嘉永5年」

郷士、家中士（家）

		（内島津一族）
外城士（郷士）	25,490	（約1,000）
私領士（家中士）	11,674	（約1,000）
計	37,164	（約2,000）

佐土原藩及び旗本領（家）

家格		（内島津一族）
一門家	3	(3)
寄合	8	(4)
騎馬（本藩小番格）	67	(7)
中小姓（本藩小姓与）	134	(3)
その他	318	(8)
計	530	(25)
郷士	708	(18)
旗本領	80	(3)

野田敏夫校訂『佐土原藩分限帳（安政4年)』
新富町黒木政喜家文書『佐土原藩家臣団書上帳』

解説3

他姓氏家臣の任官及び増加

１．忠久公島津荘下司職補任に伴い入部した家臣

　初代島津忠久が、頼朝より文治（1186）年、鎮西島津荘の下司職に補任されてより以降、５代貞久が薩摩に土着するまでの間、多くの関東武士が家臣として領地経営のために入部してきた。入部時期は、それぞれ定かではないが、本田、鎌田、梶原、酒匂、三原、村田、猿渡、長野、難波、畠山、愛甲、山田氏等である。

２．入部以前からいた宮司家（社家）、弁済使

　また、島津氏が薩摩、大隅、日向の守護に、のち薩摩だけの守護となった。島津家家臣入部以前から荘園を管理していた建部、田代、桑畑、留守、最勝寺、沢、平山、国分、市来、執印、五代、宮里、紀姓伊集院といった宮司家（社家）は、守護の意向に従うものが多く家臣化していった。同じく荘園管理に当たる弁済使であった矢上、長谷場、肝付、富山など各氏も、多くが家臣化した。なお、この中で、肝付氏のように島津氏の意向に従わない一族もいた。

３．鎌倉時代の島津氏入部以前の領主

　鎌倉時代に島津氏が入部する以前から、鎌倉御家人として薩摩、大隅、日向に領地を持っていた者もいた。鮫島、二階堂、種子島、入来院、東郷、木場、菱刈、曽木、禰寝、敷根、土岐、伊地知、廻、平田、寺師、名越、月野、野辺、比志島、川田、蒲生、北村、吉田、川上、平野、羽島、向井、小川、桑波田、大前、伊作、益山、税所、是枝、若松、加治木、吉留、脇本、永山、西俣、阿久根、遠矢氏などである。

　島津氏同様、鎌倉幕府の御家人とその分家たちや、それ以前の平安期から領地を持っていた一族である。有力国人領主となっていた者もいるが、当時すでに勢力争いから脱落していた者もいる。

　彼らは、守護島津氏の支配下に組み込まれた一族がほとんどであるが、南北朝、戦国時代を通じて島津氏に激しく対抗し続けた一族がいた。肝付一族と共に島津氏に敵対した蒲生、菱刈氏などである。島津義久によって三州が統一され、九州の大半を支配下に置くに至った戦国時代の後期、これら一族も降伏して従うようになった。

４．平安後期、大宰大監平季基の配下

平安後期に南九州で勢力を築いていた大宰府の上級役人（大宰大監）平季基配下の諸氏がいる。村岡平氏の一族であり、南北朝期まで島津氏に対抗してきた川辺、頴娃、揖宿、知覧、別府、阿多、谷山、薩摩、串木野氏らの一族である。ほとんどが滅んだが、一部の諸流が各地の郷士として残っている。

５．戦国時代に戦力不足を補うために農民や山伏を仕官

時代は下って戦国時代、相州島津忠良や15代貴久の時代などに、戦力不足を補うために田尻荒兵衛といった農民や、面高氏などの山伏等で能力のあるものを多く仕官させた。他国の有力守護家の一族で山伏となっていた伊東一族の伊尻神力坊、最上、毛利、佐竹氏も仕官させている。

６．流浪してきた他国の一族

他国の有力守護家や国人領主の一族で、当主と折り合いが悪くなって流浪して薩摩に来た者も、数多く仕官させている。播磨の赤松氏、日向・伊東一族の長野、田島、唐鎌氏、肥後・相良一族の稲留、鍋倉、犬童、肱岡、竹之下、中神氏、肥後・菊池一族の大河平、原田、西郷、村田氏などである。

また、流浪してきたわけではないが、島津忠昌と豊後・大友親政の娘の婚姻に際し、付き人として従ってきた者として、大友一族の高崎、堀氏らがいる。

７．九州制覇の過程で家臣化

島津氏の九州制覇の過程で家臣化した九州内の城主クラスの豪族も多くいる。島津氏が豊臣秀吉に屈服した後も、薩摩領内にとどまった者たちがいる。

豊後・大友一族の志賀、入田、戸次氏、豊前の城井氏、筑前の大蔵姓高橋氏、筑後の田尻氏、肥前の有馬氏、肥後の阿蘇、赤星、相良、樋口、後醍院、志岐氏、日向の柚木崎、福永、土持、佐土原、木脇、右松、八代、川崎氏らである。

８．その他

その他、江戸時代に藩主の側室になった関係や、藩主や大奥との関係、藩主同士の付き合いの関係で、上級家臣に取り立てられた家もあった。市田、岡田、渋谷、小笠原、関山氏らである。

島津本宗家一族分出略系図

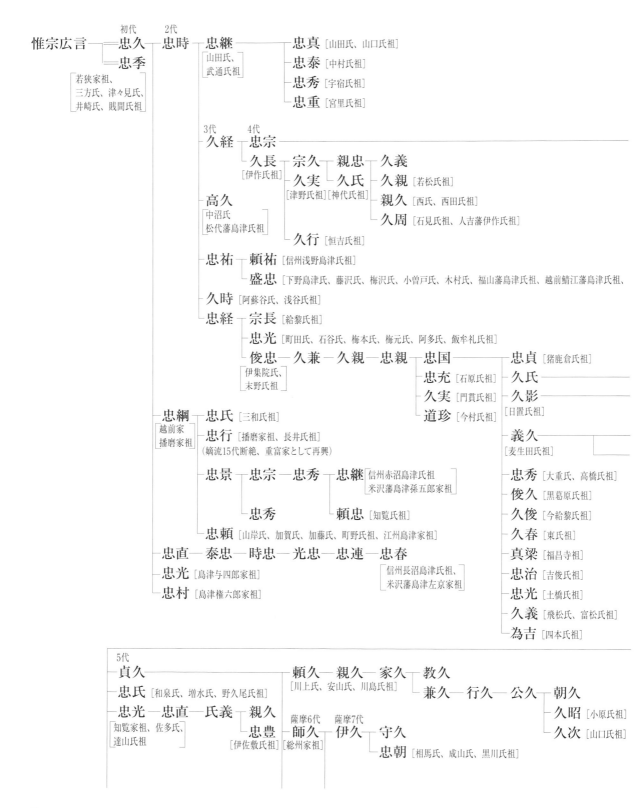

《記載例》
○○家…島津苗字
△△氏…他苗字［支族］
氏祖のみ記載。ただし現代は分家、
立家等はっきりせず、男子全員記載。

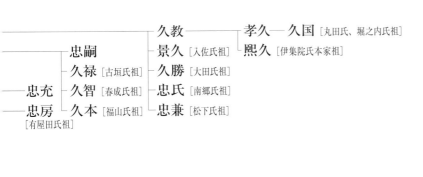

島津本宗家一族分出略系図

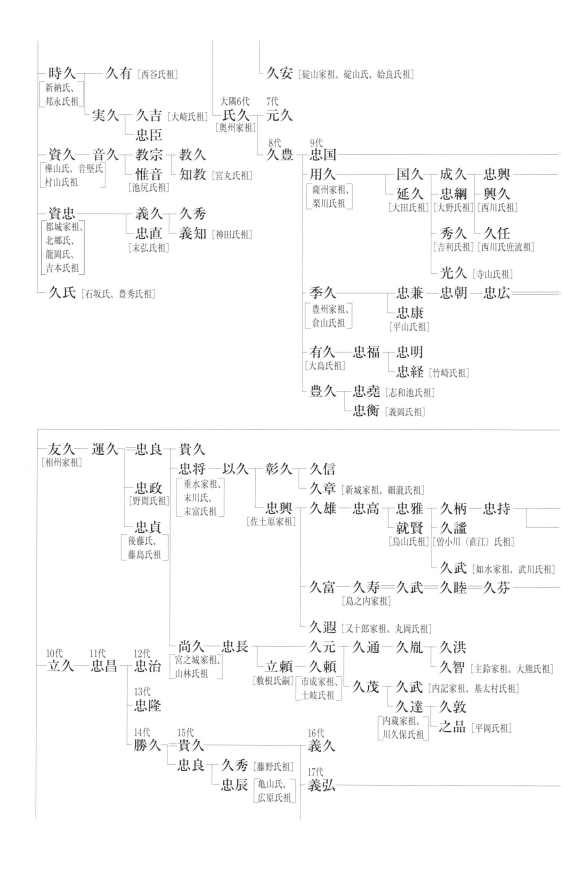

──実久─┬─義虎─┬─忠清
　　　　└─忠継　└─忠栄
　　　　　[三葉氏祖]　[薩州家准二男家祖、
　　　　　　　　　　　岩越氏祖]

──忠親─朝久─久賀─┬─久守
　　　　　　　　　　└─久元
　　　　　　　　　　　[豊州家二男家祖、
　　　　　　　　　　　黒岡氏祖]

──忠徹─┬─久株　[曽小川（求馬）氏祖]
──久徳─┴─忠寛─忠亮─┬─忠磨
　[曽小川（志摩）氏祖]　　　└─健之助　[佐土原二男家祖]

──久般─┬─久道─┬─久房
　　　　│　　　　└─房興　[新島氏祖]
　　　　└─久福─┬─久賢
　　　　　[住吉家祖]　└─久在　[小島家祖]

18代
家久

島津本宗家一族分出略系図　25

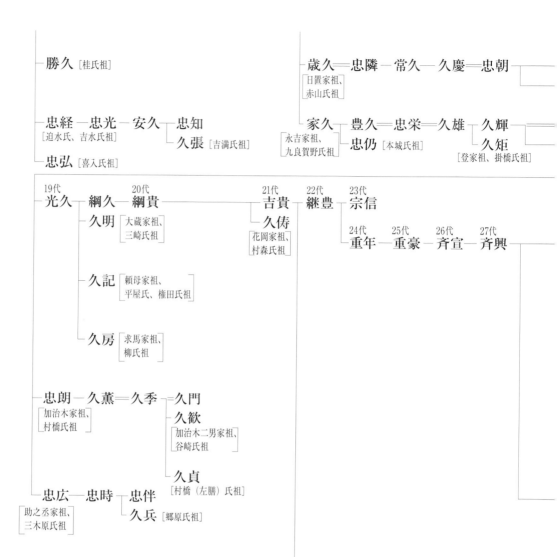

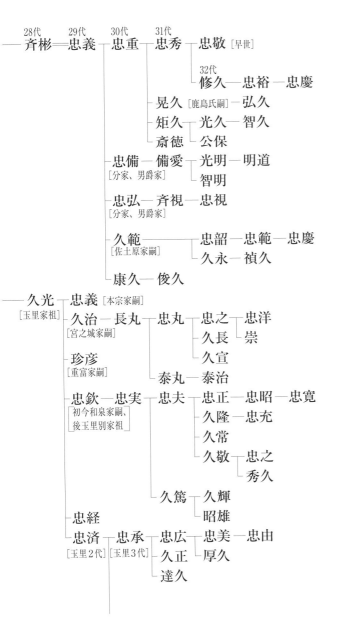

島津本宗家一族分出略系図

越前家再興
忠紀 ― 忠救 ― 忠貫 ＝ 忠公 ― 忠教 ―――――
［重富家祖、勝山氏祖］
　　　　　└ 久倫 ［輙負家祖、花崎氏祖］

和泉氏再興
忠郷 ＝ 忠温 ＝ 忠厚 ― 忠喬 ― 忠剛
［今和泉家祖、和泉氏祖］　　└ 久武　　└ 郷醒 ［和泉氏祖］
　　　　　　　　　　　　　［蔵人家祖、博多氏祖］

```
                    ┌ 知久
       久大 ─ 剛久 ─┤
      [玉里2男家祖]   └ 和久

──忠鑑  珍彦 ┬ 忠彦 ═ 晴久 ─ 孝久
      └ 純久 ┬ 久幹
             └ 敬之介 - 裕之

──忠冬 ─ 忠敬 ═ 忠欽 ─ 隼彦 ┬ 忠親 ─ 忠克
                           ├ 久則 ─ 忠光
                           ├ 久治
                           ├ 久弘
                           ├ 久近
                           ├ 光彦
                           └ 明彦
```

島津本宗家一族分出略系図　29

■薩摩藩家臣団配置図
―嘉永五年（1852）における―

■薩摩藩内郡郷図（外城配置）

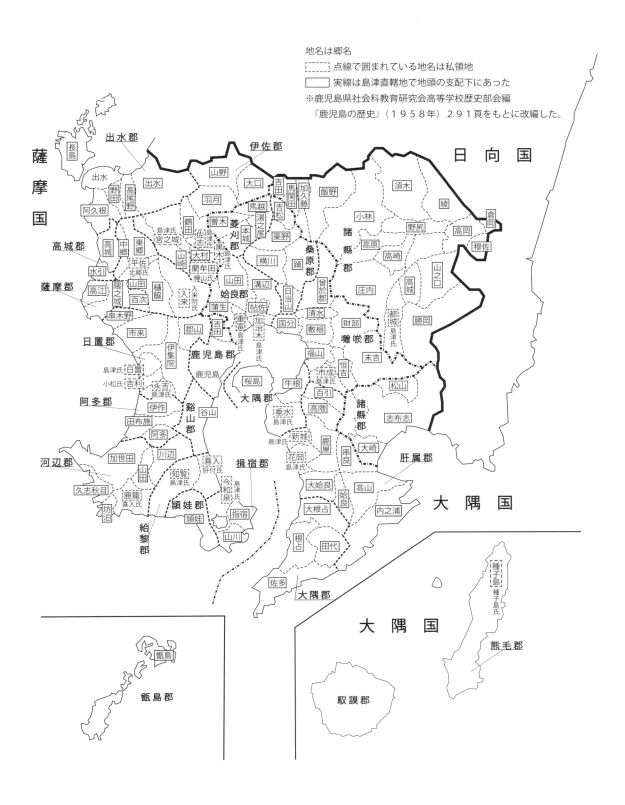

薩摩藩内郡郷図

島津家家臣団概要

1．島津一族上級家臣一覧

2．他姓氏上級家臣一覧

3．島津一族城下士小番一覧

4．他姓氏城下士小番一覧

5．島津一族郷士一覧①（薩摩国）

　　島津一族郷士一覧②（大隅国）

　　島津一族郷士一覧③（日向国）

　　島津一族郷士一覧④（寺院・神社役人及び衆人）

6．島津一族家中士（陪臣）一覧

7．佐土原藩島津一族一覧

1．島津一族上級家臣一覧

幕末嘉永5（1852）年頃の資料による。当主名の通称は分出略系図の家名とは必ずしも一致しない。番号は下巻の掲載番号である。※は幕末時における家臣ではない。

	番号	家名	通称	家格	私領
	100 b	島津本宗家	本宗家	薩摩藩主	鹿児島
※	100 c	玉里島津家	玉里家	（国父）	
※	101	伊作氏	大隅守家	国人領主	伊作
※	102	相州島津家	相州家	国人領主	田布施
	104	重富島津家（越前島津家）	周防家	一門家	重富
	105	加治木島津家	兵庫家	一門家	加治木
	106	垂水島津家	玄蕃家	一門家	垂水
	107	今和泉島津家	安芸家	一門家	今和泉
	108	佐土原島津家	淡路守家	支藩・大名	佐土原
	109	島之内島津家	伊予守家	幕府旗本	島之内
	110	日置島津家	左衛門尉家	一所持	日置
	111	花岡島津家	大学家	一所持	花岡
	112	宮之城島津家	図書家	一所持	宮之城
	113	都城島津家（北郷氏本家）	筑後家	一所持	都城
	115	川上氏本家	久馬家	一所持	鹿児島郡川上村
	116	碇山島津家	将曹家	一所持	－
	117	島津大蔵家（光久公准二男家）	大蔵家	一所持	－
	118	豊州島津家	豊州家	一所持	黒木
	119	永吉島津家	中務家	一所持	永吉
	120	知覧島津家（佐多氏本家）	木工家	一所持	知覧
	121	佐司島津家	縫殿家	一所持	佐志
	122	島津助之丞家（家久公准三男家）	助之丞家	一所持	帖佐郷松原村
	123	新納氏本家	近江家	一所持	踊郷三体堂村
	124	樺山氏本家	主計家	一所持	蘭牟田
	125	桂氏本家	太郎兵衛家	一所持	志布志郷月野村
	126	島津頼母家（光久公准四男家）	頼母家	一所持格	
	127	島津求馬家（光久公准五男家）	求馬家	一所持格	－
	128	喜入氏本家	摂津家	一所持	鹿籠
	129	町田氏本家	監物家	一所持	伊集院郷石谷村
	130	島津帯刀家（豊州家二男家）	帯刀家	一所持格	
	131	島津内記家（宮之城家二男家）	内記家	一所持	恒吉郷坂元村
	132	平佐北郷氏（都城家二男家）	作左衛門家	一所持	平佐
	133	新城島津家（垂水家二男家）	要人家	一所持	新城
	134	島津矢柄家（薩州家准二男家）	矢柄家	一所持格	－
	135	大野氏（薩州家二男家）	多宮家	一所持	
	136	吉利氏（薩州家三男家）	杢右衛門家	一所持	
	137	島津内蔵家（内記家二男家）	内蔵家	一所持格	
	138	伊集院氏（今給黎氏流）	伊膳家	一所持格	踊郷宿窪田村
	140	市成島津家（土岐氏本家）	主水家	一所持	市成
※	159	伊集院氏二男家（豊臣大名・断絶）	幸侃家	（一所持）	都城・頴娃
	201	義岡氏（久豊公五男家）	相馬家	寄合	－
	202	山岡氏（日置家二男家筋）	斎宮家	寄合	－
	203	島津徳之助家（重富家二男家）	徳之助家	寄合	－
	204	島津主右衛門家（加治木家二男家）	主右衛門家	寄合	－
	205	末川氏（垂水家二男家）	将監家	寄合	－

1．島津一族上級家臣一覧 35

206	島津蔵人家（今和泉家二男家）	蔵人家	寄合	－
207	島津清太夫家（日置家二男家）	清太夫家	寄合	－
208	川上氏（二男家筋）	龍衛家	寄合	－
209	川上氏（二男家筋）	弥五太夫家	寄合	－
210	島津登家（永吉家二男家）	登家	寄合	－
211	島津主鈴家（宮之城家庶子家）	主鈴家	寄合	－
212	郷原氏（助之丞家二男家）	金太夫家	寄合	－
213	川上氏（二男家筋）	式部家	寄合	－
214	新納氏二男家	刑部家	寄合	大口郷木ノ氏村
215	樺山氏二男家	要人家	寄合	－
216	北郷氏（都城家二男家筋）	七郎左衛門家	寄合	－
217	北郷氏二男家	権五郎家	寄合	－
218	桂氏二男家	外記家	寄合	－
219	島津仲家（薩州家二男家筋）	仲家	寄合	－
220	伊集院氏本家	十右衛門家	寄合	－
221	新納氏庶流家（是久流二男家）	五郎右衛門家	寄合	川辺郷神殿村
222	町田氏二男家	勘解由	寄合	－
223	伊集院氏二男家	十蔵家	寄合	－
224	新納氏庶流家	主税家	寄合	－
225	伊集院氏（二男家筋・本今給黎氏）	隼衛家	寄合	－
234	小林氏（永吉家准二男家）	中之丞家	寄合	－
※ 254	赤山氏（日置家二男家・断絶）	靱負家	（寄合）	－
281	三崎氏（大蔵家二男家）	平太左衛門家	寄合並	－
282	倉山氏（豊州家二男家）	作太夫家	寄合並	－
283	谷川氏（佐司家二男家）	次郎兵衛家	寄合並	－
284	村橋氏（加治木家三男家）	左膳家	寄合並	－
285	北郷氏（都城家庶流）	助太夫家	寄合並	－

301	亀山氏（勝久公二男家）	杢太夫家	無格	－
302	島津氏流山田氏本家	諸三郎家	無格	－

※無格の亀山、山田氏は上士ではないが、格別の由緒のある家柄のため一覧に加えた。

2．他姓氏上級家臣一覧

幕末嘉永5（1852）年頃の資料による。当主名の通称は分出略系図の家名とは必ずしも一致しない。番号は下巻の掲載番号である。

番号	家名	通称	家格	私領
114	種子島氏本家	弾正家	一所持	種子島
141	頴娃氏（肝付氏二男家）	内膳家	一所持	日当山郷東郷村
142	小松氏（袮寝氏本家）	帯刀家	一所持	吉利
143	入来院氏本家（渋谷氏五男家）	主馬家	一所持	入来
144	比志島氏本家	隼人家	一所持	踊郷万膳村
145	肝付氏（二男家筋）	主殿家	一所持	喜入
146	菱刈氏本家	藤馬家	一所持	－
147	諏訪氏本家	甚六家	一所持	－
148	川田氏（比志島氏二男家）	伊織家	一所持	－
149	畠山氏	数馬家	一所持格	－
150	鎌田氏本家	出雲家	一所持格	大姶良郷南村
151	伊勢氏本家	雅楽家	一所持格	末吉郷岩川村
152	市田氏	勘解由家	一所持格	－
226	平姓山田氏本家	新助家	寄合	－
227	鎌田氏二男家	典膳家	寄合	－
228	平田氏二男家筋	靫負家	寄合	－
229	高橋氏（筑前戦国大名末流）	縫殿家	寄合	－
230	仁礼氏	蔵人家	寄合	－
231	二階堂氏本家	蔀家	寄合	－
232	二階堂氏（二男家筋）	源太夫家	寄合	－
232	二階堂氏（二男家筋）	八太夫家	寄合	－
233	名越氏（秩父氏庶流）	左源太家	寄合	－
235	北条氏（種子島氏二男家）	織部家	寄合	－
236	本田氏本家	作左衛門家	寄合	－
237	相良氏（肥後人吉相良氏庶流）	典礼家	寄合	－
238	平田氏二男家	平太左衛門家	寄合	－
239	堀氏（豊後大友氏庶流）	四郎左衛門家	寄合	－
240	小笠原氏	郷左衛門家	寄合	－
241	鎌田氏（二男家筋）	六郎太夫家	寄合	－
242	鎌田氏庶流	衛守家	寄合	－
243	市来氏（源右衛門二男家）	次十郎家	寄合	－
244	河野氏	外記家	寄合	－
245	赤松氏（播磨赤松氏庶流）	造酒家	寄合	－
246	渋谷氏庶流（四郎左衛門二男家）	喜三左衛門家	寄合	－
247	宮之原氏（本姓畠山氏）	小膳家	寄合	－
248	関山氏	糺家	寄合	－
249	山田氏（初河野氏）	司家	寄合	－
250	岩下氏	佐次右衛門家	寄合	－
251	上野氏	司家	寄合	－
252	猪飼氏	央家	寄合	－
253	調所氏	笑左衛門家	寄合	－
286	伊勢氏二男家	新五郎家	寄合並	－
287	西氏（初皆吉氏）	恰之介家	寄合並	－
288	本田氏庶流（本田六右衛門二男家）	出羽守家	寄合並	－
289	井上氏（井上右京二男家）	駿河守家	寄合並	－
290	面高氏	蓮長院家	寄合並	－

3．島津一族城下士小番一覧

幕末嘉永5（1852）年〜慶応4（1867）年頃の当主。当主名の通称は分出略系図の家名とは必ずしも一致しない。※印は幕末時の当主不明のため、寛永年間（1700年）の当主を示す。

名字	通称	実名	出所	他の通称
川上	左太夫	親賢	忠塞三男忠興流	助太夫、新太夫
川上	助左衛門	親安	義久流	
川上	十郎左衛門	親香	瀬兵衛忠郎二男親豊沅	
川上	瀬兵衛	親秋	13代久通二男久次流	
川上	八郎次郎	嘉清	辰久流　後断絶	
川上	直	親庸	20代久芳二男家	
川上	八郎	親徳	忠村系親房流	八郎左衛門、吉太郎
川上	仲右衛門	親愛※	信安流	彦兵衛、新左衛門、五郎兵衛
川上	四郎兵衛	親紀	忠兄流	
川上	休右衛門	親浄※	忠里流	
川上	納右衛門	納胤※	忠塞系忠継流	
川上	七郎次郎	親芳	忠村流	七郎左衛門
川上	甚左ヱ門	親厚	久門流出所不知	弥右衛門、志摩助、甚左衛門
川上	孫右衛門	親常※	義久系忠清流	藤兵衛、郷兵衛、後藤兵衛
川上	彦兵衛	親豊※	忠村系久辰流	治右衛門、利右衛門
川上	喜藤太	親邦※	忠村系久惟流	弥四郎、喜兵衛、藤兵衛
川上	早右衛門	親方※	久森流	
川上	助八	親商	久晴流	八右衛門、八兵衛
川上	佐左衛門	親次		
川上	孫兵太	親次		
川上	只右衛門	親次		
川上	九戸	親暾	忠塞流久景二男家	権之進

名字	通称	実名	出所	他の通称
新納	権左衛門	時睦	久品二男家	
新納	休右衛門	時庸	忠澄二男家	平太夫、弥五郎
新納	弥太右衛門	時敏	忠増流	悠右衛門、次郎九郎
新納	助左衛門	時方	忠載流	平右衛門、弥兵衛、吉兵衛
新納	喜右衛門	時庸		
新納	十郎	時庸	久顕流	喜右衛門
新納	喜左衛門	時武	久顕流二男家一代小番	善左衛門
新納	弥右衛門	時昭※	旅庵時宗流	
新納	四郎右衛門	時相※	忠常流	孫四郎、五右衛門
新納	武右衛門	時赴※	久和流	宗右衛門
新納	次兵衛	時用※	忠郷流	
新納	四郎兵衛	時央※	忠匡流	宅右衛門
新納	八郎兵衛	時懋	忠時流	仁右衛門、仁兵衛
新納	次郎五郎	時美※	氏豊流	市右衛門、治右衛門
新納	佐左衛門	時次		
新納	庄八	時次		
新納	長意	時次	側医師　蔵米50石	

伊集院氏一族				
名字	通称	実名	出所	他の通称
伊集院	権右衛門	盛昌	継久系盛央流	
伊集院	六郎	兼満	16代久矩二男家	
伊集院	織衛	俊識	継久系久実流	長右衛門、戸右衛門
伊集院	善太夫	俊興※	倍久系忠胤流	六太夫、十助、四郎兵衛
伊集院	彦右衛門	俊陳※	出所不知忠兼流	為兵衛
伊集院	清右衛門	俊村※	久教流忠饒流	造酒右衛門、清兵衛、猪右衛門
伊集院	武兵衛	俊房※	久教流	平次、平七、茂左衛門
伊集院	仁右衛門	俊盈※	今給黎久昌流	兵右衛門、孫次郎
伊集院	源右衛門	俊通※	今給黎久綱流	
伊集院	弥七	俊春※	飛松系久義流	
伊集院	弥八郎	俊章※	飛松系二男家	
伊集院	半五右衛門	俊賢※	丸田系忠安流	若右衛門
伊集院	卯十郎	兼能	隼衛二男家	
伊集院	勘兵	兼次		
伊集院	蔵人	兼次		
伊集院	五兵衛	兼次		
伊集院	杢兵衛	兼次		
伊集院	三助	兼次		
伊集院	平六	兼次		
伊集院	左平太	兼次		
南郷	仁左衛門	俊盈※	忠重流	
南郷	休左衛門	俊昌※	久行流	三右衛門
黒葛原	半右衛門	兼富	久順流	源左衛門、吉左衛門、孫太郎
黒葛原	周右衛門	兼純	嫡流俊久流	守左衛門、左近
入佐	助八	兼友	久行流	助右衛門

町田氏、北郷氏、樺山氏、佐多氏				
名字	通称	実名	出所	他の通称
町田	正太夫	俊賢	式部久孝二男家	次郎太夫、三郎九郎
町田	勘左衛門	実清	寄合式部家二男家俊央流	八之丞、直右衛門
町田	平覚	俊員※	忠光乬如意坊流	甚左衛門、弥兵衛
町田	八右衛門	俊相※	直久系忠豊流	
町田	八左衛門	俊常※	忠豊流二男家	三左衛門、権左衛門
町田	龍右衛門	実職	忠好流	越右衛門、久左衛門、孫兵衛
町田	権右衛門	俊陽※	飯牟礼光秋流	権兵衛
町田	弥市右衛門	俊能※	飯牟礼庶流忠陽流	
町田	七郎左衛門	実有	飯牟礼光義流	
阿多	源左衛門	実美	阿多忠明流	六郎右衛門、平太
阿多	甚左衛門	実正	忠明流二男家	
阿多	一宗	実次	久満流	仲右衛門
北郷	八右衛門	資治	作左衛門二男家資矩流	
北郷	七次郎	資友	資矩家二男家	七左衛門
北郷	喜三太	資盈	時久四男久村流	清右衛門、弥次郎
樺山	厳五郎	資始	21代久美二男家	
樺山	助之進	資応	18代忠郷二男資玄流嫡流	
樺山	孫右衛門	資温	豊万丸流	
佐多	六郎次郎	直陳	8代忠成二男忠真流	
佐多	平左衛門	直行	伊佐敷氏嫡流久基流	
佐多	嘉六郎	直澄		
佐多	後藤太	直内		
佐多	彦四郎	直矩		

島津支族				
名字	通称	実名	出所	他の通称
迫水	善左衛門	久徴	迫水本家久之字御免	
大島	休左衛門	久可	大島本家久之字御免	次郎太夫
大島	孫左衛門	有礼	竹崎忠経流	武左衛門
大島	十郎次	有明	久成准二男家	
藤野	休左衛門	良兄	藤野本家	
亀山	甚之丞	良壹	二男家忠弘流一代小番	
亀山	理兵衛	良徳	三男家忠則流一代小番	
喜入	休右衛門	誉央	二男家忠道流	十右衛門
喜入	嘉之介	誉名	忠道流庶流久憲流	
喜入	雄次郎	誉処	久通二男家	
若松	若次郎	長純	伊作氏庶流若松本家	庄左衛門
若松	平八郎	長春	十左衛門久守流	
西	直八郎	長和	伊作氏庶流次郎左衛門忠重流	
桂	長左衛門	勝行※	式部家二男家吉兵衛忠豊流	民右衛門
桂	八左衛門	勝房※	外記家二男家忠守流	
桂	六左衛門	勝以※	久祐二男家	
義岡	八次郎	実門※	義岡二男家	
志和池	左太夫	実次	志和池氏庶流	
中村	黒人	義祇	山田氏庶流忠泰流	早太
碇山	清太夫	安及	碇山氏庶流	
碇山	雄四郎	安富	碇山氏庶流	

島津分家の庶流				
名字	通称	実名	出所	他の通称
和泉	尚五郎	郷醒	今和泉家庶流	
平岡	八郎太夫	之隆	内蔵家庶流之品流	
平岡	万之助	之次	平岡二男家之常流	彦之丞
川久保	正十郎	尚友	内蔵家二男家	
大熊	左源次	尚芳	主鈴家二男家	
基太村	助左衛門	尚福	内記家二男家尚香流	
三木原	甚左衛門	広徳	助之丞家庶流広一流	
三木原	宝寿院	広直	甚左衛門二男家	
三木原	孝之丞	広次	甚左衛門二男家庶流	
平山	次郎右衛門	季重※	豊州家庶流久清流	
平山	龍助	季実	久行流	
倉山	嘉八郎	季嘉	豊州家庶流	
黒岡	与十郎	季張	帯刀家二男家	
本城	源七郎	輝賢	永吉家庶流忠仍流	源四郎
九良賀野	亘	輝光	永吉家庶流	
細瀧	権八	将明	新城家二男家	
谷崎	徳十太	朗次	加治木二男家庶流	
柳	半助	房親	求馬家二男家	正次郎
権田	弁之助	記次	頼母家二男家記副流	
三崎	正之丞	明遠	大蔵家庶流	
栗川	権十郎	用行	薩州家庶流九十九家二男家用儔流	
大田	五郎右衛門	用賢	薩州家庶流大田本家	
大田	筑右衛門	用致※	薩州家庶流大田二男家	
吉利	正兵衛	用周	薩州家庶流吉利二男家	仲左衛門
寺山	太郎左衛門	用中	薩州家庶流寺山本家	
赤山	東之助	歳寛	日置家庶流	
谷川	民之進	清興	佐司家庶流	
谷川	清次郎	清喜	佐司家庶流	
大野	源兵衛	用春※	薩州家庶流	
大野	宗十郎	用長	大野氏二男家	
博多	富次郎	厚次	蔵人家二男家	

4．他姓氏城下士小番一覧

明和6（1769）年〜天明元（1781）年の史料「諸家調抄」による。上級家臣の一族、及び小番名家は、詳細系図の記載順（家格順）に列記する。通称は当時のもので本系図の家名とは一致しないものもある。それ以外は、愛甲氏以下あいうえお順に記載した。

上級家臣の一族、及び小番名家 （本家の家格順）		
種子島千次郎	鎌田主左衛門	本田新助
種子島宇平次	鎌田勘助	本田半兵衛
種子島吉蔵	鎌田十郎	本田助之丞
種子島権四郎	鎌田軍六	本田孫右衛門
種子島左平太	鎌田彦左衛門	本田新右衛門
肥後平左衛門	鎌田次郎左衛門	本田甚右衛門
肥後藤之丞	鎌田弥右衛門	本田甚五左衛門
肥後八右衛門	伊勢弥八郎	本田勘助
肥後七左衛門	伊勢伝右衛門	本田太兵衛
肥後与三右衛門	伊勢十兵衛	相良助太夫
肥後平六	伊勢平八左衛門	相良与左衛門
上岐市左衛門	有川彦左衛門	相良市郎左衛門
上岐仁之助	有川六弥左衛門	相良源左衛門
頴娃左太夫	有川幸右衛門	相良左平次
祢寝甚兵衛	有川仲右衛門	相良市左衛門
武五郎右衛門	有川七左衛門	相良伝八
岡本千右衛門	山田四郎兵衛	相良甚五右衛門
比志島仙太夫国章	山田八郎兵衛	相良源蔵
比志島孫左衛門	山田源左衛門	相良弥一兵衛
比志島小市	山田増右衛門	相良新平
比志島彦七	山田元右衛門	堀万右衛門
比志島彦八	山田四郎右衛門	市来清兵衛
川田曽右衛門	山田新兵衛	市来軍八
西俣彦左衛門	平田藤兵衛	市来太郎右衛門
肝付八郎右衛門	平田新右衛門	市来早左衛門
肝付五郎兵衛	平田平六	市来十郎右衛門
肝付半兵衛	平田源左衛門	市来勘左衛門
岸良清右衛門	平田五次右衛門	市来次郎左衛門
左近充助左衛門	平田清右衛門	國分十郎右衛門
薬丸長左衛門	平田三五郎	國分藤之丞
薬丸猪右衛門	高橋権左衛門	國分休右衛門
松崎十郎右衛門	高橋七郎兵衛	平野佐次兵衛
松崎蔵右衛門	仁礼半太夫	平野六郎右衛門
菱刈新五兵衛	仁礼善左衛門	五代与右衛門
菱刈次郎左衛門	仁礼惣太夫	五代孫次郎
菱刈文五郎	二階堂与右衛門	五代正助
曽木権之助	二階堂十郎兵衛　享保年中寄合	河野八郎左衛門　元文2寄合
諏訪半右衛門	二階堂五郎太夫	赤松甚右衛門
諏訪八郎右衛門	二階堂新十郎　嘉永元寄合	渋谷三四郎
諏訪市右衛門	二階堂出右衛門	渋谷次郎左衛門
諏訪仲左衛門兼連	名越権之助	渋谷喜三左衛門
諏訪甚兵衛	名越斧右衛門	渋谷谷之丞
諏訪権八	本田与兵衛	渋谷甚八
上井次郎右衛門	本田六右衛門	高城六右衛門

上級家臣の一族、及び小番名家（本家の家格順）		
高城十左衛門	高崎惣右衛門能玄	木脇六郎右衛門
東郷十左衛門	志岐藤右衛門親以	右松安右衛門
東郷喜兵衛	田尻八郎右衛門	岩山金左衛門
東郷惣左衛門	中西文右衛門長孝	秩父十郎左衛門
東郷藤右衛門	中西長兵衛	秩父十之進
東郷四郎太	吉田次郎兵衛	伊地知伊右衛門
関山軍兵衛	吉田六郎左衛門	伊地知五兵衛
岩下長右衛門　　文化4寄合	吉田休兵衛	伊地知四郎兵衛
岩下半右衛門	伊東九右衛門	伊地知新五左衛門
調所八左衛門	伊東仲右衛門	伊地知千左衛門
面高連長院　　　後寄合並	伊東仙右衛門	伊地知猪兵衛
面高善右衛門	伊藤長左衛門	伊地知助太郎
土持新八	伊藤六郎右衛門	伊地知彦左衛門
土持半右衛門	伊藤相左衛門	伊地知彦右衛門
土持平右衛門	木脇八郎右衛門	伊地知八右衛門
土持佐右衛門	木脇助次郎	福崎清左衛門

それ以外の小番（あいうえお順）		
愛甲次右衛門	汾陽源右衛門	坂元平右衛門
赤塚利右衛門	汾陽茂右衛門	柴八郎右衛門
芦谷喜左衛門	汾陽四郎左衛門	篠崎覚左衛門
阿蘇源右衛門	柏原弥太右衛門	篠崎蔵太左衛門
荒武蔵右衛門	蒲生十郎左衛門	白尾四郎兵衛
家村彦兵衛	蒲生伝左衛門	白尾仲右衛門
家村平八	蒲生郷太郎	志和屋左太夫
伊佐岡覚右衛門	川越三右衛門	鈴木宇左衛門
猪俣九半太	川村四郎左衛門	鈴木友右衛門
岩切彦兵衛	上村茂兵衛	関次郎兵衛
岩切六右衛門	神戸五左衛門	園田佐次兵衛
岩元清左衛門	岸喜右衛門	財部伝右衛門
今井八右衛門	菊池藤七郎	財部伝五左衛門
今井仁右衛門	清水源右衛門	高田十郎右衛門
今井与平次	貴島源右衛門	田代甚助
植木次郎太	黒田嘉平次	田中諸右衛門
臼井猶右衛門	久保七兵衛	田中吉左衛門
梅田杢兵衛	児玉四郎兵衛	田中藤次兵衛
浦川金左衛門	児玉小六	谷山孫右衛門
江田源五右衛門	郷田源助	谷山角太夫
大寺甚右衛門	是枝大善坊	中馬源太夫
大寺弥五右衛門	是枝長右衛門	津留伊兵衛
大野清右衛門	後醍院松熊	弟子丸与次右衛門
大河平休兵衛	後醍院半左衛門	弟子丸喜兵衛
大河平源助	税所長右衛門	遠矢金兵衛
小島佐五左衛門	税所弥五右衛門	徳永善左衛門
尾上甚五左衛門	佐久間新左衛門	戸田平次
折田八与左衛門	佐久間源太夫	冨山伝五左衛門
折田長右衛門	酒匂次郎左衛門	冨山九右衛門
甲斐正右衛門	佐竹源左衛門	友野次郎右衛門
海江田半蔵	里村甚蔵	中原伊兵衛
鹿島伝左衛門	鮫島次左衛門	中原仲左衛門
川崎仲右衛門	猿渡嘉左衛門	中神仲右衛門
川崎与三左衛門	讃良善助	長来清右衛門

それ以外の小番（あいうえお順）		
中江九右衛門	福山平太夫	最上新左衛門
奈良原助八	深栖嘉右衛門	毛利善太夫
奈良原喜角	深栖孫之進	森喜右衛門
永田伝左衛門	藤崎陽泉坊	森川孫太夫
永山与三右衛門	別府長次郎	八木八郎兵衛
南雲新右衛門	細江弥右衛門	八木源右衛門
野田勘兵衛	細田覚右衛門	矢野大右衛門
野元源右衛門	牧十郎右衛門	山崎藤八郎
野村太郎左衛門	松元弥八郎	山口杢左衛門
野村小藤太	三原六兵衛	山口十左衛門
野村五郎左衛門	三原佐〃右衛門	山口勘九郎
野村与兵衛	三原次郎左衛門	山元五郎左衛門
野村嘉左衛門	三原九兵衛	山元仙太夫
野村勘兵衛	三原諸右衛門	山沢十太夫
野村源左衛門	三原市右衛門	湯地甚右衛門
野村清兵衛	三原浜右衛門	吉富伊左衛門
野村兵部	三原武兵衛	横山才右衛門
長谷場源助	三原弥十郎	横山万右衛門
長谷場運八	村田与三左衛門	吉井新左衛門
羽田善左衛門	村田安左衛門	四元正蔵
林休左衛門	村田庄八	四元宇右衛門
日高六右衛門	村田与右衛門	四元次郎左衛門
日高新左衛門	村田伊兵衛	和田乗助
福島半助	米良九郎右衛門	和田平七
福屋助左衛門	米良藤右衛門	和田平左衛門

※明和6（1769）年〜天明元（1781）年の史料「諸家調抄」で小番の家を調べた。一部新番の家もあるが、後に小番に昇格した家のみ記す。これと同時期の史料「島津家列朝制度巻二十八」（安永2（1773）年）では、島津一族を含めた小番総数は365家となっている。幕末の嘉永5年「斉彬公史料」では小番家の氏名の記載はなく数だけ760家となっている。「諸家調抄」当時より、幕末嘉永5年までの約100年間で、小番家は400家と倍以上増えていると言える。

4．他姓氏城下士小番一覧　43

5．島津一族郷士一覧①（薩摩国）

幕末嘉永5（1852）年〜慶応4（1867）年頃の当主。当主名の通称は分出略系図の家名とは必ずしも一致しない。※印は幕末時の当主不明のため、寛永年間（1700年）の当主を示す。

郷名	川上氏	町田氏（阿多氏）	
出水	川上清右衛門親庸※ 安山十右衛門親勇※	町田権左衛門実藩 阿多六郎右衛門実堯	
伊集院		阿多源七郎実愛	
東郷		阿多龍左衛門実祐	
市来		町田長右衛門俊香※	
羽月			
伊作		町田十郎兵衛俊餅※ 他に梅本氏3家	
川辺			
谷山			
鶴田			
大口			
加世田			
吉田			
指宿			
川辺郡山田			
田布施			
大村			
野田			
阿多			
高城			
水引			
百次			
中郷			
坊泊			
阿久根			
郡山			

伊集院氏	新納、樺山、佐多、北郷氏	その他
麦生田善左衛門兼養 春成孫兵衛俊宣　他1家	新郎八郎次時友 樺山覚右衛門資生	
坂下六郎貞常		吉利覚左衛門用信※
四本次郎吉為嗣		西宇平次久養 恒吉源右衛門実継　他3家
伊集院吉左衛門兼武　他1家 末野慶兵衛俊純※ 土橋与三右衛門俊親※　他3家 南郷孫兵衛俊常※　他3家		吉利六郎左衛門用次　他3家 浅谷喜兵衛時庸　他3家
		阿蘇谷休八時行　他1家 若松弥次郎
古垣亀右衛門俊明※	樺山平右衛門資親※ 音堅平左衛門資時※	知覧勘兵衛行東　他1家
日置郷右衛門豊俊※	末弘五郎右衛門時雄	大田伝左衛門用将※
伊集院孫七俊尚※ 末野孫之進俊堯※　他4家 入佐助右衛門俊胤　他6家 古垣権左衛門俊房　他1家		吉利治部右衛門用行　他5家
		西川六太夫用益　他2家 宇宿佐太郎康次
大田藤左衛門俊建※ 松下吉兵衛俊名※　他1家 堀之内助左衛門俊知　他1家	新納三左衛門時玄※　他1家 樺山市兵衛資為　他1家	
猪鹿倉与兵衛兼峯 春成刑部左衛門俊重※　他1家	佐多弥兵衛直教※　他1家	西剛次郎長庸　他11家 大島二兵衛有終（初号宮原）
春成覚右衛門俊信※　他1家		
四本勘右衛門俊宣		
日置次右衛門俊吏		
黒葛原長左衛門俊定※他4家 丸田七郎左衛門俊盈※		知覧勘右衛門行充※　他1家
	音堅仲次郎資次	
		吉満善五左衛門経寛　他1家
黒葛原杢太夫俊成※　他6家		山田市左衛門真成 武通十郎左衛門真安　他1家
	佐多治右衛門直景　他達山姓1家	山田新兵衛忠高※　他1家
	佐多貞右衛門直敬　他達山姓1家	
	佐多七兵衛直稠　他達山姓4家	
富松森右衛門俊包※		
松下五右衛門俊商※		
松下八次郎兼通　他3家		
	邦永清左衛門時摸※	西賢右衛門長核※　他2家

5．島津一族郷士一覧①（薩摩国）　45

5．島津一族郷士一覧②（大隅国）

幕末嘉永5（1852）年〜慶応4（1867）年頃の当主。当主名の通称は分出略系図の家名とは必ずしも一致しない。※印は幕末時の当主不明のため、寛永年間（1700年）の当主を示す。

郷名	川上氏	町田氏（阿多氏）	
大姶良	川上休右衛門芳郷 安川清左衛門芳満　他3家		
財部	川上小右衛門親孫※ 安山休右衛門親与※　他3家		
国分	川上佐次右衛門親詮※ 小原八左衛門親英※　他1家	町田助右衛門実堅 他梅本姓4家	
百引		町田佐兵衛実堅 他梅本姓、飯牟礼姓各1家	
串良		町田新八実行 他梅本姓5家	
高山			
帖佐			
曾於郡			
隅州山田			
敷根			
根占			
蒲生		飯牟礼市之進	
吉松			
横川			
踊			
栗野		阿多源助実次　他1家	
清水		阿多清右衛門実次	
溝辺		町田覚右衛門	

伊集院氏	新納、樺山、佐多、北郷氏	その他
松下才十郎俊墨※　他1家		
伊集院為左衛門俊益※　他3家 松下利右衛門俊清※　他2家 飛松与右衛門俊宝※ 東兵衛左衛門		若松林左衛門
伊集院平左衛門俊方※ 松下六郎兵衛俊次※　他2家 飛松与右衛門兼次		平山源五左衛門季厚※　他1家
入佐四郎兵衛俊芳※　他3家		西喜右衛門長貞※　他1家 山田市右衛門真春 武通千右衛門真次　他1家
四本休右衛門俊武※　他1家 富松弥七兵衛俊昉※　他1家 松下半右衛門俊次※		若松万兵衛長次　他4家
		大田次右衛門用徳　他1家 迫水休右衛門経喜
大重喜兵衛俊寧※　他3家 高橋弥右衛門　他1家		恒吉為左衛門長興※
大重次兵衛俊則※　他1家 松下源右衛門俊将※		
伊集院五左衛門俊延※ 松下喜兵衛俊宝※　他3家 大重市之進兼次　他4家		
		姶良次左衛門安穏※　他2家
伊集院孫右衛門俊甫※		
松下安右衛門兼佳　他6家 大重五左衛門俊易※		山田仲兵衛真昌※　他2家
大重八兵衛兼行　他2家		
猪鹿倉勘左衛門兼利		
松下藤右衛門俊相※　他3家		平山猪右衛門季親　他4家
大重源右衛門俊郷※		
		迫水六郎左衛門経次

５．島津一族郷士一覧③（日向国）

幕末嘉永５（1852）年〜慶応４（1867）年頃の当主。当主名の通称は分出略系図の家名とは必ずしも一致しない。※印は幕末時の当主不明のため、寛永年間（1700年）の当主を示す。

郷名	川上氏	町田氏（阿多氏）	
志布志		冏多源太夫実範　他２家	
高崎			
飯野			
高岡			
大崎			
小林			
加久藤			
野尻			
高城			
穆佐			
倉岡			
綾			
松山		阿多喜三右衛門実辰	
山之口	川上源兵衛親音※		

伊集院氏	新納、樺山、佐多、北郷氏	その他
伊集院藤四郎兼温 末野五左衛門兼利　他1家		武通弥左衛門真次　他2家 若松宗右衛門親豊　他3家 恒吉彦四郎行重　他2家
麦生田助右衛門俊方※ 大重采女俊昭※ 松下友右衛門俊次※　他1家		
入佐孫左衛門俊甫※　他5家 大田七郎右衛門俊意※　他1家 丸田弥左衛門俊昌※　他5家		
松下七左衛門兼伯　他5家 有屋田嘉十郎兼明　他1家 土橋新左衛門兼命　他1家 大重弥太左衛門兼秋　他2家		西八郎兵衛長赦 西田次郎左衛門長藤 山田嘉兵衛真秘 知覧利助宗昌 若松喜八親征　他1家 恒吉次郎左衛門宗一
伊集院五兵衛俊盈　他1家 末野喜兵衛俊峯※ 四本半左衛門俊章※　他1家		
		恒吉三左衛門長喬※　他2家
丸田新兵衛俊益※　他2家 堀之内伴左衛門俊倍※		
伊集院弥六俊武※		
土橋伊右衛門俊貞　他2家 黒葛原権八俊安※	佐多兵右衛門直膺※　他達山姓3家	
黒葛原甚七俊満※ 土橋五右衛門※		大野権右衛門用充※　他1家
古垣利兵衛兼幸	新納勘右衛門時次	恒吉伊右衛門正次

5．島津一族郷士一覧④（寺院・神社役人及び衆人）

幕末嘉永5（1852）年〜慶応4（1867）年頃の当主。当主名の通称は分出略系図の家名とは必ずしも一致しない。※印は幕末時の当主不明のため、寛永年間（1700年）の当主を示す。

	川上氏	町田氏（阿多氏）	
大隅小八幡宮衆人			
福昌寺役人		飯牟礼	
霧島山門徒			
南相寺門前			
一乗院門徒			

	伊集院氏	新納、樺山、佐多、北郷氏	その他
		音堅伊右衛門資護※　他5家	
	伊集院伊右衛門俊峯※		
		佐多	
	末野少右衛門俊豊※		

6. 島津一族家中士（陪臣）一覧

各分家支族の附人、家臣となった島津一族。幕末嘉永5（1852）年〜慶応4（1867）年頃の当主。当主名の通称は分出略系図の家名とは必ずしも一致しない。※印は幕末時の当主不明のため、寛永年間（1700年）の当主を示す。

	主	川上氏	町田氏（阿多氏）	
支藩	佐土原藩 島津家臣		町田宗七郎房長　他町田姓5家 石谷佐平次成隣 飯牟礼直吉	
一門家	重富 島津家臣		「差」梅元七右衛門実影 　他梅元姓1家	
一門家	加治木 島津家臣	「差」川上左織親信 安山伊兵衛親基　他安山姓8家		
一門家	垂水 島津家臣	「三」川上六郎兵衛親暁 　他川上姓1家 「差」安山三左衛門親敬 　他安山姓21家 小原直治親峯　他2家	「三」町田勘左衛門実凭 「三」町田軍四郎実敏 「差」梅本平左衛門実宝 　他梅本姓17家 飯牟礼春右衛門光広※	
一門家	今和泉 島津家臣			
大身分	日置 島津家臣	川上半兵衛親晋 安山武兵衛親之　他1家	阿多平左衛門実恒　他2家	
大身分	宮之城 島津家臣		阿多傳	
大身分	都城 島津家臣	川上太郎左衛門親全 安山隆左衛門親輩 　他安山姓1家	町田隆介（断絶）	
大身分	種子島氏臣			
一所持（私領主）	知覧 島津家臣			
一所持（私領主）	永吉 島津家臣			
一所持（私領主）	豊州島津家臣			
一所持（私領主）	市成島津家臣			

「三」は家老格（役人）三家
「差」は〃　〃　差次三家

伊集院氏	新納、樺山、佐多、北郷氏	その他
伊集院相馬久悠 　他伊集院姓3家 （丸田藤助） （春成仙次） （黒葛原民之丞）	新納亘久秀　他2家 樺山岩記久舒　他1家	島津又次郎久方 島津主鈴久輝 曽小川志摩久徳 曽小川直江久健 宇宿八郎次洲治 恒吉専蔵
		広原甚左衛門良知　他2家
土橋六右衛門俊精※　他1家 日置藤右衛門俊済	「三」新納仲左衛門時成 　他新納姓1家 邦永仲之進時盛※　他3家	恒吉清兵衛長直※　他2家
「差」伊集院吉左衛門兼因 末野八郎左衛門兼文 　他末野姓9家	邦永市介時之※ 音堅吉兵衛資秘　他6家	和泉万右衛門氏里 増永主左衛門氏湿　他1家 若松奥之丞長成　他6家
	「差」樺山喜内資盛 　他音堅姓1家	「三」栗川孫六用邦
古垣次兵衛俊次※		
	新納弥三左衛門時枝 邦永孫兵衛時盈※ 佐多吉左衛門直超 達山諸兵衛直清※	
丸田杢右衛門俊方※　他4家 日置典左衛門俊用　他1家 大田弥左衛門兼寛 古垣堅右衛門兼倍 松下銀蔵俊箇※　他2家 猪鹿倉清左衛門兼良　他2家 福山平右衛門泰朗　他3家 富松善十郎兼興	新納長右衛門時苗 　他新納姓1家 邦永文左衛門時喜 音堅十兵衛資宴　他4家 北郷平太左衛門資雄 　他北郷姓7家 龍岡伝五左衛門資弦 　他龍岡姓6家 神田四郎兵衛資剛　他1家 末弘十右衛門（断絶）	
東休蔵兼正　他1家		知覧才兵衛行修 　他知覧姓6家
	佐多才市直安　他佐多姓4家 　附郷士　佐多伝右衛門直通 他佐多姓4家 達山勘右衛門直徴※ 伊佐敷道予直次　他	
	樺山市左衛門資光 音堅乗之進資友	恒吉与兵衛国命
日置善右衛門俊年※　他2家		
末野諸左衛門俊盈		

主	川上氏	町田氏（阿多氏）	
一所持（私領主） 平佐 北郷氏臣			
鹿籠 喜入氏臣			
喜入 肝付氏臣			
蒔牟田 樺山氏臣			
吉利 小松氏臣			
新城島津家臣			
入来院氏臣			
一所持・無一所 石谷 町田本家臣		町田新太夫実邦 町田十郎右衛門実通 飯牟礼新右衛門実詮 飯牟礼半右衛門実嗣 梅本四郎左衛門実有	
川上本家臣	山口郷左衛門親次		
新納本家臣			
一所持格 島津 助之丞家臣			
宮之城二男家 島津内記家臣		梅本佐左衛門俊政※	
豊州家二男家 島津帯刀家臣			
寄合 伊集院本家 十右衛門家臣			
伊集院 十蔵家臣			
小番 土持権之丞 家臣			
平田平六家臣			

伊集院氏	新納、樺山、佐多、北郷氏	その他
	北郷吉左衛門資深 北郷武右衛門資喜 龍岡順右衛門資之　他3家 末弘八左衛門直温	
伊集院佳兵衛兼才 伊集院新四郎兼生 末野理兵衛兼善　他35家 四本六兵衛俊春※　他2家 松下七左衛門俊章※　他2家		
	新納小太夫時行 邦永一角時為　他1家	
	樺山十兵衛資侶　他2家 音堅彦次郎資起　他13家	
伊集院与右衛門忠盈※ 丸田金左衛門俊長　他2家 古垣		中村治兵衛義智
		中村平左衛門清徳
大重武右衛門		
	邦永武右衛門時賢※	
	邦永勘兵衛時兼※	
	達山金左衛門直次	
日置平四郎俊斯※		
伊集院六郎左衛門俊通※		
末野休左衛門俊員※		
		迫水六郎左衛門経次（溝辺住）
	音方諸兵衛資矩※	

7．佐土原藩島津一族一覧

☆印は他姓氏家臣。"騎馬"以下は島津一族のみ記す。

家格	石高	家臣名	出所
藩主	27,000	島津　淡路守　忠寛	
一門家	600	島津　又次郎　久方	久遐流
	500	島津　主鈴　久輝	久武流
	150	曽小川　志摩　久徳	久徳流
寄合	300	酒勾　求馬　景命	後号曽小川求馬久株　150石格
	1,000	樺山　岩記　久舒	都於郡領主　音久流
	300	伊集院　相馬　久悠	辰久流
	300	渋谷　直記　久福	☆左近忠元流
	（不明）	山田　靱負　清輝	☆
	300	新納　亘　久秀	又八郎流
	150	曽小川　実　久郷	久謐流
	120	富田　六郎兵衛　通信	☆
騎馬 本藩小番格	100	町田　信之介　林置	久家流
	170	伊集院　登　兼節	今給黎久堅流
	150	町田　宗七郎　房長	久康流
	140	石谷　佐平次　成隣	忠成、久一流
	120	伊集院　貞之助　兼隆	今給黎忠光流
	80	町田　与五左衛門　清○	忠長系忠長流
	60	宇宿　八左衛門　洲治	久増系久豊流
中小姓 本藩御小姓与	10	伊集院　仲兵衛　珍信	丸田久珍流
	5	春成　仙次	
	壱人扶持	春成　貞衛	
歩行 本藩与力	物成3俵	新納　半兵衛　武○	休内流
	壱ヶ所	春成　蔵之丞	
	壱ヶ所	春成　弥市	
	7	丸田　藤助	
足軽	3俵	春成　貞七	
茶道方	8	新納　秀意	

［都於郡郷士］			
（樺山岩記付） 中小姓	15	飯牟礼　直吉	
	10	樺山　源左衛門　清○	久種流
	7	黒葛原　民之丞	
	3俵	町田　新兵衛　博○	博親流
	3俵	春成　藤兵衛	
	壱ヶ所	丸田　平八	
大工	3	黒葛原　三七	
	3	黒葛原　与七	
［三納郷士］ 歩行	壱ヶ所	伊集院　善助	

幕府旗本　島之内島津家臣

当主	3,000	島津　伊予守　久房	
番代	25	小島　元督　久賢	5代久般二男家
［江戸定府］ 給人	30俵	新島　五郎　房興	6代久道二男家

各家各氏一族分出略系図

第1部　島津一族

第2部　島津一族以外の他姓氏家臣

第3部　島津家家臣以外他国の島津一族

第1部　島津一族

1. 伊作氏一族分出略系図

[号伊作]

1	2	3	4	5	6	7	8	9	10
久長	宗久	親忠	久義	勝久	教久	犬安丸	久逸	善久	忠良

（相州家2代島津運久嗣）
トナリ伊作氏嫡流断絶

島津本宗家
3代久経公
2男

[号若松]

久親 — 義久 — 忠重 — 久綱 — 忠兼 — 久時 — 久信 — 忠冬 — 忠将 — 忠時 —

久種 — 忠成 — 久胤 — 久○ — 久○ — 久○ — 久○ — 忠守 — 久永 —

忠家 — 忠続 — 忠助 — 忠友 — 忠雄 — 忠則 — 忠持 — 忠光 — 忠房 —

忠道 — 道久 ----------------- （出所不知）　久範 —
　　　　　　　　　　　　　　　　　　　　　　　　志布志士

（出所不知）　六左衛門 ＝＝ 神右衛門 —— 甚右衛門 ＝＝ 四郎兵衛 —
　　　　　　　高岡士

（派生一族：伊作、西、西田、石見、恒吉、若松、津野）

断絶　（伊作氏嫡流　伊作三郎左衛門家　101）

—久秀—久光—久宗（城下士）—久昌=久白—久亀—長香（勤小番）—長空　（城下士小番　若松彦兵衛家　322）

　　　　　　　　　　［許若松］
　　　　　　　　　　—久盛（光久公臣）=久東（勤小番）—長鑑—平八郎—長登　（城下士小番　若松十左衛門家　322）

—久春—久次—久明—久次（垂水臣）—忠知—長昌—長英=長昭　（垂水島津家臣　若松彦左衛門家　322）

　　　　　　　　　　　　　　　　　　—久○=長胤—長周　（垂水島津家臣　若松十左衛門家　322）

　　　　　　　　　　　　—忠春（垂水臣）—忠辰—長治—長辰　（垂水島津家臣　若松武左衛門家　322）

　　　　　　　　　　　　　　　　　　—長清—長栄—長知　（垂水島津家臣　若松市左衛門家　322）

　　　　　　　　　　　　　　　　　　　　　　　—長守　（垂水島津家臣　若松次郎右衛門家　322）

　　　　　　　　　　　　　　　　　　　　—長貞—長○　（垂水島津家臣　若松市郎右衛門家　322）

　　　　　　　　　　　　　　　　　　　　—長完　（垂水島津家臣　若松次左衛門家　322）

—忠増—忠実—忠繁—忠禎—忠泰（串良士）—忠成—長堯—長征　（串良士　若松四郎左衛門家　322）

　　　　　　　　　　　　　　　　　　　　　　　—長興　（串良士　若松茂右衛門家　322）

　　　　　　　　　　　　　　　　　—長朋—長好—長昌　（串良士　若松甚左衛門家　322）

　　　　　　　　　　　　　　　　　　　　　　　—長清　（串良士　若松賀平次家　322）

　　　　　　　　　　　　　　　　　　　—長将　（串良士　若松曽右衛門家　322）

—忠安=久時—忠治=忠栄—久高—忠賢—親虎—親英　（志布志士　若松宗右衛門家　322）

　　　　　　　　　　　　　　　　—親弥—親形　（志布志士　若松清之丞家　322）

　　　　　　　　　　　　　—忠統=親宣—親猶　（志布志士　若松伊左衛門家　322）

—新右衛門—新左衛門—親正—平次—平蔵—親征　（日州高岡士　若松新右衛門家　）

複写・複製厳禁

六之介————六之丞————

[号西]
—親久—忠持—忠日—忠方—忠富—忠房—忠蔵—忠嗣—忠重—忠満--------

—忠秀—

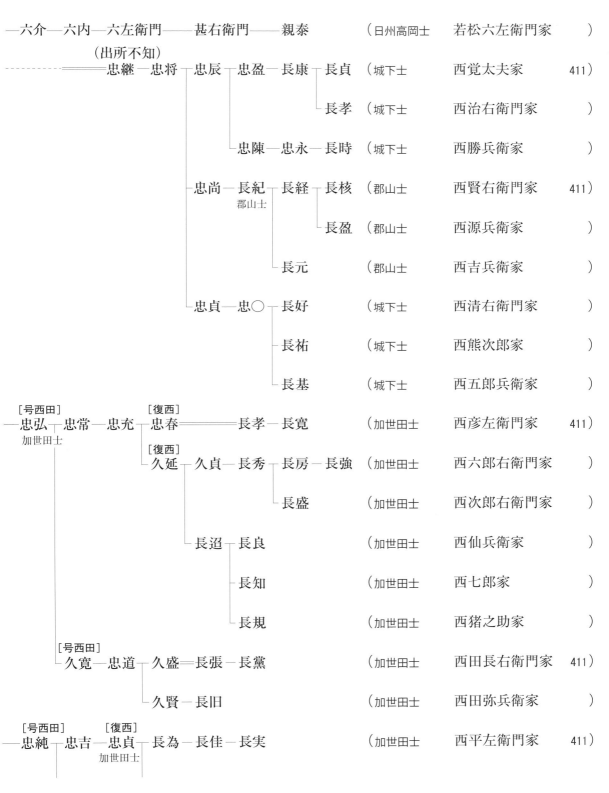

└忠定──

├久幸──久秀（伊作加賀守家 子孫不詳）

├久次──久重（伊作左馬頭家 子孫不詳）

［号伊作］
└久周──久清──久○──久○──久○──久満──忠直──忠房──久吉══久国──
佐土原臣

［号神代］カジロ
└久氏（信濃国太田庄神代郷地頭　子孫不詳）

［号津野］
├久実──忠光──久清（信濃国太田庄津野郷地頭　大塔合
二郎三郎　　　　大蔵　　　戦守護小笠原氏方敗戦　子孫不詳）

├久俊──実久──秀久──仲久（伊作民部大輔家　出家断絶）

［号恒吉］
└久行┬久純──久元──久晴──久実──久照──久守──久俊──久昌──久珍──久之──久棟──

64　島津一族

複写・複製厳禁

系図		家名	
長盈─長堅--------長慶	（加世田士	西五郎右衛門家	）
└長幸	（加世田士	西幸左衛門家	）
[号西田]忠次─忠孫─長道─長道─長利─[復西]長真─長絞	（日州高岡士	西彦左衛門家	411）
日州高岡士　八郎兵衛　勘右衛門			
└長好─長紀─長経─長藤	（日州高岡士	西田貞右衛門家	411）
[号西田]─忠増─[復西]頼真─[復西]忠貞─忠重─久慶─久正─長雄─長洪	（城下士小番	西八左衛門家	411）
城下士　　勤小番			
└久也─長高─万之助	（城下士小番	西十郎兵衛家	411）
勤小番			
└[復西]忠朗─長状─長貞	（隅州百引士	西喜右衛門家	411）
百引士			
└長寛	（隅州百引士	西吉右衛門家	）
百引士			
	（	伊作加賀守家　子孫不詳	101）
	（	伊作左馬頭家　子孫不詳	101）
[号石見]─久次＝忠常─久賢─久次＝長代─長堅	（城下士	石見半蔵家	）
城下士			
[号伊作]─久侶＝久林─久重--------四郎兵衛	人吉藩（相良家臣	伊作四郎兵衛家	）
人吉相良家臣			
	神代大炊介家（住信濃国	子孫不詳	101）
	津野二郎三郎家（住信濃国	子孫不詳	101）
	（伊作民部大輔家	出家断絶	101）
─久骭─忠政─忠明─忠元─忠親─忠辰─長達─長直	（加治木島津家臣	恒吉清兵衛家	508）
加治木臣			
└忠安─忠僚─長堅─長興	（帖佐士	恒吉為左衛門家	）
帖佐士			
└忠次─忠治─忠直─忠時─長雄─長共	（日州小林士	恒吉三右衛門家	）
小林士			
└忠重＝長清─長○	（日州小林士	恒吉正左衛門家	）

複写・複製厳禁

└久成------------------------------------

（出所不知）　久陳—久重—久笙——
　　　　　　　東郷士

　　　（出所不知）　久愛——
　　　　　　　　　歳久臣

　　　（出所不知）　久重——
　　　　　　　　　歳久臣後東郷士

（出所不知）--------＝腆忠＝貞宗——
　　　　　　　　佐土原臣

（出所不知）--------＝國潔—國定——
　　　　　　　　永吉臣

（出所不知）------狩野介-三左衛門┬─五左衛門──五右衛門─
　　　　　　　加治木臣　　　　　└─三右衛門──紹甫

66　島津一族　　　　　　　　　　　　　　複写・複製厳禁

```
　　　┌忠○─忠祐＝忠通─忠公─長富　　　（隅州山田士　　　恒吉市左衛門家　　　　　　）
　　　│隅州山田士
‥‥‥‥‥‥‥‥‥‥‥‥‥忠○┬忠智＝忠親─親与─行道　（志布志士　　　恒吉彦四郎家　　　　　　）
　　　　　　　　　　　　　　　│
　　　　　　　　　　　　　　　└忠○─忠○┬忠○─忠○　　（志布志士　　　恒吉治右衛門家　　　　）
　　　　　　　　　　　　　　　　　　　　│
　　　　　　　　　　　　　　　　　　　　└行宗＝行次　　（志布志士　　　恒吉次兵衛家　　　　　）

─久春─久苗─久兼─久愛　　　　　　　　　　　　　　　（東郷士　　　　西甚五左衛門家　　　　　）

─久和─実俊─実秀┬実頼─実房┬実明─実延─実継　（東郷士　　　　恒吉源右衛門家　　　　　）
　東郷士　　　　　│　　　　　│
　　　　　　　　　│　　　　　└実栄─実次　　　　　（東郷士　　　　恒吉権之丞家　　　　　　）
　　　　　　　　　│
　　　　　　　　　└実清─実興─実景─実善　　　　（東郷士　　　　恒吉彦次郎家　　　　　　）

─久寛─久金┬実行─実憲─実貞─実次　　　　　　（東郷士　　　　恒吉市助家　　　　　　　）
　　　　　　│
　　　　　　└実房─実二＝実俊─実基─実原─実芳　（東郷士　　　　恒吉源左衛門家　　　　　）

─忠義─忠意─忠雄─時昌─時春＝時昌─時習　　（佐土原島津家　恒吉次兵衛家　　　　508）
　　　　　　　　　　　　　　　　　　　　　　　（中小姓格）

─國周─國秀─國道─國寛─国富─國命─國幸＝次兵衛（永吉島津家臣　恒吉次兵衛家　　　　538）

─弥次左衛門─弥次右衛門─利延─利行＝利貞　（加治木島津家臣　恒吉金兵衛家　　　　）

─三右衛門──利音─利政＝利行　　　　　　　（加治木島津家臣　恒吉三右衛門家　　　）

─利行─利長─三太郎─八右衛門──利秀　　　（加治木島津家臣　恒吉八右衛門家　　　）
　宝暦3別立
```

複写・複製厳禁　　　　　　　　　　　　　　　　　　　　　　　　　　1. 伊作氏一族分出略系図　67

2. 相州島津家一族分出略系図

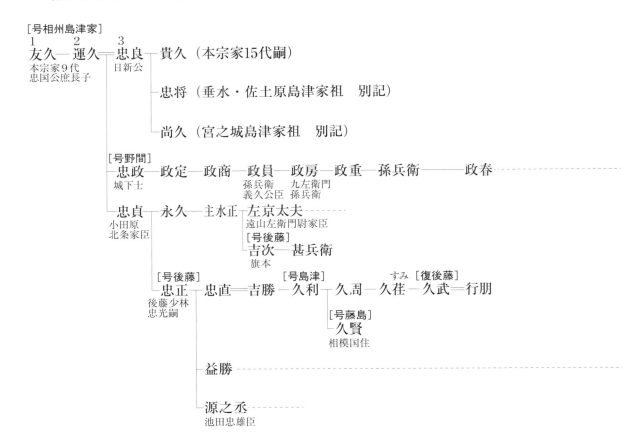

（派生一族：島津、野間、後藤、藤島）

相州島津家 （嫡家	本宗家嗣	102）

政徳—○○—軍兵衛————純高

城下士小番	野間孫右衛門家	358）
遠山左衛門尉 （家臣	島津左京太夫家	102）

断絶

（幕府旗本	後藤甚兵衛家	102）
（幕府旗本	後藤清三郎家	102）
相模鎌倉郡 （處士	藤島外記家	）

行且

幕府旗本 （呉服司	後藤縫殿助家	）
岡山藩池田 （家臣	後藤源之丞家	）

複写・複製厳禁

3. 佐土原島津家、島之内島津家一族分出略系図

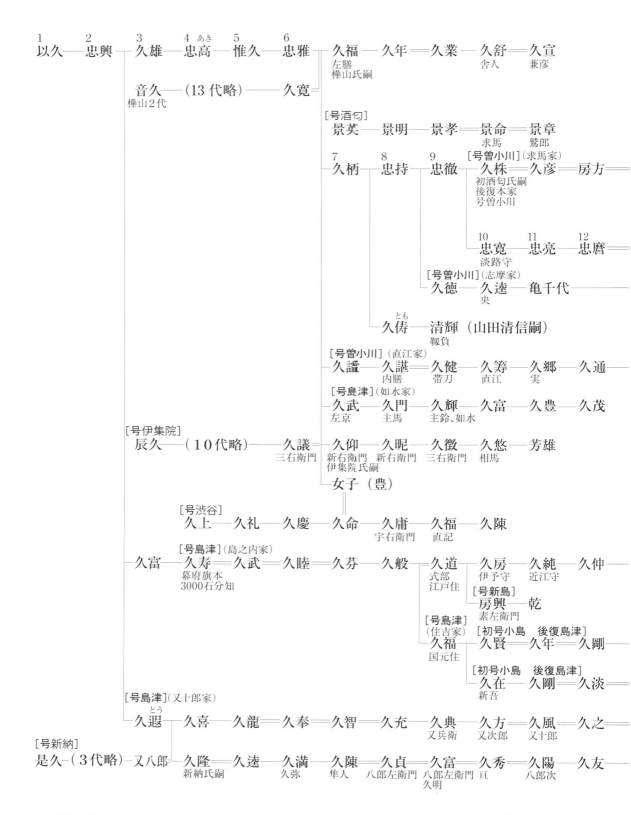

（派生一族：島津、曽小川、小島、新島）

（佐土原島津家 寄合）　樺山岩記久舒家　506）

（佐土原島津家 寄合）　酒匂求馬景命家　103）

——喜久—久俊—久恒　　（佐土原島津家 明治4年新樹家）　曽小川求馬家　505）

——久範(13)—忠韶(14)—忠範(15)—忠慶　　（佐土原藩主）　島津淡路守忠寛家　108）

——久敏—久和—久英　　（佐土原島津家 一門家（一代））　曽小川志摩家　503）

（佐土原島津家 寄合）　山田靱負清輝家　108）

——久○—趄夫　　（佐土原島津家 寄合）　曽小川直江家　504）

（佐土原島津家 一門家）　島津如水家　502）

（佐土原島津家 寄合）　伊集院新右衛門家　507）

（佐土原島津家 寄合）　渋谷直記久福家　103）

——久保—久宣　　（幕府旗本）　島之内島津伊予守久房家　109）

（島之内家臣）　新島素左衛門房興家　109）

——久昭—久邦—久乃　　（島之内家番代 明治14年復島津号住吉島津家）　小島元督久賢家　109）

——久重=久忠　　（島之内2男家 明治14年復島津新樹家）　小島島津家　109）

——久成=久和　　（佐土原島津家 一門家筆頭）　島津又十郎家　501）

——久芳—久隆—久嗣　　（佐土原島津家 寄合）　新納八郎左衛門家　221）

複写・複製厳禁

4.越前島津家、播磨島津家、重富島津家、加賀島津家、江州島津家一族分出略系図

[号島津]

1 忠綱 ― 2 忠氏 ― 3 忠光 ― 4 忠信 ― 5 忠韶 (4代忠信まで鎌倉時代越前島津家嫡家　足羽山城主忠韶移播磨二男忠晴号三和二郎)

本宗家島津
初代忠久公
2男

2 忠行 ― 3 行景 ― 4 忠政 ― 5 忠韶 ― 6 忠藤 ― 7 忠兼 ― 8 忠親 ― 9 範忠 ― 10 忠遣 ― 11 忠秀 ― 12 忠光 ― 13 忠勝 ―

15 忠長 ― (断絶) ----------------------------- ① 再興 ② 　　忠紀 ― 忠救
　　　　　　　　　　　　　　　　　　　　　　　　　　　　　　　　　重富家祖

(16) 忠之 ― (17) 義弘 ― 忠遠 ― 忠範 ― 忠國 ----------------
(18) 政之 ― 忠儀 ― 忠英 --------------
(19) 義綱 ― (20) 忠長 ― (21) 忠以 ― (22) 忠義 ― (23) 義久 ― (24) 義景 ― (25) 忠信 ―

忠則 ― 忠○ --------------

忠徳 ― 忠道 --------------

忠之 ― 忠倶 ― 忠親 ― 忠長 --------------

忠景 ― 忠宗 ― 忠秀 ― 忠継 ― 忠○ ------------------- 忠国 ― 朝国

[号宇宿]
久賢 ― 久家 ― 久清 ― 久平 ― 久里 ― 久形 ― 久明 ― 久時 ―

久成 ― 久烈 ― 久堅
　　　　　　　　佐土原臣

[号知覧]
頼忠 ― 忠直 ― 久直 ― 久俊 ― 久師 ― 幸久 ― 氏忠 ―

（派生一族：島津、三和、勝山、宇宿、知覧、加藤）

（播州飾東郡住　三和二郎家	104）

14
―忠持―

③　④　⑤　⑥　⑦　⑧　⑨　⑩
―忠貫―忠公―忠教―忠鑑―荘之助―忠彦―晴久―孝久　　重富島津家（一門家）　島津周防家　104）

[号島津]　　　　　[号勝山]
―久倫―久遠―久清―徳之助　　（城下士寄合）　島津徳之助家　203）
重富2男家
[号勝山]
―紀修　　　　　　　　　　断絶　（城下士　　勝山為五郎家　203）

（播州下揖保庄（野田郷長　島津吉左衛門家　104）

（播州上揖保庄（今宿郷長　島津次郎右衛門家　104）

（26）（27）（28）（29）（30）　（31）
―義清―義重―忠正―信夫―大二郎―――渉　　播磨島津家（嫡家）　島津佐吾治家　104）
　　　└義信

（播州分家）　島津伍三郎家　104）

（播州分家）　島津権兵衛家　104）

（播州分家）　島津又四郎家　104）

播州佐用郡（細月郷長　島津三郎兵衛家　104）

‥‥‥‥‥忠吉―泰忠―忠陰―忠政―忠恒―昌忠―春忠　　米沢藩上杉（家臣　島津孫五郎家　）

―久氏―久正┬久成―久広―久敬―行邦―行中―行次　　宇宿氏嫡家（城下士小番　宇宿彦太郎家　359）
城下士　　└久貞―久純―久持―行貫―行定┬行充　（城下士新番　宇宿稚次郎家　359）
　　　　　　　　　　　　　　　　　　　　└行孝　（城下士新番　宇宿正右衛門家　359）

―久次―久増┬久重―久隆―久成―久明―弥四郎　　佐土原島津家（寄合　宇宿伝左衛門家　509）
　　　　　　└久豊―久州―久澄―州房―州信　　佐土原島津家（騎馬格　宇宿八左衛門家　509）

—忠○---------（3代略）---------

—忠幸—為久—忠持—忠明——

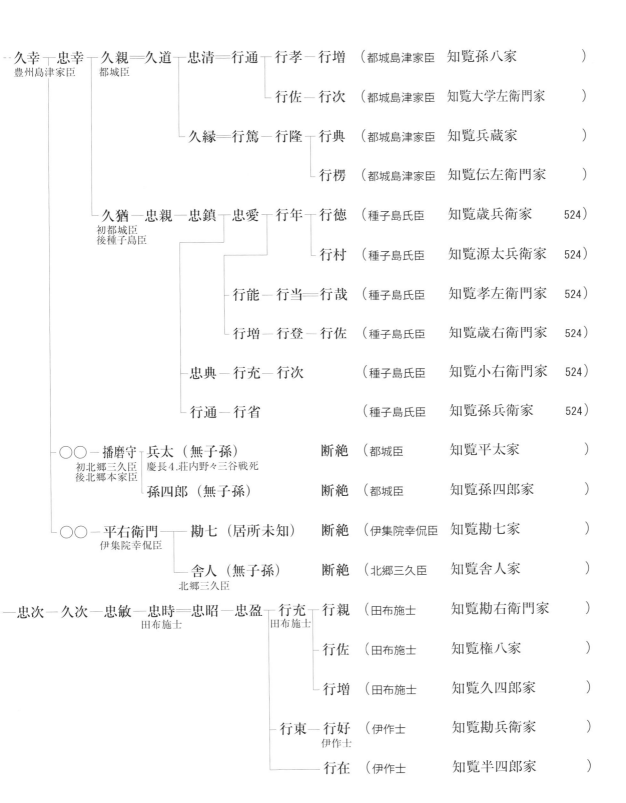

4.越前島津家、播磨島津家、重富島津家、加賀島津家、江州島津家一族分出略系図

└忠則─忠利─久延（子孫不詳）

○播磨島津家一流

○忠綱4男忠頼一流

[号山岸][号加賀]
忠頼─頼矩─頼周─忠光─忠長─（8代略）------

○出所不知

知覧太左衛門忠行一流

忠行─利右衛門──忠宗─利兵衛──利右衛門──太左衛門─
高岡士

播州国
（竜野市住　　島津義一家　　　　　）

播州国
（加古川市住　　島津義之家　　　　　）

[号加藤]　　　　　　　　　[号加賀]　　　鳥取藩
--------　且氏—忠武＝忠智—忠厚—忠通—忠貴—忠益（池田家臣　　加藤金右衛門家　　104）
池田忠雄臣
住鳥取

—宗昌　　　　　　　　　　　　　　　　（日州高岡士　　知覧利右衛門家　　　　）

複写・複製厳禁　　　　　4.越前島津家、播磨島津家、重富島津家、加賀島津家、江州島津家一族分出略系図　77

5. 加治木島津家・島津助之丞家・左司島津家一族分出略系図

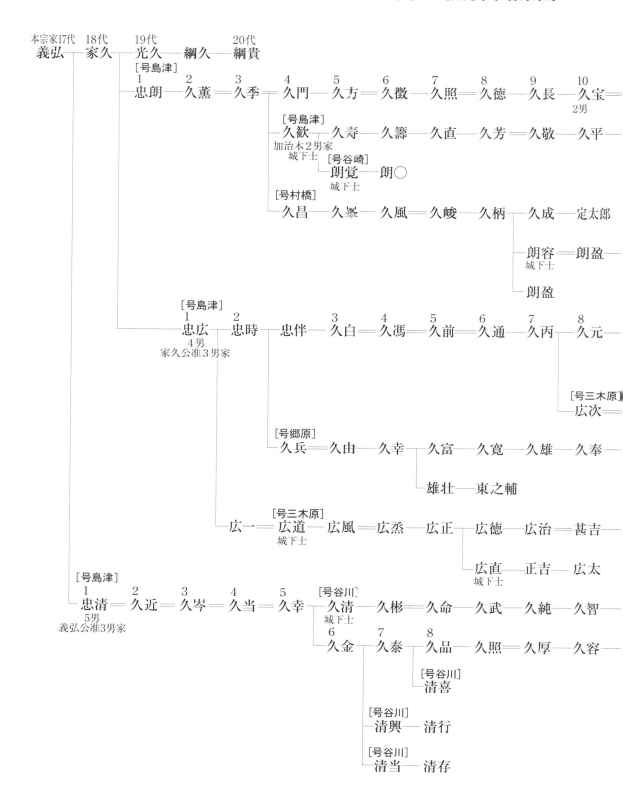

（派生一族：島津、村橋、谷崎、三木原、郷原、谷川）

——久賢¹¹—久英¹²—義秀¹³—久崇	加治木島津家 （一門家	島津兵庫家　105）
——久誠＝久富［号村橋］—直七—久雄—久昭	（城下士寄合	島津主右衛門家　204）
	（城下士小番	谷崎徳十太家　204）
	（城下士寄合並	村橋左膳家　284）
——朗昌┬宗太郎———宗昌	（城下士小番	村橋宗之丞家　284）
└昌二—信道	（朗昌2男家	村橋昌二家　284）
——久道⁹（久嫡）┬久孝¹⁰＝広吉¹¹—勇蔵¹²—広子	（一所持	島津助之丞家　122）
└広吉（初別立後兄久孝嗣）	（城下士	三木原広吉家　122）
——広業—東輔—広光—荒樹 城下士	（城下士小番	三木原幸之丞家　122）
——久光—久暢	（城下士寄合	郷原金太夫家　212）
	（城下士小番	郷原小三太家　212）
——幸子＝甚吉［号桂］—甚一郎	（城下士小番	三木原甚左衛門家 （宝寿院）　122）
	（城下士	三木原広直家　122）
——久亮—久饒—久雄	（城下士寄合並	谷川次郎兵衛家　283）
——久清—久雄—秀雄	左司島津家 （一所持	島津縫殿家　121）
	（城下士小番	谷川清次郎家　121）
	（城下士小番	谷川民之進家　121）
	（城下士	谷川善之助家　121）

複写・複製厳禁

6. 垂水島津家、新城島津家一族分出略系図

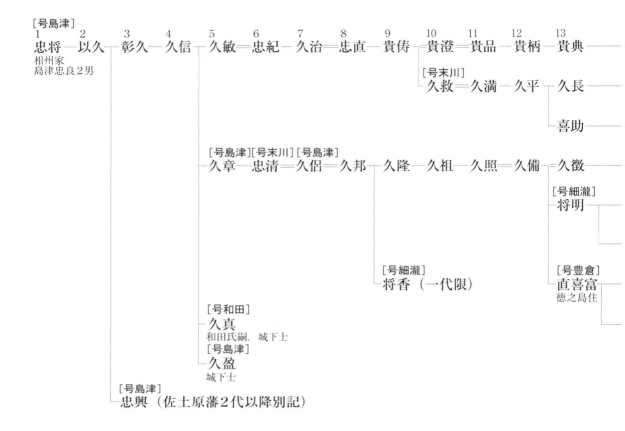

（派生一族：島津、末川、末富、細瀧、豊倉）

14	15	16	17	18	19		

―貴敦―貴徳―貴暢―貴晴＝草子＝睦子（断絶）　　　　　垂水島津家（一門家　　島津玄蕃家　106）
　　　　　　　　　　妻 草子

―久敬―厳＝＝昌矣＝英彦＝清香―久高　　　　　　　　（城下士寄合　末川将監家　205）

[号末富]
―利兵衛―東作―千橿―豊平　　　　　　　　　　　　　（城下士　　末富利兵衛家　205）

　　　　[号末川]
―久寛―久治――一二＝磯吉―久若＝大史朗　　　　　　新城島津家（一所持　島津要人家　133）

―将義―将男＝勝則―誠　　　　　　　　　　　　　　　（城下士小番　細瀧権八家　133）

―吉次郎―――豊――平　　　　　　　　　　　　　　　（将明2男家　細瀧吉次郎家　133）

―直祐　　　　　　　　　　　　　　　　　　　　　　（徳之島住　豊倉直喜富家　　　）

―直屋―○○―利忠　　　　　　　　　　　　　　　　（徳之島住　豊倉直屋家　　　）

　　　　　　　　　　　　　断絶（城下士　　島津右兵衛尉家　106）

　　　　　　　　　　　　　　　（佐土原藩島津家　島津淡路守家　108）

7. 今和泉島津家一族分出略系図

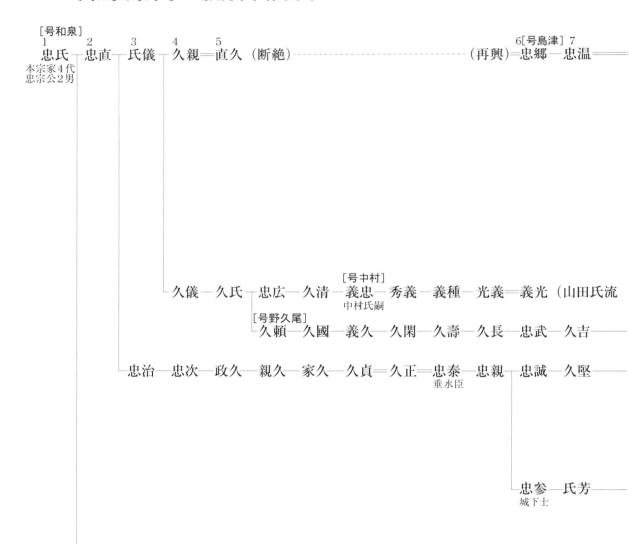

（派生一族：島津、和泉、博多、増水、野久尾）

	8	9	10	11	12	13					
＝忠厚	―忠喬	―忠剛	―忠冬	―忠敬	＝忠欽	―忠実―忠夫	（玉里分家	島津忠欽家	100c）

　　　　　　　　　　　　　　　　　　　14　　15
　　　　　　　　　　　　　　　　　　　隼彦―忠親　　今和泉島津家　　島津安芸家　　107）
　　　　　　　　　　　　　　　　　　　　　　　　　（一門家）

　　　　　　　　　　［号和泉］
　　　　　　　　　　郷醒―豊介―厚郷―忠郷　　　　　　（城下士小番　　和泉尚五郎家　　107）

　　　　［号島津］　　　［復和泉］
　　　　久名―久命―久徳―盛輝　　　　　　　　　　（城下士寄合　　島津蔵人家　　206）

　　　　　　　　　　［号博多］
　　　　　　　　　　厚次―堅輔―堅一―堅司　　　　　（城下士小番　　博多富次郎家　　206）

　　　　　　　　　　　　雄次郎―厚遠―厚弘　　　　　（城下士　　　　博多雄次郎家　　206）

　　中村又次郎家　　子孫不詳）　　　　　　　　　　（子孫不詳　　　中村又次郎家　　302）

―久敦―久決＝久根―久道　　　　　　　　　　　　　（日州吉田士　　野久尾六右衛門家　107）

―氏昌―氏栄―氏興―氏富―氏苗―氏里　　　　　　　　（垂水島津家臣　和泉万右衛門家　）

　　　　　　　［号増水］
　　　　　　　氏房―氏湿　　　　　　　　　　　　　（垂水島津家臣　増水主左衛門家　）

　　　　［号増水］
　　―氏武―氏輔―氏顕　　　　　　　　　　　　　　（垂水島津家臣　増水与七兵衛家　）

―氏峯‥‥‥‥‥‥‥‥‥‥‥‥‥‥‥氏高　　　　　（城下士小姓与　和泉小右衛門家　）
　　　　　　　　　　　　　　　　　斉彬公臣
　　　　　　　　　　　　　　　　　［号増水］
　　　　　　　　　　　　　　　　　氏壽　　　　　　（城下士小姓与　増水嘉左衛門家　）

　　　　　　　　　　　　　　　　　断絶　　　　　　（　　　　　　　和泉四郎次郎家　107）

8. 日置島津家一族分出略系図

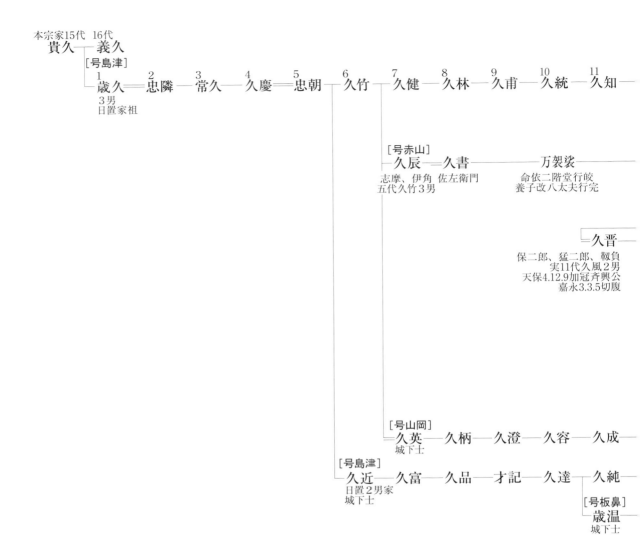

（派生一族：島津、赤山、板鼻、山岡）

```
          13      14      15      16
        ┌─久徴──久明══繁麿──久欣──晴久      （日置島津家        島津左衛門尉家   110）
        │               ［初号赤山］                 一所持
  12    │  久晋        ［後号島津］     ［号神崎］
──久風──┼─歳寛══珍麿──久博              （城下士小番        赤山東之介家    110）
        │  赤山氏嗣
        │
        └─久武
           桂氏嗣

──久○──正二郎──久○
  初行晧   九郎    靱負
  実二階堂部 明和4  重豪公
  行智3男  加冠元服

──男子（川上姓）┈┈┈┈┈┈子孫あり        （赤山氏庶流        芦北住川上氏    254）
  芦北ニ落チル

  ┌順六──末次郎──久武──武興──聖子      （赤山靱負家直系      赤山順六家     254）
  相良村四浦 従兄が芦北ニ
  ニ落チル  イルコト知ル
  墓所アリ

       順徳──正秀                      （東京            赤山正秀家     254）

           嘉鴻                        （神奈川          赤山嘉鴻家     254）

       亀英太┈┈┈┈妻道子 子孫ナシ      （人吉市          赤山道子家     254）

──久方──久中──久武══吉次郎             （城下士寄合        山岡斎宮家     202）

 ［号板鼻］［号赤山］
──久武══久宏══久智══渉──千秋──千速──一郎   （城下士寄合        島津清太夫家    207）

──歳次──歳次──歳治                     （城下士小番        板鼻与八郎家    207）
```

複写・複製厳禁

9. 永吉島津家一族分出略系図

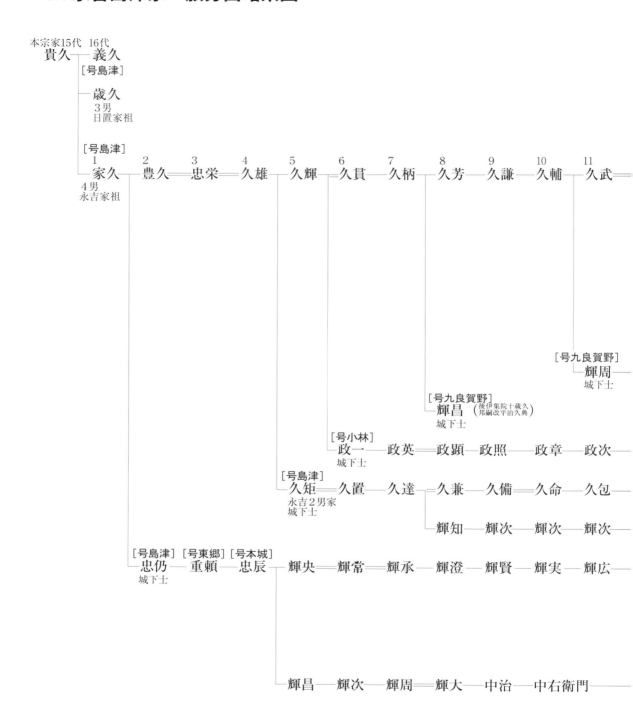

（派生一族：島津、九良賀野、掛橋、小林、本城）

12 久陽 — 13 久敬 — 14 久簿

15 久徴 — 16 久憲

17 泰輝 — 豊二 — 祐一 （ 島津豊二家 119）

18 基之 — 19 博之 （永吉島津家 （一所持 島津主殿家 119）

泰之 — 道久 （基之2男家 島津泰之家 119）

輝光 — 六郎 — 辰彦 — 妙子 （城下士小番 九良賀野亘家 119）

一代限 （城下士小番 九良賀野平八家 119）

政隆 — 繁 — 輝雄 （城下士寄合 小林中之丞家 234）

［号九良賀野］
久馨 — 廣 — 幹 — 辰二 （城下士寄合 島津登家 210）

輝利 （城下士 掛橋多室家 210）

輝賢 — 輝勇 （城下士小番 本城源七郎家 355）

輝勝 — 輝久 （城下士 本城円修家 355）

輝三 — 輝茂 （城下士 本城輝三家 355）

輝廣 — 直治 — 申次 （城下士小姓与 本城中右衛門家 355）

複写・複製厳禁

10. 花岡島津家、島津大蔵家、島津頼母家、島津求馬家一族分出略系図

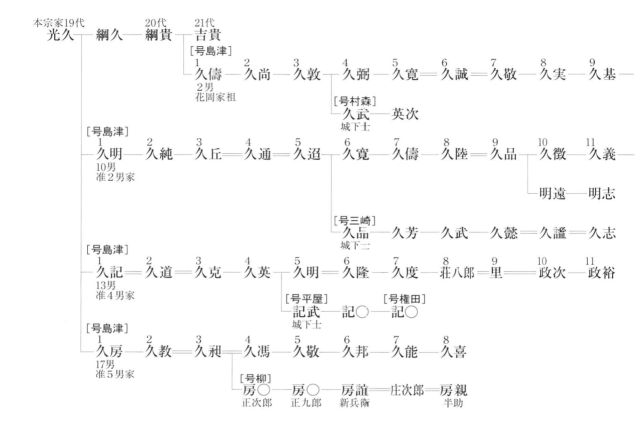

（派生一族：島津、村森、三崎、権田、柳）

―― 直久（夭亡断絶）

¹²
―― 杢之丞

花岡島津家 （一所持	島津大学家	111）
（城下士	村森織之助家	111）
光久公准2男家 （一所持格	島津大蔵家	117）
（城下士小番	三崎正之丞家	117）
（城下士寄合並	三崎平太左衛門家	281）
光久公准4男家 （一所持格	島津頼母家	126）
（城下士小番	権田弁之助家	126）
光久公准5男家 （一所持格	島津求馬家	127）
（城下士小番	柳正次郎家	127）

11. 宮之城島津家、市成島津家一族分出略系図

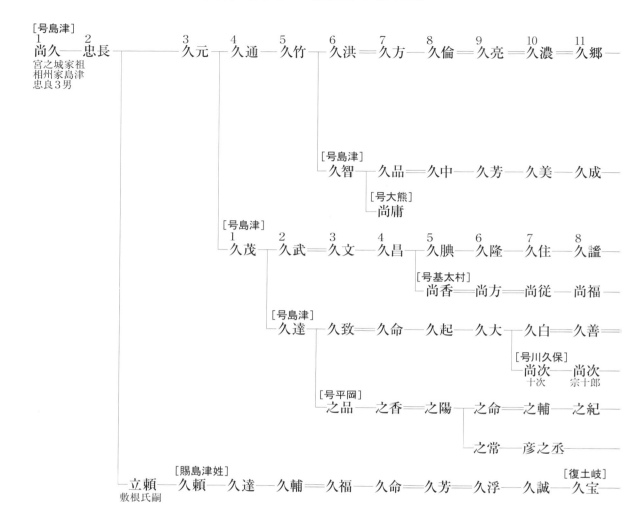

（派生一族：島津、基太村、大熊、川久保、平岡）

系図		島津家区分	家名	頁
12久儔—13久中＝14久宝＝15久治—16長丸—17忠丸		宮之城島津家（一所持	島津図書家	112）
	└泰丸	宮之城島津家（長丸2男家	島津泰丸家	112）
［号山林］ └尚央		宮之城島津家（部屋住	山林直之助家	112）
［号大熊］ —仲左衛門		宮之城庶流（城下士寄合	島津主鈴家	211）
		（城下士小番	大熊左源次家	211）
※ 9久雄—10久徴—11[号基太村]尚親		宮之城2男家（城下士一所持格	島津内記家	131）
—万之助＝＝＝正—正和		（城下士小番	基太村助左衛門家	131）
［号川久保］ ＝久厚—久治＝久之		内記家2男家（城下士一所持格	島津内蔵家	137）
—尚次—尚友＝市熊—尚徳—紀男		（城下士小番	川久保宗十郎家	137）
—之隆—之長＝隆吉—二郎		（城下士小番	平岡八郎太夫家	356）
—万之助		（城下士小番	平岡彦之丞家	356）
—久賀—久彦—長久		市成島津家（一所持	島津主水家	140）
※久雄—久徴 　└新次郎—節＝＝＝尚紀—聰┬剛 　安政2別立　　　　　　　　　　└学		（城下士	基太村新次郎家	131）

12. 都城島津家（北郷氏）一族分出略系図

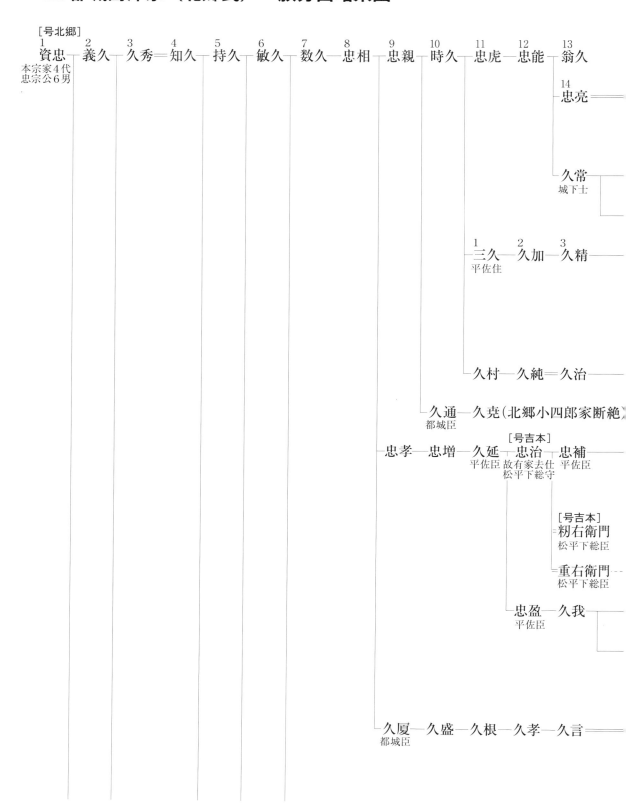

（派生一族：島津、北郷、龍岡、神田、末弘）

[賜島津姓]

15　16　17　18　19　20　21
＝久直＝久定＝忠長＝久理＝久龍＝久茂―久般　（一所持　都城島津筑後家　113）

[新樹家1000石]
久綿―久富　（城下士寄合　北郷権五郎家　217）

―久中＝久峯＝久浮＝久儔＝久定―久央―久樹―久徳　（城下士寄合　北郷七郎左衛門家　216）

―久弘＝久儔＝久風＝久春＝久明―良馬　（城下士寄合並　北郷助太夫家　285）
城下士

4　5　6　7　8　9　10
―忠昭＝久嘉―久度―久英―久達―久傳―久陣―久珉　（一所持平佐領主　北郷作左衛門家　132）

資矩―資甫------八右衛門――資治　（城下士小番　北郷八右衛門家　132）
城下士

資明　（城下士小番　北郷七右衛門家　132）

―資偏―資喜―資香―資盈―孫次郎　（城下士小番　北郷喜三太家　113）

庶子―徳善―徳三部郎――一徳―晃士　奄美代官（資喜庶子）　北郷徳善家　113）

[号龍岡]
―資清―資陽―資興―資殖―資昌―資治―資武―信熊　（平佐臣　龍岡歳右衛門家　113）

資易―資寛―資幸―資易―資義―正能―規雄　（平佐臣　龍岡直記家　113）
真記

武蔵忍藩（松平下総守臣）　吉本籾右衛門家　113）

所右衛門　武蔵忍藩（松平下総守臣）　北郷所右衛門家　113）

[許北郷]
―資祥―資郷―資敷―資盛＝資幸＝資純＝資深―資相　（平佐臣　北郷吉兵衛家　113）

[号龍岡]
―資増＝資慶―資政―資勝＝資之―資武＝太郎兵衛　（平佐臣　龍岡順右衛門家　113）

資弌―資与―資則―資素―彦熊―隆　（平佐臣　龍岡庄兵衛家　113）

[許北郷]
―資賀―資賢―資孫―資温―資侍―資意―資雄―資声　（都城臣　北郷平太左衛門家　113）

資敦―資尚―資保　（都城臣　龍岡要太郎家　113）

複写・複製厳禁

忠栄—忠良—忠直—久親＝久周＝久茂＝久満——
都城臣

近久—久家＝忠茂—忠俊—久頼—久永—久延——
都城臣　　　　　　　　　　　　　　　久秀

久隆—久紹—忠徳—久観—忠泰—忠俊（罪有断絶）

久仍（罪有断絶）

用棟—久清＝久堯—久兼＝忠辰＝久和—忠村—忠香——
都城臣

久吉—源左衛門

久佐＝久成—久通＝半右衛門
［号国分］

久次—久利—久蔵—久陸——

久宣—久剛—久重＝資信—資重—資昌—資彪—資展
都城臣　　　　　　［許北郷］

辰久＝久隆—忠綜—久利—久旨＝資将—資名—資応
　　　　　平佐臣　　　　　　［許北郷］

常久—尚久—久信—久栄—久規—久好—久政—資好
都城臣　　　　　　　　　　　　　　　［許北郷］

資以—久慶
［号龍岡］

忠持＝資門—資易—資瀟
　　　［号龍岡］

信久—則久—忠眞—又六郎＝久幸—久清—久元—忠則—資盈
都城臣　　　　　　　　　　　　　　　　　　　　［許北郷］

義知—久珍—久尋—久文—久堅—久基—忠純—久利—久綱—資門—資員——
北郷氏臣　　　　　　　　　　［号神日］

［号龍岡］
　資村—資伴—資比—資隆—資光—資紀—資効　（都城臣）　　　　　龍岡次右衛門家　113）

　　　［許北郷］
＝久宣—資喜—資清—資倍—資陽—資清—資要—資韶　（都城臣）　　北郷次左衛門家　113）

　　　　　［許北郷］
一久昌┬忠名—資親—資香—資編—資明—資昭—資常　（都城臣）　　北郷仲左衛門家　113）
　　　│［号龍岡］
　　　└資豊—資明—資登—資和—資弦—資峻—資誠　（都城臣）　　龍岡伝兵衛家　113）

［号龍岡］
一資茂—資春—資昌—資存—資綏—資生—資賀—直作　（都城臣）　龍岡新右衛門家　113）

　　　　　　　　　　　　　　　　　　断絶　（都城臣）　　　　北郷小兵衛家　113）

　　　　　　　　　　　　　　　　　　断絶　（都城臣）　　　　北郷平佐衛門家　113）

［許北郷］
一資郷—資門—資和—資林—資幹—資徳—資秀—資学　（都城臣）　北郷正右衛門家　113）

　　　　　　　　　　　　　　　　　（尼崎藩　　　　　　　　　北郷源左衛門家　113）
　　　　　　　　　　　　　　　　　松平遠江守臣）

　　　　　　　　　　　　　　　　　　断絶　（都城臣）　　　　国分半右衛門家　113）

一久種（慶長10年本家忠能勘気蒙断絶）　　断絶　（都城臣）　北郷紀左衛門家　113）

一資次—恒槌—赳夫—忠信　　　　　　　　　　（都城臣）　　　北郷民左衛門家　113）

一資賢—資甫—資喜—資敏—資雄—資利—資英—資明　（平佐臣）　北郷武右衛門家
　　　　　　　　　　　　　　　　　　　　　　　　　　　　　　（次郎兵衛）　113）

一資陽—資倉—資形—資晴—資孔—資真—藤七郎—昭二　（都城臣）北郷九郎右衛門家　113）

一資易—資貞—資起—資知—資陽—資道—資生—左武郎　（都城臣）龍岡八郎左衛門家　113）

一資治—資敬—資毅　　　　　　　　　　　　　　（都城臣）　　龍岡一郎左衛門家　113）

一資因—資賀—資核—資善—資龍—資方　　　　　　（都城臣）　　北郷彦右衛門家　113）

　　　　　　　　　　　　　　　　　　　　　　　（　　　　　　　　　　　　　　）

一資興—資完—資編—資薗—資易—資旦—資敬—資愛　（都城臣）　神田四郎兵衛家　113）

```
                                                              [号神田]
                                                               資勝 ―――

                                          [許北郷]
        久友 ― 久猶 ― 久武 ＝ 久明 ― 久年 ＝ 資昌 ― 資盛 ― 資名 ＝＝
                       [号龍岡]
               久良 ― 資綿 ― 資名 ― 資房 ― 資也 ― 資益 ―――

[号末弘]
 忠直 ― 忠勝 ― 十郎三郎 ――― 大和守 ― 忠台 ＝ 久盛 ― 忠時 ― 主兵衛 ――― 民部左衛門 ―――
  十郎      立久公臣        忠昌公臣 勝久公臣  川辺士

        ― 十郎四郎 ――― 上野守 ― 三郎四郎 ―― 十左衛門 ――― 十郎右衛門 ＝ 彦市
           北郷氏臣

                                      ― 十郎四郎 ――― 左衛門尉 ― 久吉 ―――
                                                              北郷三久臣
```

─資編─資英─資邁	（都城臣	神田正右衛門家 113）
＝資完─資至─資信＝資正─資知─享	（都城臣	北郷十郎家 113）
─資興─資禎─資旦─資福	（都城臣	龍岡十左衛門家 113）
─五郎右衛門‥時雄─時伴─時熙─時義─時彦	（川辺士	末弘五郎右衛門家 518）
断絶	（都城島津家臣	末弘十郎右衛門家 518）

─久之＝久許＝許秋─直長─直澄─直内＝直温┐
　　　　　　　　　　　　　　└─直方─直士─直道─直子　（平佐臣　　末弘林左衛門家　518）

複写・複製厳禁　　　　　　　　　　　　　　　　　　12. 都城島津家（北郷氏）一族分出略系図　97

13. 川上氏一族分出略系図

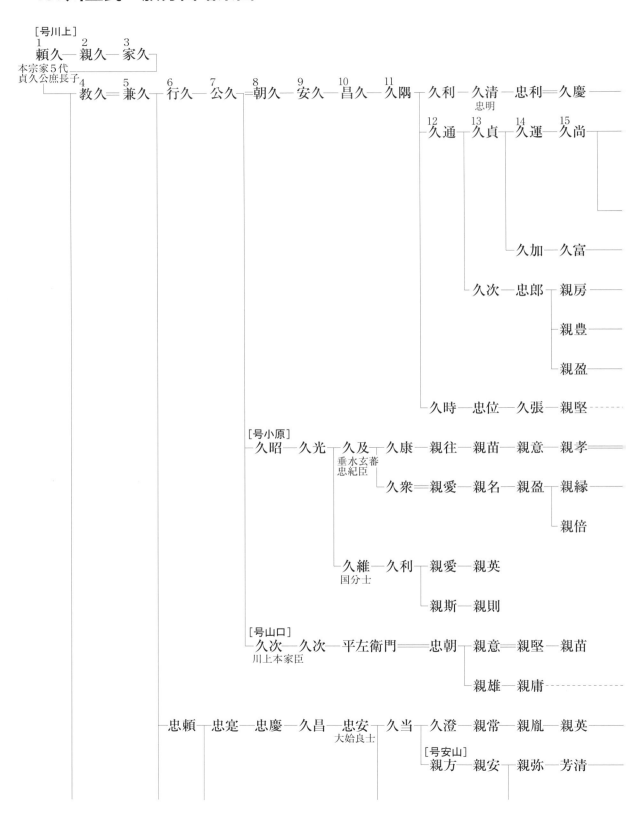

（派生一族：川上、安山、小原、山口）

―親倫―久誼―久珍―久齢―久延＝久成―久正＝宇　（城下士寄合）　川上龍衛家　208）

16　17　18　19　20　21　22　23
―久東―久長―久侜―久致―久芳┬久封＝久璋―久義　（城下士一所持）　川上本家久馬家　115）
　　　　　　　　　　　　　　└親庸　（城下士小番）　川上直家　115）

―久明＝久福＝久柄＝久運＝久賢―趍二　（城下士寄合）　川上弥五太夫家　209）

―親胤＝親丘―孫太夫　（城下士小番）　川上枸杞右衛門家　115）

―親信―親英―親芳―瀬兵衛―――勇之助‐親秋―彦次　（城下士小番）　川上瀬兵衛家　115）

―親興＝親春―親○―親辰―親村―親香　（城下士）　川上十左衛門家　）

―親栄　（城下士）　川上茂右衛門家　）

･･････････････････････････親貞―親遊　（城下士）　川上林助家　）

＝親弥―親意―親民―親峯　（垂水島津家臣）　小原清之丞家　）

―親里　（垂水島津家臣）　小原筑左衛門家　）

（垂水島津家臣）　小原仲左衛門家　）

（国分士）　小原八左衛門家　）

（国分士）　小原平右衛門家　）

（川上本家臣）　山口平右衛門家　）

･･････････････････････････郷右衛門　（川上本家臣）　山口郷右衛門家　）

―源七郎‐寿右衛門―――芳郷―久―――高　（大姶良士）　川上休右衛門家　）

―芳○―英介＝親○―栄―――勝子　（大姶良士）　安山軍右衛門家　）

親肆―親由
安永4別立

　　　　　　［号安山］
久知―親平―親元―親荷―親盈
　　　　　　　　　親勝

忠徳―忠塞―龍童丸―忠載―忠弘―又六―安徳丸

1忠塞―2栄久―道堯―3忠克―4久朗―5久辰―6久国―7久将―久孝―8久量

忠継―久昭―久晴―久高―久昌―久敬

源七郎―久侶―久信―久行―久本―親商

忠興―忠智―忠堅―久林―久加―久処―親昆―親民―親翰
　　　　　　　　　　　　　　久得―親命

久盛―親基

忠兄―忠盈―親昌―親邦―親方―親邦―親盈

久包―親雄―親房―親常―親弥―親耀
　　　　　　　　　　　　　親宝

［号安山］
親郷―親孝―親賀―親尚

　　　　　　　　　　　　　［許川上］
久武―久浪―忠孫―忠門―親村―親浜
［号安山］
親節

忠里―久智―久之―久峯―親浄

　　　　　　　　　　　　　　　　　　　　　（大姶良士　　安山千次家　　　　　）

―親苗―芳房―親方―清治―清澄―渡――幸一郎　（大姶良士　　安山清左衛門家　　　）

　　　　　　　　　　　　　　　　　　　　　（大姶良士　　安山沖右衛門家　　　　）

　　　　　　　　　　　　　　断絶　（大姶良士　　川上又九郎家　　　　）

　9　　10　　11　　12　　13　　14　　15　　16
―久盤―久欽―久禎＝久義―久美―久達―久良―久雄　（城下士寄合　川上式部家　　　　213）

―親興―親曒　　　　　　　　　　　　　　（城下士小番　川上九戸家　　　　213）

―親胤＝親丘　　　　　　　　　　　　　　（城下士小番　川上納右衛門家　　　）

―親武　　　　　　　　　　　　　　　　　（城下士　　　川上五兵衛家　　　　）

―親春　　　　　　　　　　　　　　　　　（城下士　　　川上弥七家　　　　　）

―親昶―親愛―親賢―佐七郎―――久夫―正彦　（城下士小番　川上左太夫家
　　　　　　　　　　　　　　　　　　　　　　　　　　　　（助六）　　　317）

―親之（助十郎）――――――――――親宝　（城下士　　　川上助十郎家　　　317）

　　　　　　　　　　　　　　　　　　　　　（城下士　　　川上助之進家　　　317）

―親常―親紀―親甫―親徳―翁介―矢吉―豊弘―豊晴　（城下士小番　川上四郎兵衛家　317b）

―親民―親全―親邦　　　　　　　　　　　（都城島津家臣　川上太郎左衛門家　317b）

―親衆―親輩　　　　　　　　　　　　　　（都城島津家臣　安山隆左衛門家　　317b）

―親方―親純―親彦―禎二　　　　　　　　（都城島津家臣　安山宗太夫家　　　317b）

　　　　　　　　　　　　　　　　　　　　　　　　　　　　川上治兵衛家
　　　　　　　　　　　　　　　　　　　　　（垂水島津家臣　　（助五郎）　　317b）

　　　　　　　　　　　　　　　　　　　　　（垂水島津家臣　安山正右衛門家　　317b）

――――――休左衛門――休兵衛―――親次―好親―親広　（城下士小番　川上休右衛門家　317）

複写・複製厳禁

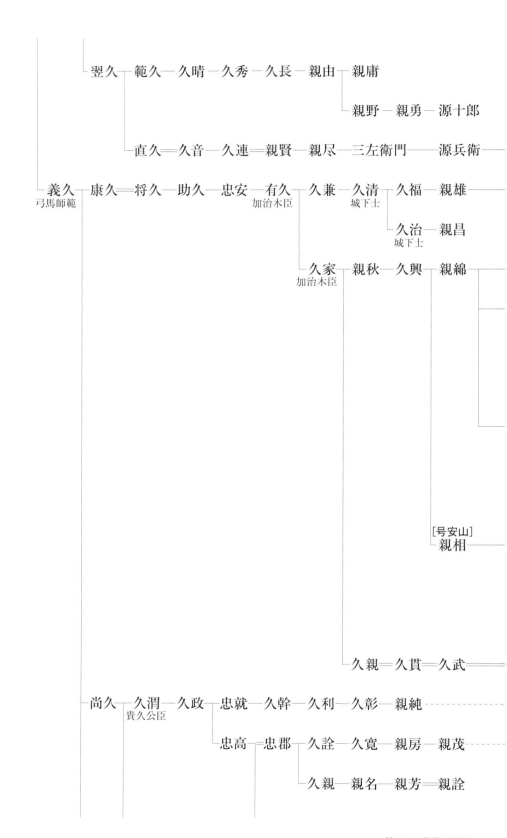

（出水士　　　　川上清右衛門家　　　）

（出水士　　　　安山十右衛門家　　　）

―源兵衛―仲之進―藤十郎―豊―――徳之丞＝幸吉―峻　　（城下士　　　　川上三左衛門家　　　）

―親賀―親温―助左衛門――親安―親方―勇蔵　　（城下士小番　　川上助左衛門家　　　）

（城下士　　　　川上彦右衛門家　　　）

―親監―親季―親盈―親喜―親信―親賢＝一夫　　（加治木島津家臣　差次三家）川上市右衛門家　　　）

[号安山]
―親栄―親寧―親裕┬親智―親喜―菊二　　（加治木島津家臣　安山仲之助家　　　）

　　　　　　　　│[号安山]
　　　　　　　　└親与―助左衛門――庄之助―親男　　（加治木島津家臣　安山伴左衛門家　　）
　　　　　　　　　嘉永5別立

　　　　　　　　　└親孝―庄次郎―――仁　　（加治木島津家臣　安山庄太郎家　　　）
　　　　　　　　　　明治2別立

[号安山]
―親秀┬親因―親延―親賢―親常―親充―武彦　　（加治木島津家臣　安山喜助家　　　）

　　　│[復川上]
　　　└親精┬親芳―三折―親真―繁造　　（加治木島津家臣　安山検林家　　　）

　　　　　　└検眼―親次―親次―親吉　　（城下士小姓与　川上如検家　　　）

　　　　　　　　　　　　　　　　　[号川上]
―親詮┬親貞―親見―親幹┬親敬―親愛―四郎太―操　　（加治木島津家臣　安山庄之丞家　　　）

　　　│　　　　　　　　│[号安山][号川上]
　　　│　　　　　　　　└親雄―親清―親夫―親一　　（加治木島津家臣　安山彦八家　　　）

　　　│[号安山]　　　　　　　　　　[号川上]
　　　└親全―親宣―親之―親藩―親素―直―哲　　（加治木島津家臣　安山行右衛門家　　　）

[号安山]　　　　　　　　　　　　　　[号川上]
―親経―親清―親賢―親基―親高―親晴―親俊―正一　　（加治木島津家臣　安山正兵衛家　　　）

- 親友　　（城下士　　　　川上源太左衛門家　　　）

- - - - - - - - - - - - - - - - - - 親雄―親磨―春彦　　（城下士　　　　川上十郎兵衛家　　　）

（城下士　　　　川上藤左衛門家　　　）

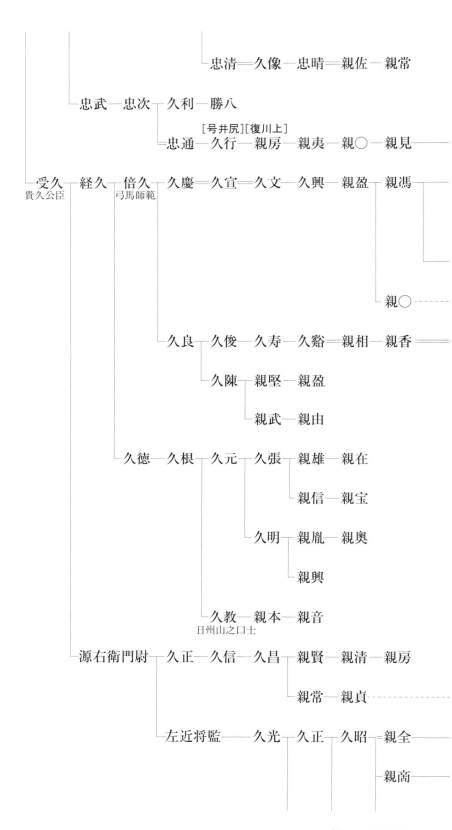

（城下士　　　川上孫右衛門家　　　　）

　　　　　　　　　　　　川上源三郎久
　　　　　　　断絶　　（国臣　　　　　川上源太左衛門家　　）

―親里―親賢―安良―寛哉　　（城下士　　　川上後五右衛門家　　　）

―親香┬親雄―十郎左衛門┈┈十郎左衛門―末之輔　（城下士　　　川上十郎左衛門家　）
　　　└親○　　　　　　　　　　（城下士　　　川上藤七郎家　　　　）

―親○　　　　　　　　　　（城下士　　　川上平之丞家　　　　）

┈┈┈┈┈┈┈┈┈┈┈┈┈┈┈武右衛門　（城下士　　　川上武右衛門家　　　）

―親好　　　　　　　　　　（城下士　　　川上七右衛門家　　　）

　　　　　　　　　　　　　（城下士　　　川上越右衛門家　　　）

　　　　　　　　　　　　　（城下士　　　川上九郎右衛門家　　）

　　　　　　　　　　　　　（城下士　　　川上雅楽介家　　　　）

　　　　　　　　　　　　　（城下士　　　川上助右衛門家　　　）

　　　　　　　　　　　　　（城下士　　　川上増右衛門家　　　）

　　　　　　　　　　　　　（城下士　　　川上甚左衛門家　　　）

　　　　　　　　　　　　　（日州山之口士　川上源兵衛家　　　）

　　　　　　　　　　　　　（城下士　　　川上正左衛門家　　　）

┈┈┈┈┈┈┈┈┈┈┈┈┈┈┈親馮　（城下士　　　川上藤次兵衛家　　）

―親詮　　　　　　　　　　（国分士　　　川上佐次右衛門家　　）

―親与　　　　　　　　　　（財部士　　　安山休右衛門家　　　）

複写・複製厳禁　　　　　　　　　　　　13.川上氏一族分出略系図　　105

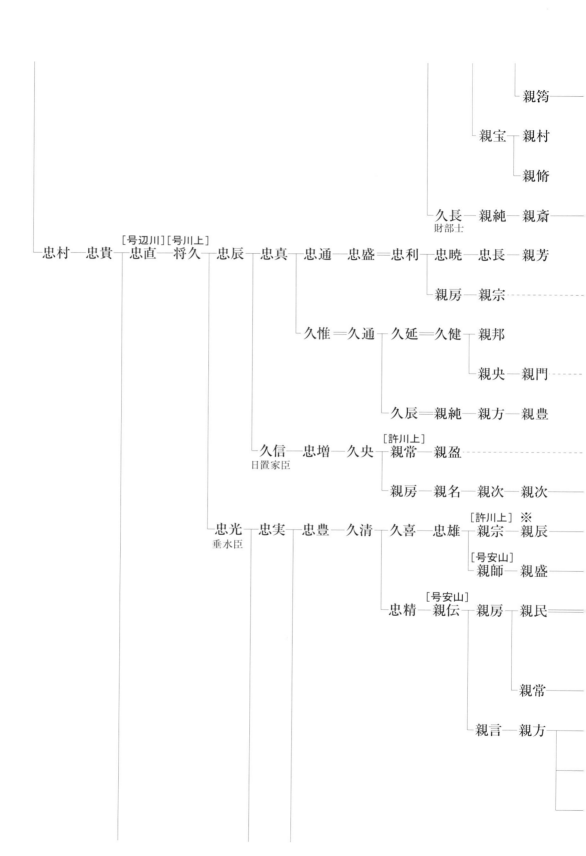

─親存	（財部士	安山佐助家	）
	（財部士	安山半右衛門家	）
	（財部士	安山万左衛門家	）
─親孫	（財部士	川上小右衛門家	）
	（城下士小番	川上七郎次郎家	）
────親孝────────親徳─親貞─親興	（城下士	川上八郎左衛門家	）
	（城下士	川上弥四郎家	）
──────────────親芬	（城下士小番	川上平右衛門家	）
	（城下士	川上利右エ門家	）
──────────親昆─親晋	（日置島津家臣	川上半右衛門家	）
─親応─親信─親之	（日置島津家臣	安山武兵衛家	）
─親達─親章─親盈─親暁─親則	（垂水島津家臣家老三家	川上六郎兵衛家	）
─親陽─親救═親数─親備	（垂水島津家臣	安山仲左衛門家	）
═親信─親馮┬親有	（垂水島津家臣	安山休左衛門家	）
└親福	（垂水島津家臣	安山猪八郎家	）
─親行─親信─親侶	（垂水島津家臣	安山九郎左衛門家	）
─親意─親民	（垂水島津家臣	安山鈴兵衛家	）
─親耀─親春	（垂水島津家臣	安山親燿家	）
─親武─親貞	（垂水島津家臣	安山親武家	）

複写・複製厳禁

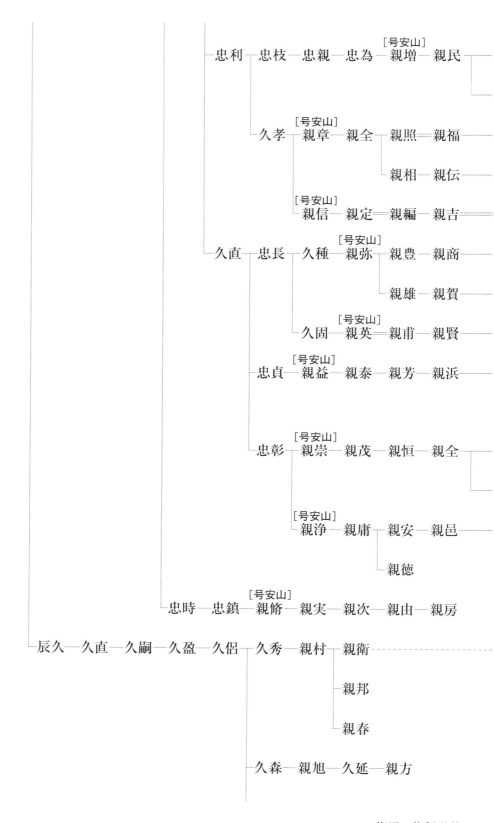

─親慶─親崇─親邦─親有　　　　　　　　　　　　（垂水島津家臣　安山作左衛門家　　　）

─親弥═親隣　　　　　　　　　　　　　　　　　（垂水島津家臣　安山八郎左衛門家　　）

─親名─親直─親安─親哲　　　　　　　　　　　（垂水島津家臣　安山四郎左衛門家　　）

─親保═親賢═親伴　　　　　　　　　　　　　　（垂水島津家臣　安山善五郎家　　　　）

═親利─親輔　　　　　　　　　　　　　　　　　（垂水島津家臣　安山伝兵衛家　　　　）

─親雄─親宣═親賀─親通─親意─親敬═親俊　　（垂水島津家臣 差次三家　安山三左衛門家　　　）

─親通─親按─親猶　　　　　　　　　　　　　　（垂水島津家臣　安山平太夫家　　　　）

─親昭─親按─親胤　　　　　　　　　　　　　　（垂水島津家臣　安山六郎左衛門家（直記）　　）

─親善┬親宝─親寧─親郷┄┄┄┄┄┄┄┄┄勇雄　（垂水島津家臣　安山平左衛門家（角馬）　　）
　　　└親英─親恭　　　　　　　　　　　　　　（垂水島津家臣　安山平次郎家　　　　）

─親名─親隣─親規　　　　　　　　　　　　　　（垂水島津家臣　安山林右衛門家　　　）

─親泰─親矩─親資　　　　　　　　　　　　　　（垂水島津家臣　安山清兵衛家　　　　）

─親栄　　　　　　　　　　　　　　　　　　　　（垂水島津家臣　安山助次郎家　　　　）

　　　　　　　　　　　　　　　　　　　　　　（垂水島津家臣　安山八郎次家　　　　）

　　　　　　　　　　　　　　　　　　　　　　（垂水島津家臣　安山新兵衛家　　　　）

┄┄┄┄┄┄┄┄┄┄┄┄┄┄嘉清　断絶　（城下士小番　川上八郎次郎家　　　）

　　　　　　　　　　　　　　　　　　　　　　（城下士　　　川上権左衛門家　　　　）

　　　　　　　　　　　　　　　　　　　　　　（城下士　　　川上次右衛門家　　　　）

　　　　　　　　　　　　　　　　　　　　　　（城下士小番　川上早右衛門家　　　　）

複写・複製厳禁

久晴＝久当─親商─親興

親豊

忠通─親白─親苗─親孟

信安＝久宣─久親─親愛─甚之丞

（出所不知）　志摩助久門一流　久門─久重─久武─久暁─久芳─親将-----
子孫甚左衛門

親達＝親包

久孝─親堅─親以

親豊─親峯

（出所不知）　正兵衛一流　正兵衛-正九郎-親之─親憲─憲一─裕司

※垂水川上7代親宗2男［号安山］

親成─親次─親鄰─親博─親諒─親直

（城下士小番　　川上八右衛門家　　　）

（城下士　　　　川上平左衛門家　　　）

（城下士　　　　川上七右衛門家　　　）

（城下士小番　　川上仲右衛門家　　　）

親厚　（城下士　　　　川上甚左衛門家　　　）

（城下士　　　　川上甚兵衛家　　　　）

（城下士　　　　川上右衛門家　　　　）

（城下士　　　　川上甚九郎家　　　　）

（城下士　　　　川上正兵衛家　　　　）

（垂水島津家臣　安山代右衛門家　　　）

14. 総州島津家、碇山島津家一族分出略系図

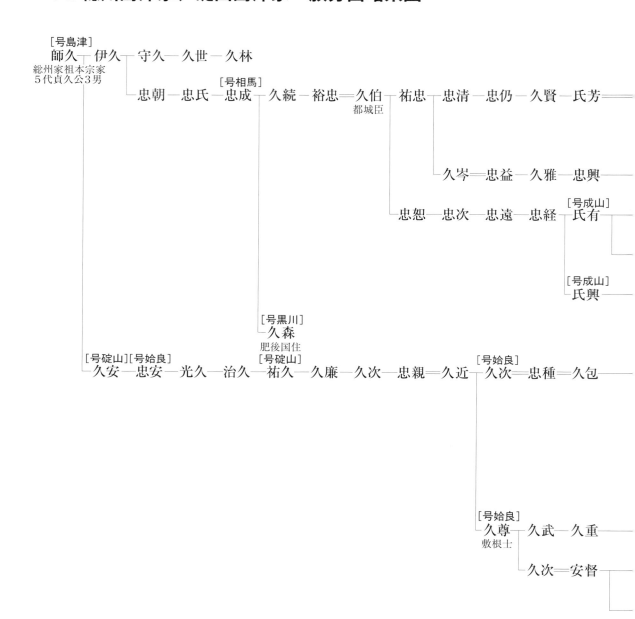

（派生一族：島津、碇山、相馬、成山、姶良）

断絶　（総州家嫡流　　島津上総介家　　100b）

```
＝氏福┬氏祐─氏房─八十次        （都城島津家臣　相馬弥市右衛門家　513）
      │[号成山]
      └氏春─氏昌              （都城島津家臣　成山五兵衛家　514）

[号成山]
─氏陽─祐貞─祐相─氏熹          （都城島津家臣　成山惣持院家　514）

─氏敷─徹祐─祐隆              （都城島津家臣　成山勝善坊家　514）

─舜祐─氏昭                  （都城島津家臣　成山観照坊家　514）

─氏以─氏許                  （都城島津家臣　成山伴左衛門家　514）

                ┌久命                              （肥後国住　黒川弥五郎家　513）
                │[賜島津姓]
─久與┬久規─久陽─久德┬久命─久直─健彦─澤次郎   碇山島津家（一所持）　島津将曹家　116
      │              ├安富─晋──磐      （城下士小番　碇山雄四郎家　116）
      │              │[号碇山]
      │              └安及            （城下士小番　碇山清太夫家　116）
      └國里─房利─淀屋─屋広─権五郎   （奄美赤尾木　碇山重秀家　116）

─安号─安穏                  （敷根士　姶良次右衛門家　116）

─安通─安代                  （敷根士　姶良喜右衛門家　）

─安曹─安族                  （敷根士　姶良十郎左衛門家　）
```

15. 豊州島津家一族分出略系図

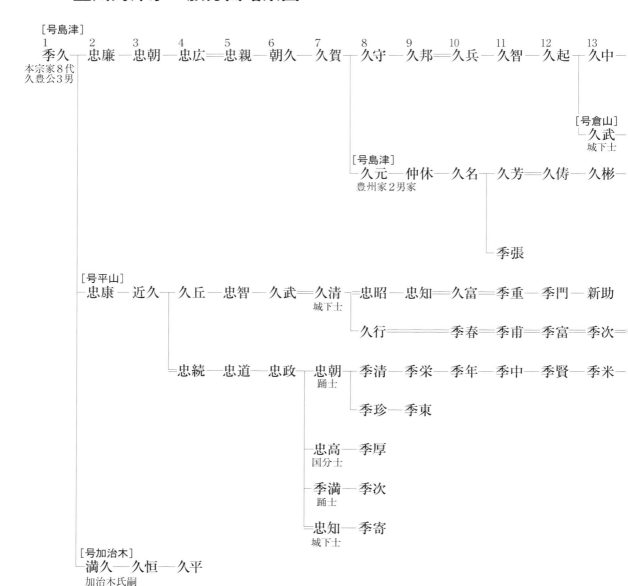

（派生一族：島津、倉山、黒岡、平山、加治木）

```
      14      15
――久長――久宝――久芳┬久雄――久治――久忠
                  [号倉山]
                  └季嘉――嘉吉

――久喜――久籌――久昌――季方――隼之助

       [号黒岡]
――久陳══久直┬久声――忠雄――久尚
   └季彬    └季備――通孝――良治




――季賢――季吉――七助

――猪右衛門
```

豊州島津家 （一所持	島津豊後家	118）
（城下士小番	倉山嘉八郎家	118）
（城下士寄合並	倉山作太夫家	282）
豊州家2男家 （一所持格	島津帯刀家	130）
（城下士	黒岡季備家	130）
（城下士小番	黒岡与十郎家	130）
（城下士小番	平山次郎右衛門家	118）
（城下士小番	平山作右衛門家	118）
（大隅踊士	平山次郎左衛門家	118）
（大隅踊士	平山源左衛門家	118）
（国分士	平山源五左衛門家	118）
（大隅踊士	平山仲左衛門家	118）
（城下士	平山次郎兵衛家	118）
（城下士	加治木三郎五郎家	118）

16. 知覧島津家（佐多氏）一族分出略系図

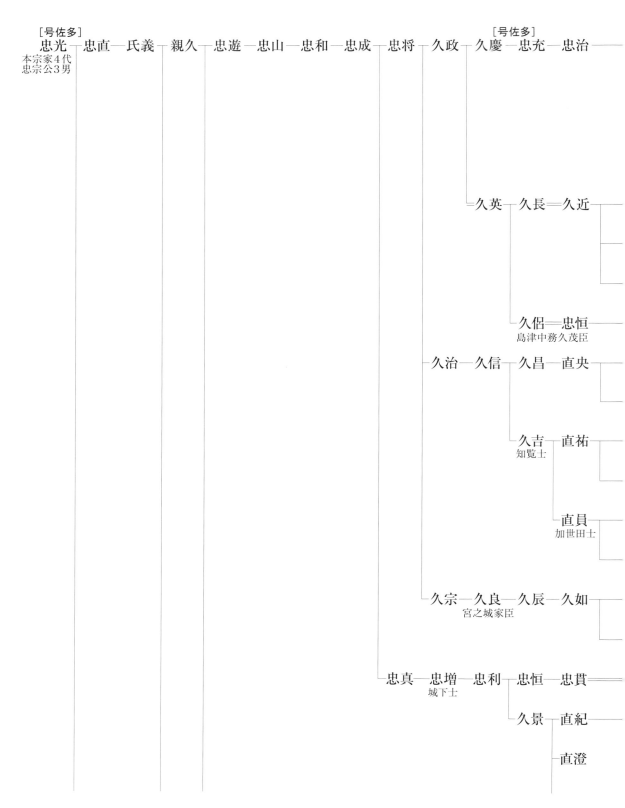

（派生一族：島津、佐多、達山、伊佐敷）

[賜島津]

久孝＝久利＝久達┬久豪＝久峯┬久邦─久軌─久福　（一所持佐多本家 知覧島津家）　島津木工家　　120）
　　　　　　　　│　　　　　├　　　　　　　直矩　（城下士）　佐多彦四郎家　　120）
　　　　　　　　│　　　　　└直内─松次郎　（城下士小番）　佐多後藤太家　　120）
　　　　　　　　└直澄─直侑　（城下士）　佐多嘉六郎家　　120）

─直郷─直昶─清次┄┄┄┄┄┄┄┄┄貞夫　（知覧士）　佐多民部左衛門家　）
　知覧士

─直倫─直了　（知覧士）　佐多善兵衛家　）
　知覧士

─直侶　（加世田士）　佐多休右衛門家　）
　加世田士

─久休＝直方　（宮之城2男家 島津内記家臣）　達山助左衛門家　）

─直泰　（知覧士）　佐多源右衛門家　）

[号達山]
─直高　（知覧士）　達山伝兵衛家　）

─直救─直通┄┄┄┄┄┄┄正之丞　（知覧士）　佐多伝右衛門家　）

─直鄰　（知覧士）　達山清左衛門家　）

─直教　（加世田士）　佐多弥兵衛家　）

─直倶　（加世田士）　達山弥吉右衛門家　）

[許佐多]
─久金─直啓─直行┄┄┄┄┄┄直高─直超　（宮之城島津家臣）　佐多吉左衛門家　）

[号達山]
─直清　（宮之城島津家臣）　達山諸兵衛家　）

[許佐多]
＝直房─直矩＝直八─直陳─直廉─直隆─直正　（城下士小番）　佐多六郎次郎家　）

─直○─直矩　（城下士）　佐多休左衛門家　）

　（城下士）　達山利兵衛家　）

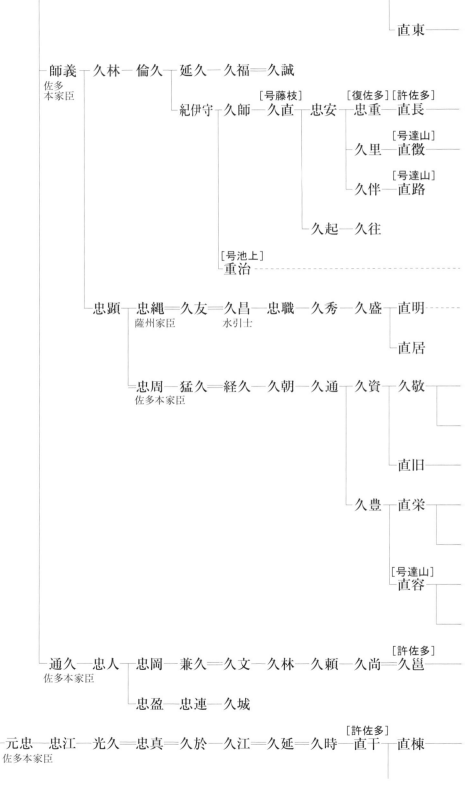

─直寧	（城下士	達山政右衛門家	）
断絶	（海賊罪	佐多周防介家	）
─直観‥‥‥‥‥‥‥‥‥‥‥‥‥‥‥直安	（知覧島津家臣	佐多早右衛門家	）
─直能‥‥‥直銀─藤左衛門──矢次郎──藤一郎	（知覧島津家臣	達山藤左衛門家	）
	（知覧島津家臣	達山源左衛門家	）
断絶	（	藤枝納右衛門家	）
冬宴═重慶	（知覧島津家臣	池上源右衛門家	）
‥‥‥‥‥‥‥‥‥‥‥‥‥‥‥直敬	（水引士	佐多貞右衛門家	）
	（水引士	達山源助家	）
［許佐多］ ─直則─直経─直次─直格─直行‥‥‥‥直矩─民子	（知覧島津家臣	佐多七郎兵衛家	）
［号達山］ ─直供	（知覧島津家臣	達山彦右衛門家	）
─直張	（佐多納右衛門 家嗣		）
［号達山］ ─直船─直朗	（知覧島津家臣	達山文右衛門家	）
─直昌─直皎	（知覧島津家臣	達山兵右衛門家	）
─直貫	（知覧島津家臣	達山源兵衛家	）
─直門	（知覧島津家臣	達山兵左衛門家	）
─直亮─直眺─十郎左衛門‥直元─直瑞─直〇─直義	（知覧島津家臣	佐多十郎兵衛家	）
断絶	（	佐多治部左衛門家	）
─直貞─直恭─直共─直諒─直言─直正─敬一郎─俊夫	（知覧島津家臣	佐多嘉左衛門家	）

複写・複製厳禁

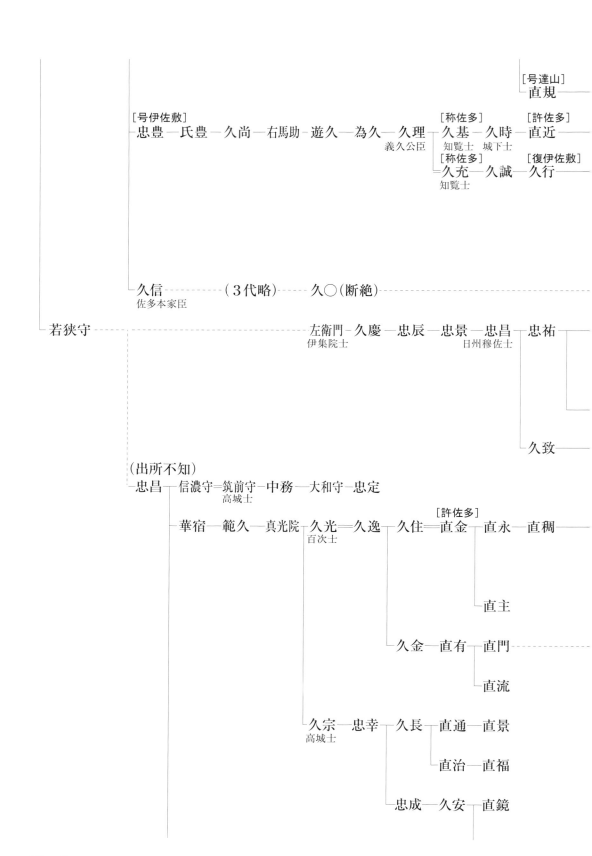

島津一族

―直意	（知覧島津家臣	達山五左衛門家　　　）
―直白 ――――――――――――――――――――直行	（城下士	佐多平左衛門家　　　）
―久種―直安―直香―道予―直正―直寧―箭――隆	（知覧士	伊佐敷道予家　　　）
直慶	（知覧士	伊佐敷曽右衛門家　　　）
直皓	（知覧士	伊佐敷 新五左衛門家　　　）
――(再興)＝直張	（知覧島津家臣	佐多納右衛門家　　　）
[許佐多] ―直記―直英――――――――――――直膺	〔日州穆佐士	佐多四郎右衛門家　　　）
直雲	（日州穆佐士	達山四郎五郎家　　　）
―直飽	（日州穆佐士	達山四郎右衛門家　　　）
―久根	（日州穆佐士	達山四郎兵衛家　　　）
断絶	（高城士	佐多新助家　　　）
―兵右衛門――――助之進―権左衛門――――権右衛門―		
七兵衛―直二――万次郎―芳久―芳朗	（百次士	佐多七兵衛家　　　）
	（百次士	達山七之助家　　　）
――――――――――万之進―誠一―――――――彦美	（百次士	達山権右衛門家　　　）
	（百次士	達山銅太夫家　　　）
	（高城士	佐多軍助家　　　）
	（高城士	達山吉兵衛家　　　）
	（高城士	達山軍兵衛家　　　）

複写・複製厳禁

　　　　　　　　　　　　　　　　　　　　　　　└直郷

徳中―次郎左衛門尉―――――下野守‐信濃守‐右衛門尉―――忠昌――
高城士

（高城士　　　達山甚六家　　　　　　）

—直世　　　　　　　（高城士　　　佐多五兵衛家　　　　　）

17. 新納氏一族分出略系図

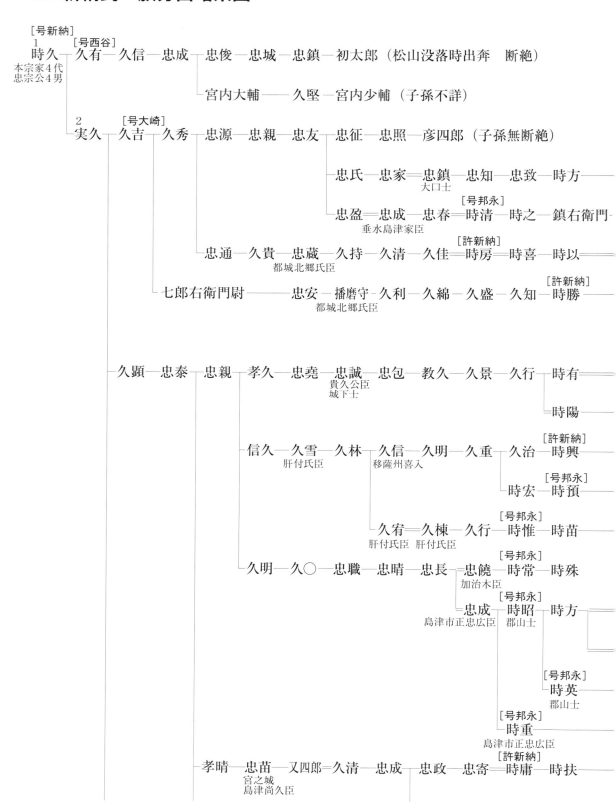

（派生一族：新納、邦永、西谷）

断絶　（　　　　　　　西谷四郎九郎家　311）

（都城北郷氏臣　西谷八郎四郎家　311）

断絶　（都城北郷氏臣　大崎河内守家　　）

―時住―十右衛門――勘七郎　（大口士　新納七郎右衛門家　　）

―――――――――――市介　（垂水島津家臣　邦永市介家　　）

―時意＝時苗―長四郎　（都城島津家臣　新納六左衛門家　　）

―時明┬時筠―時征―金太郎　（都城島津家臣　新納太兵衛家　　）
　　　[号邦永]
　　　└時昌―時喜　（都城島津家臣　邦永文左衛門家　　）

＝時意―実俣―実○―――――時庸―時意　（城下士小番　新納十郎家　311）

―時岑―時清―時央―時真―時武―時義―忠夫　（城下士　新納善左衛門家　311）

―時方―時音―実情―実記―時行――時人　（喜入肝付氏臣　新納十右衛門家　311）

―時特―実基―――時為―久――薫――久武　（喜入肝付氏臣　邦永一角家　311）

―時喬―時比―実橘―実雄―実名　（喜入肝付氏臣　邦永弥左衛門家　311）

（加治木島津家臣　邦永十郎四郎家　311）

＝時満―時遠　（日州松山士　邦永八之丞家　　）
松山士
[号邦永]
＝時賢　（新納本家臣　邦永武右衛門家　　）
新納市正久珍臣

―時摸　（郡山士　邦永清左衛門家　　）

　　　　[許新納][号邦永]
―時兼―――――長意―時○　（島津助之丞家臣　邦永勘兵衛家　　）
島津助之丞久白臣　一代城下士

―時芳―時枝　（宮之城島津家臣　新納九郎右衛門家　311）

複写・複製厳禁

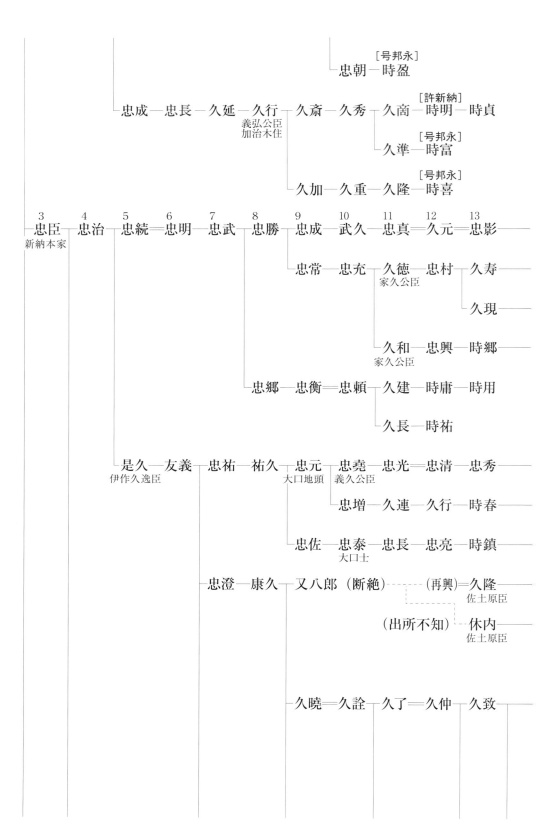

　　　　　　　　　　　　　　　　　　　　　　　　（宮之城島津家臣）　邦永孫兵衛家　　　　　　（　）

　　　　　　　　　　　　　　　　　　　　　　　　（加治木島津家臣）　新納次郎右衛門家　　311）

　　　　　　　　　　　　　　　　　　　　　　　　（加治木島津家臣）　邦永孫右衛門家　　　　（　）

　　　　　　　　　　　　　　　　　　　　　　　　（加治木島津家臣）　邦永長右衛門家　　　　（　）

14　　 15　　 16　　 17　　 18　　 19　　 20　　 21
―久辰―久珍―久邦―久謐―久宝―久成―久世―久厚　（新納本家一所持）　新納近江家　　　　123）

―久治―時相＝時峯―五左衛門　（城下士小番）　新納四郎右衛門家　　（　）

―時之　（城下士）　新納八兵衛家　　（　）

―時赴―早太―武左衛門　（城下士小番）　新納武左衛門家　　（　）

　　　　　　　　　　　　（城下士小番）　新納次兵衛家　　（　）

　　　　　　　　　　　　（城下士小番）　新納源左衛門家　　（　）

―忠饒＝忠尊―忠鎮―久敦―久品―久儔―久命＝久敬　（城下士寄合）　新納刑部家　　214）

―時昌―時興―実意―時升―時敏―時保　（城下士小番）　新納弥太右衛門家　　（　）

―時置　（大口士）　新納三左衛門家　　（　）

―久逵―久満―久陳＝久貞＝久富＝久秀＝久陽―久友　（佐土原藩家老）　新納八郎左衛門家　221）

―久安―久武―久林┬武上―武信　（佐土原島津家臣）　新納八兵衛家　　（　）
　　　　　　　　└武常―休太郎　（佐土原島津家臣）　新納正竹家　　（　）

―久達―久起―久記―久義┬久芳―久速┬久貞―久利　（城下士寄合）　新納五郎右衛門家　221）
　　　　　　　　　　　　　　　　　└時挙―厚　（城下士小番）　新納右八郎家　　221）
　　　　　　　　　　　　└右源次　（城下士小番）　新納彦八郎家　　221）
　　　　　　　　　　　　　別立　彦八郎家

複写・複製厳禁

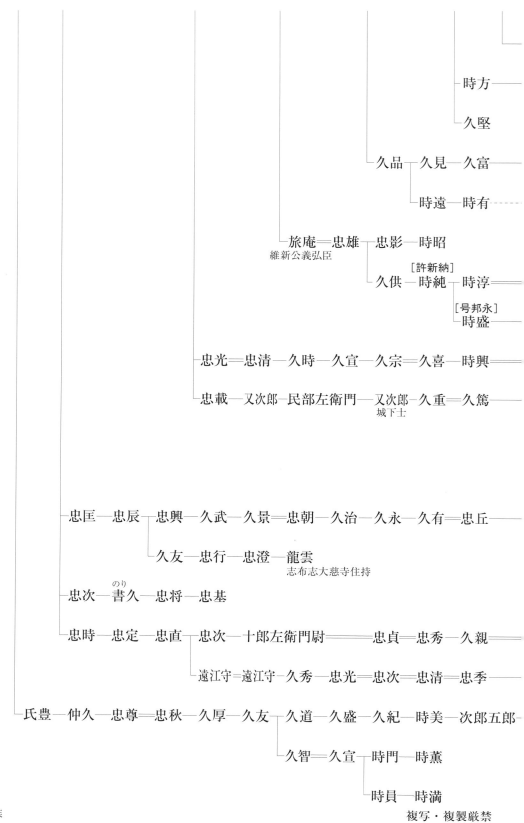

―時峯	断絶 （城下士小番	新納弥七郎家 221）
―時以―時央＝時応―時庸―時――時秀―瑞穂―忠明 （城下士小番	新納休右衛門家 221）
	（城下士小番	新納弥七郎家 221）
―久達＝久陣―久品―久徴―織之丞―伊十郎 （城下士寄合	新納主税家 224）
‥‥‥‥‥‥‥‥‥‥‥‥‥‥‥‥‥‥‥時睦＝時中 （城下士小番	新納権左衛門家 224）
	（城下士小番	新納弥右衛門家 221）
＝時盛―時真―時員―時次―時典―時行―時成―時亮 （加治木島津家臣 家老三家	新納仲右衛門家 221）
―時次 （加治木島津家臣	邦永仲之進家 221）
＝小右衛門――権左衛門 （城下士小番	新納小右衛門家 （縫殿） 214）
―忠余＝時芳┬時陽―時央―時方 （城下士小番	新納平右衛門家 214）
├時征―時包 （城下士	新納猪左衛門家 ）
└時房―時昌 （城下士	新納伊兵衛家 ）
―時名―時央―宅右衛門 （城下士小番	新納宅右衛門家 ）
	断絶 （	新納四郎九郎家 ）
＝忠栄―時房―時真―仁右衛門‥‥‥‥‥‥‥‥時懋 （城下士小番	新納仁右衛門家 （八郎兵衛） ）
―久重＝時章 （出水士	新納八右衛門家 ）
―市右衛門 （城下士小番	新納市右衛門家 311）
	（城下士小番	新納久右衛門家 ）
	（城下士小番	新納九八家 ）

複写・複製厳禁

18. 樺山氏一族分出略系図

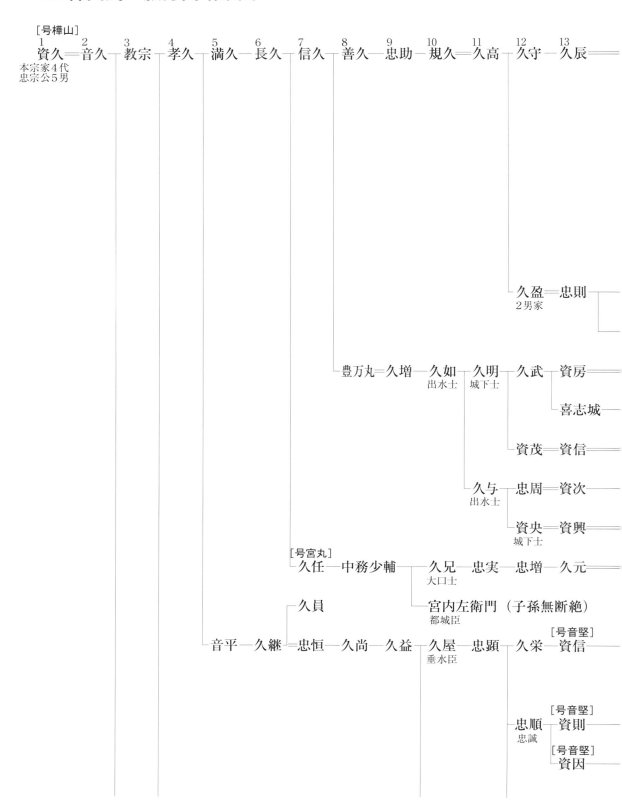

（派生一族：樺山、音堅、村山）

```
     14    15   16   17
＝久尚＝久広┬久清―久福┐
　　　　　　│　　　　　18    19    20    21    22
　　　　　　└忠郷―久初―久智＝久美┬久道　（樺山本家一所持）　樺山主計家　　　　124）
　　　　　　　　　　　　　　　　　　│
　　　　　　　　　　　　　　　　　　└資始　（城下士小番）　　　樺山厳五郎家　　124）
　　　　　　　　　　　　　　　　　　　天保14別立
　　　　　　　　　資玄―資侑―資悠―資霎　（城下士小番）　　　樺山助之進家　　124）
　　　　　　　　　今和泉家臣　城下士
　　　　　　　　　　　└資昌―資益―資応　（今和泉島津家臣　差次三家）樺山喜内家　124）
　　　　　　└久重―久信（早世断絶）　　　断絶　（城下士　　　　樺山太郎左衛門家　124）

―久頼＝久治―久品―久明―久徴―久高―権十郎　　（城下士寄合）　樺山要人家　　　215）

―久成―資似　　　　　　　　　　　　　　　　　　（城下士小番）　樺山七郎左衛門家　215）

＝資信＝資員―資敬―資治―資温―資謀＝資直―純一　（城下士小番）　樺山八右衛門家　124）

―納山―資盈―資治―納富―資定　　　　　　　　　（徳之島横目役）樺山喜志城家　　124）

＝資次―資方―資長―資生―資昌―資行―資生―資美　（城下士小姓与）樺山五郎兵衛家　124）

＝資次―資備―資雪―資旭―資生―覚右衛門―資祥　　（出水士）　　　樺山覚右衛門家　124）

＝資儀―資俊―資賢―資深―資信―資綱―資英―資良　（城下士）　　　樺山休太夫家　　124）

　　［許樺山］
＝久守―資信―資礼―市之進―資昌―資矩―資為―友鶴　（大口士）　　樺山市兵衛家　　124）

　　　　　　　　　　　　　　　　　　断絶　　（都城島津家臣）宮丸宮内左衛門家　124）

　　　　　　　　　　　　　　［号樺山］
―資純┬資勝―資賀―資房―資芳―資秘―資記＝吉二　（垂水島津家臣）音堅吉兵衛家　　124）
　　　└資皓―資盈　　　　　　　　　　　　　　（垂水島津家臣）音堅十郎兵衛家　124）

　　　　　　　　　　　　　［号樺山］
―資征―資行＝資衍―資悦―資次―資染―資則　　　（垂水島津家臣）音堅龍角家　　　124）

　　　　　　　　　　　　［号樺山］
―資辰―資名―資門┬資之―資献―資安―慎平　　　（垂水島津家臣）音堅伝兵衛家　　124）
```

複写・複製厳禁

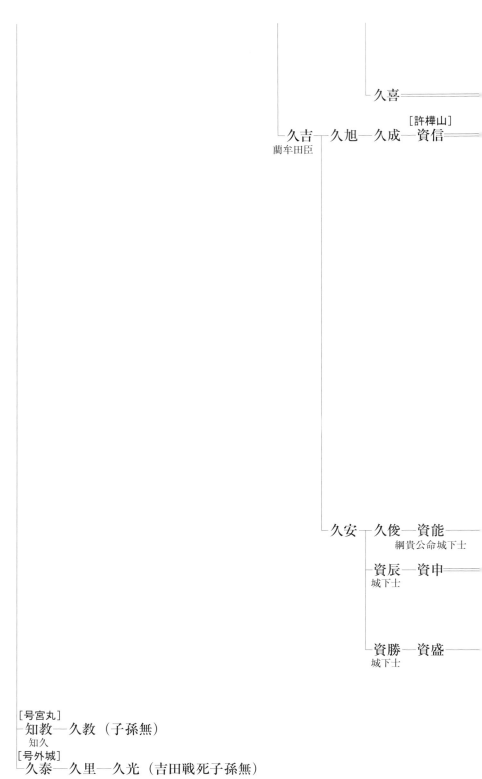

132　島津一族

[号樺山]
資英─資徳─源八─睦夫─英志　（垂水島津家臣　音堅伝之丞家）124）

[号音堅]
═資次─資次─資次─資房─資則　（垂水島津家臣　音堅四郎右衛門家）124）
　　　　　　　　　[号樺山]

═資氏─資達─資挙─資史─資正─資侶─惣太郎　（蘭牟田臣三家　樺山十兵衛家）124）

[号音堅]
資種　（蘭牟田臣　音堅藤之助家）124）

[号音堅][号樺山]
資定─資起　（蘭牟田臣　音堅仲八家）124）

[号音堅後樺山]
資次　（蘭牟田臣　音堅助右衛門家）124）

[号音堅]　　　　[号樺山]
資祥─資興─資広─資義─保男　（蘭牟田臣　音堅藤次兵衛家）124）

[号音堅]　　　　[号樺山]
資行─資悟─資保─資盈─福太郎　（蘭牟田臣　音堅十左衛門家）124）

　　　　　　[号樺山]
　　　　資房─資盛─藤七郎　（蘭牟田臣　音堅彦兵衛家）124）

　　　　　　　[号樺山]
　　資正─資福─資屋　（蘭牟田臣　音堅十蔵家）124）

[号音堅]　　　　[号樺山]
資海─資吉─資香─資敷─斎介┈┈┈資彦　（蘭牟田臣　音堅七郎家）124）

　　　　　　　　　　[号樺山]
　　資世─仲太─猪右衛門──仲次郎　（大村士　音堅仲次郎家）124）
　　大村士

─資明─四郎左衛門─資備─四郎左衛門─資紀─愛輔　（城下士小姓与　樺山四郎左衛門家）124）

─資村─資浜─資純─資温─資耀─資兼─資富┈資常　（城下士小姓与　樺山正悦家）124）

　　　　　　資容─資始─資雄─資英─明憲　（城下士小姓与　樺山寿庵家）124）

───資次─資次─資満─喜兵衛──資直─純一　（城下士　樺山理清家）124）

[号村山]
時登─資澤─東作─光弘　（　　　村山松根家）124）

断絶　（　　　宮丸太郎三郎家）124）

断絶　（　　　外城掃部助家）124）

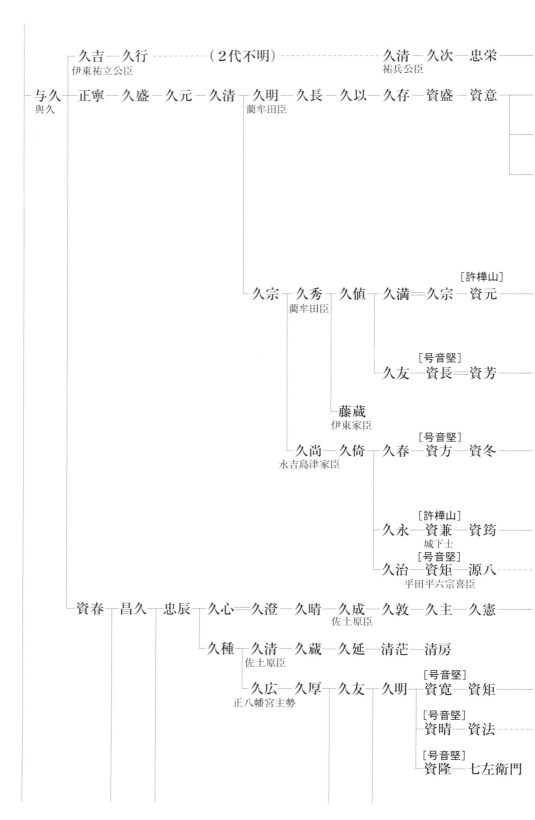

―忠見―忠次―忠由―忠宣―忠蔵―孝吉―力蔵―栄蔵　　（飫肥藩伊東氏臣　樺山新之丞家　　124）

―資珍―資高―資郢―資程―資昌―資隣――――――幸男　　（蘭牟田臣三家　　樺山藤兵衛家　　124）

　　　［号音堅］　　　　　　　　　　　　　　　　　［号樺山］
―資名―資用―藤蔵―藤太―太郎右衛門―資延―資生　　（蘭牟田臣　　音堅袈裟太郎家　　124）

　［号音堅］　　　　　　［号樺山］
―資堅┬資株―資祥―資侶―藤一郎　　　　　　（蘭牟田臣　　音堅正兵衛家　　124）

　　　│　　　　　　［号樺山］
　　　├資則―資澄―仲蔵―岩見―幸雄　　　　（蘭牟田臣　　音堅仲蔵家　　124）

　　　│　　　　　　［号樺山］
　　　└資孝―資満―資善　　　　　　　　　　（蘭牟田臣　　音堅友次郎家　　124）

―資昌―資盈┬資央―資安―資元―資方―彦右衛門　　（蘭牟田臣三家　　樺山治右衛門家　　124）

　　　　　│［号音堅］　　　　［号樺山］
　　　　　└資常―資尹―資明―武熊―研吉―資章　　（蘭牟田臣　　音堅中節家　　124）

　　　　　　　　　　　　　　［号樺山］
―資武═資清―資長―資秋―資程―資雄―百枝―正照　　（蘭牟田臣　　音堅郷十郎家　　124）

　　　　　　　　　　　　　　　　　　　　　　（日向伊東氏臣　　樺山藤蔵家　　124）

　［許樺山］
―資辰┬資陽―資房―資容―資始―資光―文輔―高嶺　　（永吉島津家臣　　樺山市郎右衛門家　　124）

　　　│［号音堅］　　　　　［号樺山］
　　　└資礼═資友―熊十郎―愛熊―資敏―資亮　　（永吉島津家臣　　音堅勢兵衛家　　124）

―資次―資次―資生―資雄═資之　　　　　　（城下士　　樺山武左衛門家　　124）

―――――――――――――――――――貞淵　　（平田平六家臣　　音堅諸兵衛家　　124）
　　　　　　　　　　　　　　木曽川切腹

―久孝―久喜―久寛―久福―久年―久業―久舒―久宣　　（佐土原藩家老　　樺山舎人家　　124）

　　　　　　　　　　　　　　　　　　　　　　（佐土原島津家臣　　樺山彦兵衛家　　124）

―資護―――――――――――――――――――智定　　（正八幡宮主勢　　音堅知定坊家　　124）

　　　　　　　　　　　　　　　　　　　　　寿　　（正八幡宮衆徒　　音堅連寿坊家　　124）

　　　　　　　　　　　　　　　　　　　　　　（正八幡宮衆徒　　音堅七左衛門家　　124）

複写・複製厳禁

┈ 左太夫 ‐友重＝卓──資信	（正八幡宮衆徒	音堅香乗坊家 124）
┈ 成顕─○○─厳	（正八幡宮衆徒	音堅成顕坊家 124）
	（正八幡宮衆徒	音堅休右衛門家 124）
断絶	（伊作士	樺山昌十郎家 124）
断絶	（伊作士	樺山玄蕃家 124）
断絶	（伊作士	樺山三太夫家 124）
	（大口士	樺山作右衛門家 124）
─資弥	（伊作士	樺山平右衛門家 124）
┈ 資丸─厚──国親─資邦	（伊作士	樺山平左衛門家 124）
[号音堅] ─資甫─資載＝資宴─太郎右衛門	（都城島津家臣	音堅与次右衛門家 124）
[号音堅] ─資商─資敷─資海	（都城島津家臣	音堅好兵衛家 124）
─資清─資姿─資興	（都城島津家臣	音堅早兵衛家 124）
─資穆─資孝	（都城島津家臣	音堅門兵衛家 124）
─資方─資雄─資凭─資似─喜太郎	（都城島津家臣	音堅喜兵衛家 124）
断絶	（	池尻伊賀守家 124）

19. 桂氏、迫水氏、喜入氏一族分出略系図

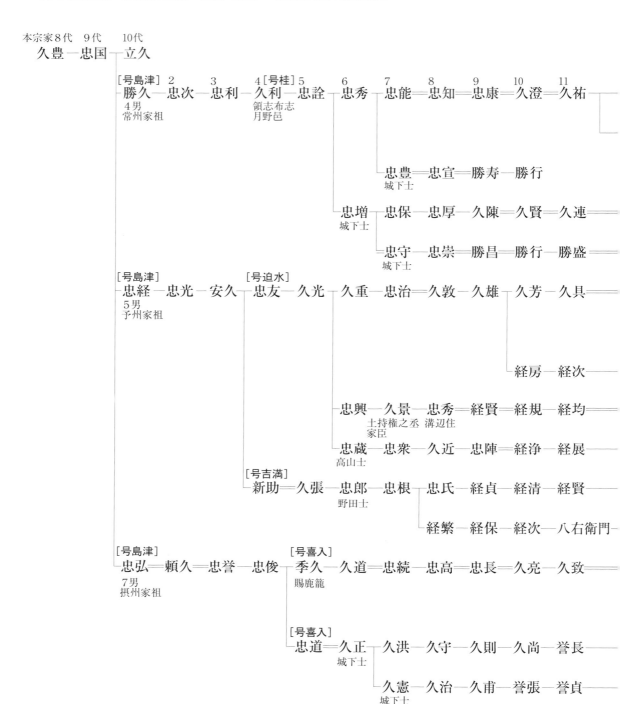

（派生一族：桂、迫水、吉満、吉水、喜入）

久音[12]—久中[13]—久芳—久郷—久謐—久柱—久視　　　　（一所持　　　　桂太郎兵衛家　　125）

―勝以　　　　　　　　　　　　　　　　　　　　　　（城下士小番　　桂平六左衛門　　125）

　　　　　　　　　　　　　　　　　　　　　　　　（城下士小番　　桂民部左衛門家　125）

―久武＝久道＝久浮—六郎次郎　　　　　　　　　　　（城下士寄合　　桂外記家　　　218）

―勝昌　　　　　　　　　　　　　　　　　　　　　　（城下士小番　　桂八左衛門家　　357）

―久度┬久徳—久徴—久中—久成—久常—久正—久範　迫水本家（城下士小番）　迫水善右衛門家　321）
　　　│[号吉水]
　　　└経政—経義—洗耳—経久—久純　　　　　　　（城下士小姓与　吉水清淳家　　321）

―経武—経住　　　　　　　　　　　　　　　　　　　（城下士小番　　迫水猪之八家　　321）

―経輔—六郎左衛門—清右衛門——六郎左衛門＝直八　土持権之丞附（溝辺士）　迫水六郎左衛門家　321）

―経備—経喜—休右衛門——壮右衛門——三之輔—教親　（高山士　　　迫水休右衛門家　321）

―経寛＝幸満—貞正—茂穂—秀夫　　　　　　　　　　（野田士　　　吉満善助家　　321）

―佐善太—新兵衛　　　　　　　　　　　　　　　　　（野田士　　　吉満八右衛門家　321）

―久峯＝久茂—久福—久量—久欽—久通┬久高—久博　（一所持鹿籠領主　喜入摂津家　　128）
　　　　　　　　　　　　　　　　　└誉処　　　　（城下士小番　　喜入雄次郎家　　128）

―誉香—誉次—誉央　　　　　　　　　　　　　　　　（城下士小番　　喜入休右衛門家　354）

―誉次—誉次—誉則—誉頭＝誉名＝誉美＝秀三—虎太郎　（城下士小番　　喜入次兵衛家　　354）

20. 町田氏、阿多氏一族分出略系図

忠経 ― 1[号町田]2 忠光 ― 3 光俊 ― 4 経俊 ― 5 道俊 ― 6 実氏 ― 助久
本宗家2代
忠時公7男

└ 7 清久 ― 8 忠良 ― 9 成久 ― 10 俊久

└ 11[号石谷]12 高久 ― 頼本 ― 13 梅吉 ― 14 梅久 ― 15[復町田]16 忠栄 ― 16 久徳 ― 17 久倍 ― 18 忠綱

久政 ― 久則
城下士

忠房 ― 忠尭 ― 忠照
垂水島津家
付家老

（派生一族：町田、阿多、梅本、梅元、石谷、飯牟礼）

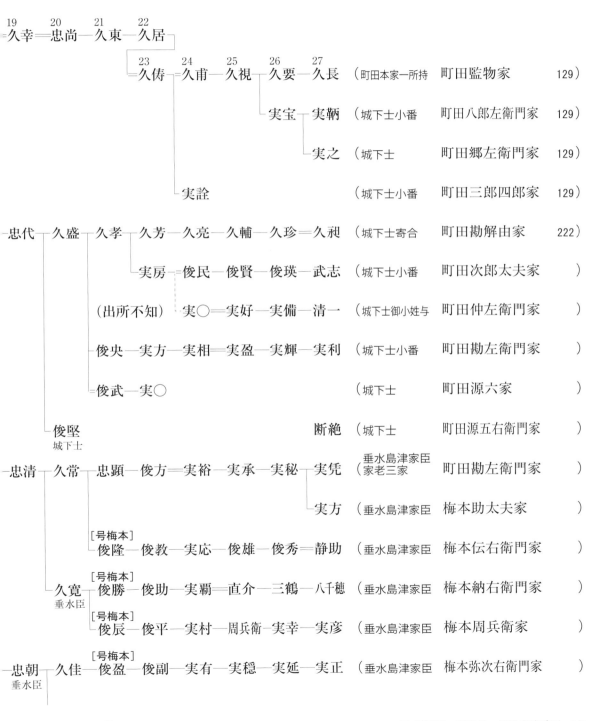

20. 町田氏、阿多氏一族分出略系図

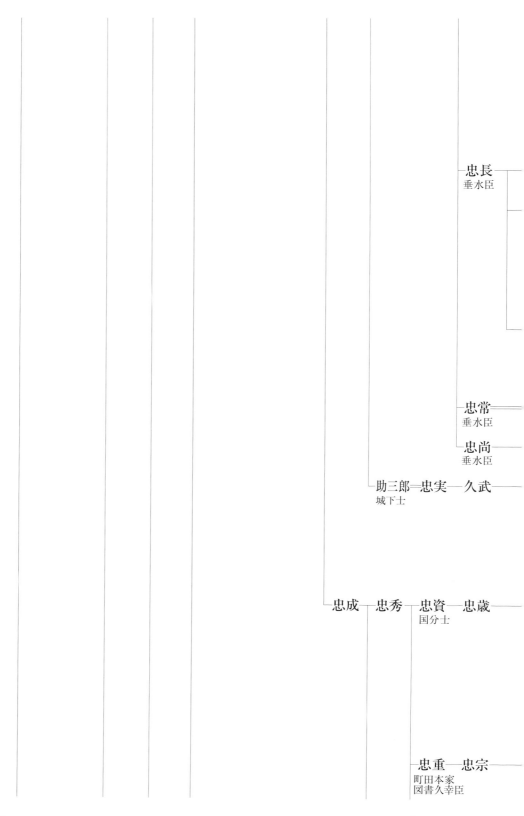

142　島津一族

[号梅本]
俊尊─俊恒─俊信─実盈─実備═貞道─実秋　（垂水島津家臣）　梅本源太兵衛家　　　）

　　　　　実政─実済─実森─実諧─実喜─実安　（垂水島津家臣）　梅本権右衛門家　　　）

　　　　　　　　実寿─────────瀬兵衛　（垂水島津家臣）　梅本瀧兵衛家　　　）

[号梅本]
─忠寧─俊晴─俊盈─実圓─実弼─実応═実友─実満　（垂水島津家臣　差次三家）　梅本平左衛門家　　　）

[号梅本]
─久宣─俊尚─実輔─実堅─実倍─実憑─実修─太郎次　（垂水島津家臣）　梅本五左衛門家　　　）

　　　　　　　　　　　実凭─一郎太　　　断絶　（垂水島津家臣）　梅本一郎左衛門家　　　）

　　　　　　　　実親─実○─────────甚内　（垂水島津家臣）　梅本長右衛門家　　　）

─久豊─久英─俊鑑─俊政─実員─実恒─実備─実元　（垂水島津家臣）　梅本八郎右衛門家　　　）
[号梅本]

[号梅本]
　　　俊度─俊芳═実因─八太夫-弘──実弘　（垂水島津家臣）　梅本源五左衛門家　　　）

[号梅本]
═久章─俊益─実商─実応─実懿─実先─実愷─実衡　（垂水島津家臣）　梅本覚左衛門家　　　）

[号梅本]
─忠相─俊種─実路─実頴─実堅─実昌─実清─直次郎　（垂水島津家臣）　梅本伝右衛門家　　　）

─久利─久近─俊昌─俊長─五郎右衛門-助四郎-助太郎　（城下士小番）　町田五郎左衛門家　　　）

　　　　久貞─俊武　（城下士）　町田宇左衛門家　　　）

　　　　俊満─忠参─源五郎　（城下士）　町田源右衛門家　　　）

─久矩─俊健─実春─実淳═実別─実詮─実堅─仁次郎　（国分士）　町田助右衛門家　　　）

[号梅本]
　　　　　　　　　　　　　実道─矢之助　（国分士）　梅本次郎右衛門家　　　）

[号梅本]
　　　　　　　　　　実温─仁三次　（国分士）　梅本仁次郎家　　　）

[号梅本]
　　　　　　　　　　実澄　（国分士）　梅本助次郎家　　　）

[号梅本]
─俊房─俊賢─俊方─────────実有　（町田本家臣）　梅本市郎右衛門家　　　）

複写・複製厳禁

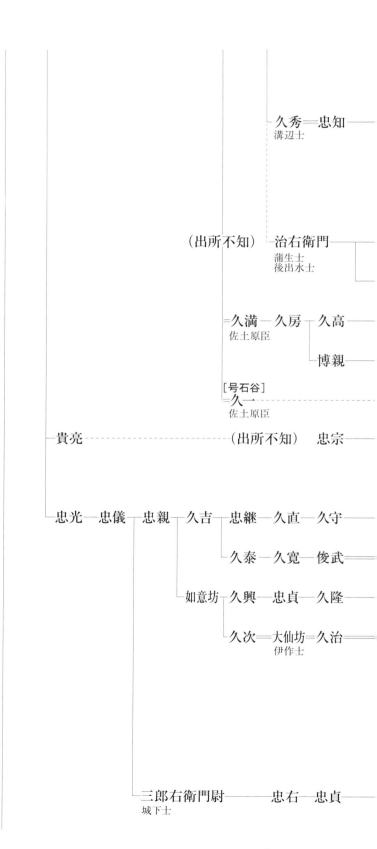

系図	身分	家名	
[号梅本] 俊政 宮之城2男家島津内記久貫臣	宮之城島津（2男家臣	梅本佐左衛門家	）
俊従—忠質—俊財—俊全	（溝辺士	町田九兵衛家	）
[号梅本] 俊浄—俊在 溝辺士	（溝辺士	梅本万兵衛家	）
俊省	（溝辺士	梅本木工次郎家	）
俊延—俊茂—牛之助------実旭＝実藩	（出水士	町田権左衛門家	）
右衛門兵衛—治右衛門——[許町田]忠亮—俊長------実邦 町田本家臣	（町田本家臣	町田清兵衛家	）
房明—房○------房見	（佐土原島津家臣	町田弥次右衛門家	）
博旧	（佐土原島津家臣	町田新左衛門家	）
------成刻—成隣	（佐土原島津家臣	石谷佐平次家	）
忠清—忠厚—忠房—忠吉—忠則＝忠菊—[許町田]俊道—仙次郎	（城下士	町田吉左衛門家	）
俊春	（城下士	梅本長右衛門家	）
久延＝俊伯—俊春	（城下士新番	町田休右衛門家	）
俊房—俊方	（城下士	町田平左衛門家	）
俊員	（城下士小番	町田平覚家	）
久能—[許町田]俊名—俊餅	（伊作士	町田十郎兵衛家	）
[号梅本]俊盈	（伊作士	梅本新七兵衛家	）
[号梅本]俊西—俊米	（伊作士	梅本孫左衛門家	）
[号梅本]俊息	（伊作士	梅本十兵衛家	）
忠尭—忠辰—忠周—俊方—俊村	（城下士	町田三右衛門家	）

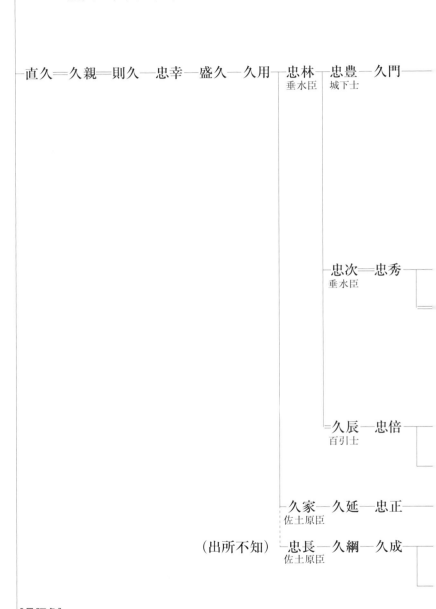

146　島津一族

```
　　　　　俊純　　　　　　　　　　　　　　　　　　　（足軽　　　　梅本藤左衛門家　　　）

久胤―忠元―忠綱―忠直―忠晴―久紀┬俊常―長万　（串良士　　　町田織部家　　　　）
　　　串良士　　　　　　　　　　└安俊　　　　　（串良士　　　梅本兵兵衛家　　　）

久峯┬忠堯┬俊方―俊香―俊相―孫六―孫七―孫七　（城下士小番　町田八右衛門家　　）
　　│　　└久通―俊昌―俊常　　　　　　　　　　（城下士小番　町田八左衛門家　　）
　　└忠代┬久包┬俊茂　　　　　　　　　　　　　（城下士　　　町田次左衛門家　　）
　　　　　│　　└俊央　　　　　　　　　　　　　（城下士　　　町田伊右衛門家　　）
　　　　　└俊良―俊長　　　　　　　　　　　　　（城下士　　　町田次郎左衛門家　）

久康＝久達＝久置―房郷―房恭―房宅―房恒―房前　（佐土原島津家臣　町田宗七郎家　　）
佐土原臣
［許町田］
久明┬俊辰―俊尚―俊盈―実憑―実春┬実員―実賸　（垂水島津家臣　町田軍四郎家　　）
垂水臣│　　　　　　　　　　　　　　　　　　　　（家老三家）
　　　│　　　　　　　　　　　　└実富-哲志　　（垂水島津家臣　梅本瀬兵衛家　　）
　　　│
［号梅本］
　　　└俊親―俊尊―俊真（盗罪断絶）　　断絶　　（垂水島津家臣　梅本五郎右衛門家　）

忠賞―忠雄―俊房―俊香　　　　　　　　　　　　　（市来士　　　町田長右衛門家　　）
　　　市来士

忠衆―俊員　（町田孫七郎康久家嗣再興）
百引士

久充＝忠義＝林置＝林建―林次　　　　　　　　　　（佐土原島津家臣　町田城之助家　　）

忠清―忠重―久伯―清縁―清全　　　　　　　　　　（佐土原島津家臣　町田清兵衛家　　）

忠景―久長＝景林- - - - - - - - - - - - 景慶　（佐土原島津家臣　町田孫右衛門家　）
佐土原臣

久成＝久武―俊昌- - - - - - - - - - 隆助―実職　（城下士小番　町田龍右衛門家　）
```

康久（断絶）----------（再興）＝＝＝俊員

[号飯牟礼]
（出所不知）光宗―光秋―光昌―光弘―光時―光貞―光吉―光政―忠辰―忠継―忠清
　　　　　　　　　　　　　　　　　　　　　　　　　　[復町田]　　　　　　忠陽

　　　　　　　　　　　　　　　光義―光栄―光清―忠秀＝忠次
　　　　　　　　　　　　　　　　　　　　　[復町田]

飯牟礼氏庶流
（出所不知）　伝拾郎-新左衛門――維右衛門――新右衛門――源右衛門―新左衛門

　　　　　　　　　　　　　　　　　　　　　　　　　　　実用―実詮

　　　　　　　　　　　　　　　　　　　　　　　　　　　実次（断絶）----

（出所不知）　実嗣―実次

（出所不知）　直勝―直安＝＝
　　　　　　　佐次郎　仲太郎
　　　　　　　蒲生士

[号阿多]
久清―忠清―経久―公久―忠秋―忠金―忠雄―忠堅―忠縣―忠救―忠祐―俊延―俊綿

　　　　　　　　　　　　　　　　　　　　　　　　　　　　　俊益―俊刑

　　　　　　　　　　　　　　　　　　　　　　　　　　忠易＝俊祐―実貞

　　　　　　　　　　　　　　　　　　　久宣＝俊春＝俊番―実深―実憑
　　　　　　　　　　　　　　　　　　　日州松山士

　　　　　　　　　　　　　　俊久―久守―忠栄＝忠辰―久童―久矩―俊盈
　　　　　　　　　　　　　　　　　　　　　　隅州清水士

―俊昭―俊佐 ―――――――― 実堅―実通―実重―実備 （百引士　　　町田佐兵衛家　　　　　　）

[号梅本]
―忠充―俊方 　　　　　　　　　　　　　　　　　（百引士　　　梅本市左衛門家　　　　　　）

―俊意―俊陽 　　　　　　　　　　　　　　　　　（城下士小番　町田権右衛門家　　　　　　）

―俊能 　　　　　　　　　　　　　　　　　　　（城下士小番　町田弥市右衛門家　　　　　）

―忠弘―俊堅―俊喬―俊甫 　　　　　　　　　　　（城下士小番　町田七郎左衛門家　　　　　）

　　　　　　　　　　実房―実候―実影 　　　　（重富島津家臣　梅元七右衛門家　　　　　）
　　　　　　　　　　　　　　　　　　　　　　　差次三家
　　　　　　　　　　　　　　　実悦 　　　　　（重富島津家臣　梅元吉彦家　　　　　　　）

―宗兵衛＝新左衛門―――新蔵―宗次郎―藤彦―久成 （石谷町田氏臣　飯牟礼新左衛門家　　　　）

―実兼＝実修―実俊―実義―実同 　　　　　　　（石谷町田氏臣　飯牟礼仲左衛門家　　　　）
　　　　　　　　　　　　　　　　　　　　　　　　　　　　　（新右衛門）

　　　　　―――（再興）実秀―渚―――孝一 　（石谷町田氏臣　飯牟礼昌太家　　　　　　）

―実明―佐左衛門―仲之進―泰 　　　　　　　　（石谷町田氏臣　飯牟礼半右衛門家　　　　）

　　　　　　　　友二―実教―実昭 　　　　　　（佐左衛門2男家　飯牟礼友二家　　　　　）

＝直一――市之進―市郎次 　　　　　　　　　　（蒲生士　　　飯牟礼市右衛門家　　　　　）
市右衛門

―実有―実篤―実深―実範―実義―実雄 　　　　（志布志士　　阿多源左衛門家　　　408）

＝実盈―実丞―実専―実昆―実堅―新太郎 　　　（志布志士　　阿多新兵衛家　　　　408）

―俊就―実勝―実任―実識―実右―納右衛門 　　（志布志士　　阿多新右衛門家　　　408）

―実任―実次―源之丞―――与左衛門――源之丞 （日州松山士　阿多与左衛門家　　　　　）

―新右衛門――清右衛門 　　　　　　　　　　　（隅州清水士　阿多清右衛門家　　　　　）

　　　　　　　　　　　　　　　　　　　　　　（隅州栗野士　　阿多源助家　　　　　）

　　　　　　　　　　　　　　　　　　　　　　（隅州栗野士　　阿多作左衛門家　　　）

　　　　　　　　　　　　　　　　断絶（　　　　阿多中務家　　　　　）

―俊森―俊姓--------------実延------------実恒（日置島津家臣　阿多平左衛門家　　　）

―平助--------平右衛門―善兵衛―平右衛門――実包（伊集院士　　阿多平右衛門家　　　）

―俊盈　　　　　　　　　　　　　　　　　　　　（日置島津家臣　阿多武右衛門家　　　）

―俊房　　　　　　　　　　　　　　　　　　　　（日置島津家臣　阿多若右衛門家　　　）

―実幸--------長右衛門――長右衛門――長右衛門（東郷士　　　阿多長右衛門家　　　）

―六太夫―平太―六太夫―実○―六郎―実美（城下士小番　阿多六太夫家　　　　）

　　　　　　　　　　　　　　　　　　　　　　（城下士　　　阿多源蔵家　　　　　）

--------------------------実秀―幸熊（城下士　　　阿多六郎兵衛家　　　）

―忠俊＝忠利＝忠充―俊名―俊峯―仲右衛門――源之丞（城下士　　阿多仲右衛門家　　　）

―忠秋―忠知―忠行―忠隆＝俊陳―実本―実員―実有（城下士小番　阿多甚左衛門家　　　）

―忠尚＝忠栄―忠昌―忠英―俊庸―弥八郎―弥八郎―弥八郎（出水士　　阿多弥八郎家　　　）
　　　　　出水士

21. 薩州島津家一族分出略系図

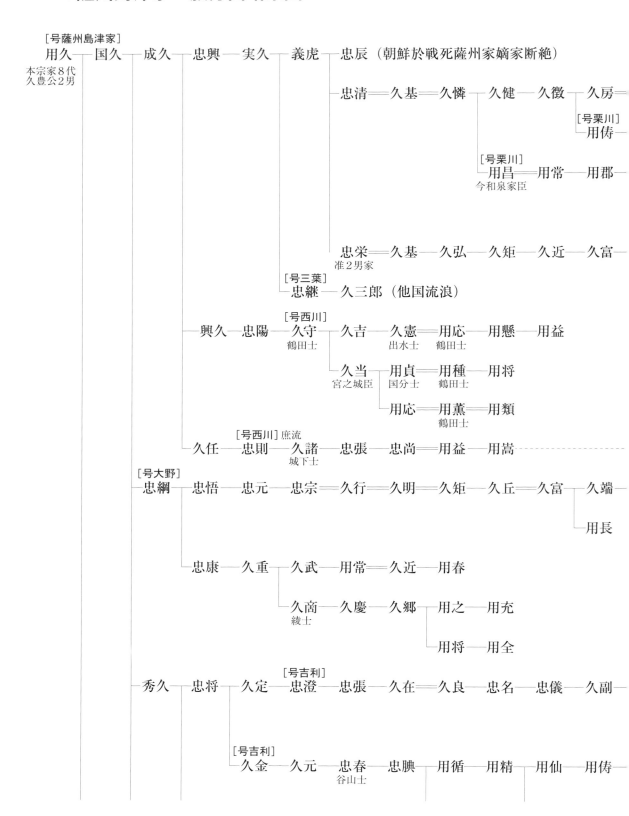

（派生一族：島津、栗川、三葉、西川、大野、吉利、寺山、大田）

系図		備考	家名	頁
	断絶	（薩州家嫡家	島津薩摩守家	134）
[号栗川] ──久篤──久澄＝久幸<small>轟</small>──篤彦──國夫──明夫		薩州家庶流 （城下士寄合	島津仲家	219）
──用昌──用広──用行──郷十郎＝轟<small>久澄跡嗣</small>──清夫		（城下士小番	栗川権十郎家	219）
──用邦──用行─用定		（今和泉島津家臣	栗川孫六家	219）
└用廣──用明──用一──久雄──一雄		（今和泉島津家臣	栗川中吉家	219）
──久籌──久宅──久計──久敬──久充──久寿──久辰		薩州家准2男家 （一所持格	島津矢柄家	134）
		本家忠辰断絶後 （他国流浪	三葉久三郎家	134）
		（鶴田士	西川六太夫家	）
		（鶴田士	西川清左衛門家	）
		（鶴田士	西川十左衛門家	）
………源五──賢久──建夫		（城下士	西川権左衛門家	）
──久昶──久甫──隼人		（一所持	大野多宮家	135）
		（城下士小番	大野宗十郎家	135）
		（城下士小番	大野源兵衛家	135）
		（日向綾士	大野権右衛門家	135）
		（日向綾士	大野正兵衛家	135）
─久置──久宝──久利──久包＝群吉──悌輔		（一所持	吉利杢右衛門家	136）
└用倫──仲左衛門─祐之丞─靖──純──正義		（城下士小番	吉利仲左衛門家	136）
─用和┬用行──用通──用一──用久──用大		（谷山士	吉利治右衛門家	136）

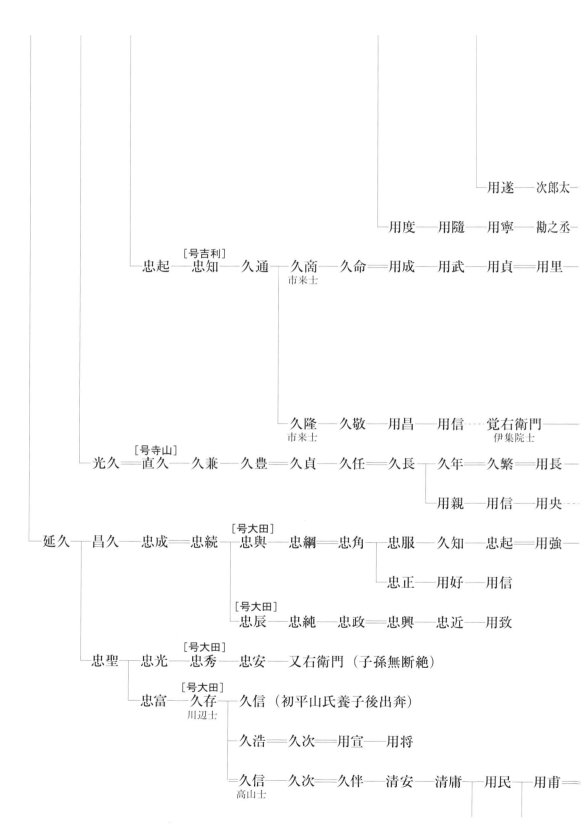

用次——用○	（谷山士	吉利三弥家	136）
用中—用昌—用之—利家——徳子	（谷山士	吉利四郎兵衛家	136）
用文——用英——用徳——宗久	（谷山士	吉利用文家	136）
——杢之丞—用貞——清明——用行	（谷山士	吉利休右衛門家	136）
——作左衛門—作左衛門—七郎——七之丞—用英	（谷山士	吉利作左衛門家	136）
用敷——用乗——用資——用次——用敏——栄之輔	（市来士	吉利武右衛門家	136）
用頼——平十——淳——久	（市来士	吉利平十家	136）
用令——平次郎—平——公男	（市来士	吉利平次郎家	136）
用國——（三代略）——勇蔵——勇太郎—用彦	（市来士	吉利勇右衛門家	136）
——覚右衛門——新七——清治——雅治—正一	（伊集院士	吉利覚右衛門家	136）
——用容—用慎—用香—用中—用広—用法	（城下士小番	寺山源右衛門家	324）
---八武—八百吉—芳三郎—義人—孝四郎—暢人	（城下士小姓与	寺山太次右衛門家	324）
——用純—用和—用清—用好—用賢—用恒	（城下士小番	大田五郎右衛門家	323）
	（城下士	大田加賀右衛門家	323）
	（城下士小番	大田筑左衛門家	323）
断絶	（義弘公臣	大田筑前守家	323）
	（川辺士	大田伝左衛門家	323）
——用徳——用彦——精	（高山士	大田惣兵衛家	323）

├─用恒─

└─用仁──用節＝

――豊――寛　　　　　　　　　（高山士　　　大田恕之助家　　323）

――用知――善之助　　　　　　（高山士　　　大田休助家　　323）

複写・複製厳禁　　　　　　　　　　　　　　　21. 薩州島津家一族分出略系図　157

22. 伊集院氏庶流今給黎伊集院氏一族分出略系図

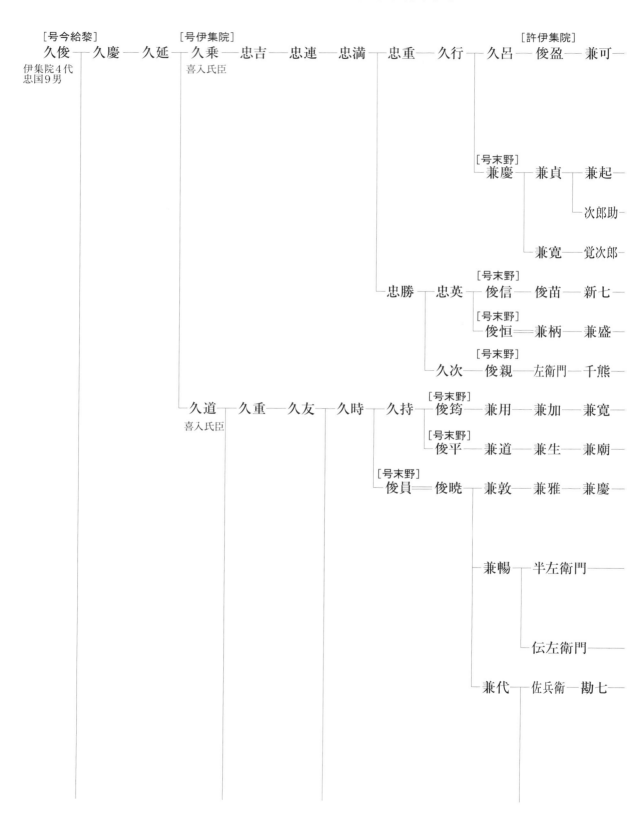

（派生一族：伊集院、末野、今給黎）

　　　兼甫─兼信─兼才─彦七─祐知─兼知　　　（喜入氏臣　　　伊集院佳兵衛家　　　）

　[号末野]　　　　　　　[号今給黎]
　　　兼儔─兼武─兼善─八郎二─満幸─尚典　　（喜入氏臣　　　末野理兵衛家　　　）
　　　　　　　　　　　理兵衛　　　兼豊

　[号末野]　　　[号今給黎]
　　　兼伯─宗次郎─兼知　　　　　　　　　　（喜入氏臣　　　末野武左衛門家　　　）

　　　　　　　　　　　　[号今給黎]
　　　十蔵─兼次─俊次─俊高─清高　　　　　（喜入氏臣　　　末野十蔵家　　　）

　　　次郎兵衛　　　　　　　　　　　　　　（喜入氏臣　　　末野次郎兵衛家　　　）

　　　兼次　　　　　　　　　　　　　　　　（喜入氏臣　　　末野平兵衛家　　　）

　　　　　　　　[号今給黎]
　　　与三次─与八─源意─誠吾─正人　　　　（喜入氏臣　　　末野与八家　　　）

　　　　　　　　　[号今給黎]
　　　兼國─兼攄─兼守　　　　　　　　　　（喜入氏臣　　　末野勘左衛門家　　　）

　　　[号今給黎]
　　　兼次─○○─一男─悟　　　　　　　　（喜入氏臣　　　末野領右衛門家　　　）

　[号今給黎]
　　　兼眞─友則─作郎　　　　　　　　　　（喜入氏臣　　　末野清兵衛家　　　）

　十郎右衛門
　　　兼暢　　　　　　　　　　　　　　　　（喜入氏臣　　　末野与一左衛門家　　　）

　　　　　　　[号今給黎]
　　　兼敏─┬兼審　　　　　　　　　　　　（喜入氏臣　　　末野権兵衛家　　　）
　　　　　　　[号今給黎]
　　　　　　└兼愛　　　　　　　　　　　　（喜入氏臣　　　末野猪右衛門家　　　）

　　　　　　[号今給黎]
　　　半七─兼宣─征之進　　　　　　　　　（喜入氏臣　　　末野十左衛門家　　　）
　　　　　　[号今給黎]
　　　鉄之助─兼永─市郎右衛門　　　　　　（喜入氏臣　　　末野鉄之助家　　　）

　　　郷十郎　　　　　　　　　　　　　　（喜入氏臣　　　末野郷十郎家　　　）

　　　　　　[号今給黎]
　┬佐兵衛─佐之丞　　　　　　　　　　　　（喜入氏臣　　　末野佐兵衛家　　　）

　　　　　　　　[号今給黎]
　　龍右衛門─強右衛門　　　　　　　　　　（喜入氏臣　　　末野強右衛門家　　　）

　　　　　　[号今給黎]
　└次右衛門─彦熊　　　　　　　　　　　　（喜入氏臣　　　末野彦熊家　　　）

複写・複製厳禁　　　　　　　　　　22.伊集院氏庶流今給黎伊集院氏一族分出略系図　159

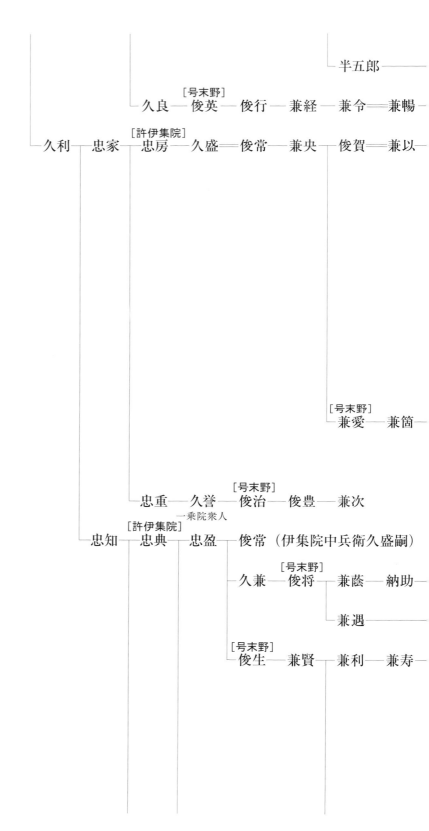

──彦右衛門───休兵衛　　　　　　　　（喜入氏臣　　末野休兵衛家　　　　　）

　　──兼寛══寛雄　　　　　　　　　　　　（喜入氏臣　　末野後藤兵衛家　　　　）

　　──兼敦─┬兼材──兼之──猶矢──季武──武雄　（喜入氏臣　　伊集院新四郎家　　　）
　　　　　　│［号末野］
　　　　　　├兼平──兼重　　　　　　　　　（喜入氏臣　　末野猶右衛門家　　　　）
　　　　　　│［号末野］
　　　　　　└兼学──兼享　　　　　　　　　（喜入氏臣　　末野金左衛門家　　　　）
　　［号末野］
　　──兼虚─┬兼真　　　　　　　　　　　　（喜入氏臣　　末野瀬左衛門家　　　　）
　　　　　　│
　　　　　　├兼彰　　　　　　　　　　　　（喜入氏臣　　末野新之助家　　　　　）
　　　　　　│
　　　　　　└龍助　　　　　　　　　　　　（喜入氏臣　　末野龍助家　　　　　　）
　　［号末野］
　　──兼寛──兼持　　　　　　　　　　　　（喜入氏臣　　末野弥左衛門家　　　　）

　　　　　　　　　　　　　　［号今給黎］
　　──兼清──兼包──兼良─┬兼孝　　　　　（喜入氏臣　　末野新右衛門家　　　　）
　　　　　　　　　　　　　└兼悦　　　　　（喜入氏臣　　末野仲五家　　　　　　）

　　　　　　　　　　　　　　　　　　　　　（一乗院衆人　末野少右衛門家　　　　）

　　　　　　　　　　　　　　　　　［号今給黎］
　　──喜右衛門───納右衛門───曽右衛門　（喜入氏臣　　末野納右衛門家　　　　）

　　──甚左衛門───権助──甚四郎　　　　　（喜入氏臣　　末野六左衛門家　　　　）

　　──兼用─┬兼武　　　　　　　　　　　　（喜入氏臣　　末野越右衛門家　　　　）
　　　　　　│
　　　　　　├兼秀　　　　　　　　　　　　（喜入氏臣　　末野勘助家　　　　　　）
　　　　　　│
　　　　　　└兼周　　　　　　　　　　　　（喜入氏臣　　末野弥一郎家　　　　　）
　　　　　　
　　──兼利──兼吉　　　　　　　　　　　　（喜入氏臣　　末野勇七家　　　　　　）

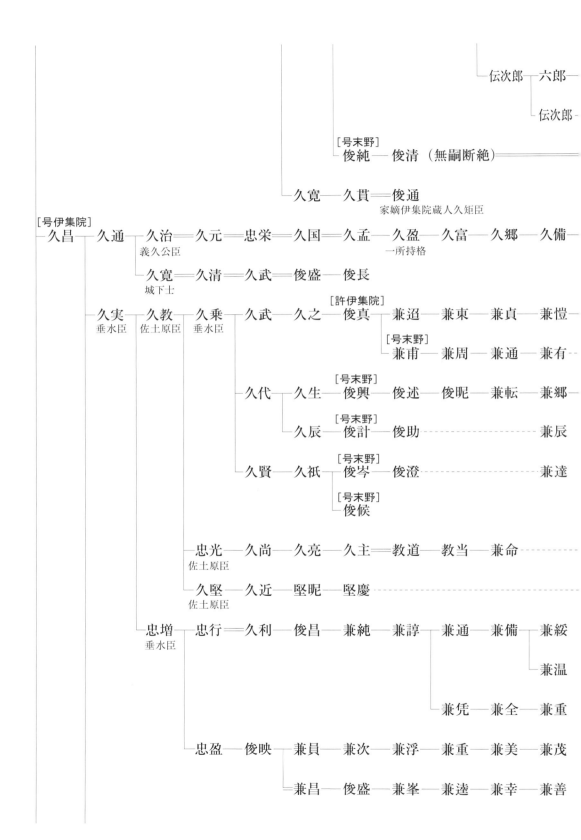

──仁助──六郎　（喜入氏臣　末野六助家　）

──兼次　（喜入氏臣　末野伝次郎家　）

──（再興）　兼雄－兼強──兼次　（喜入氏臣　末野杢右衛門家　）

（伊集院本家臣　伊集院六郎左衛門家　）

──内記──久文──久成──久通　（城下士一所持格　伊集院伊膳家　138）

（城下士　伊集院又右衛門家　）

──兼倫──兼因　（垂水島津家臣差次三家　伊集院吉左衛門家　）

┈┈┈┈┈兼文　（垂水島津家臣　末野八十八左衛門家　）

──兼庸　（垂水島津家臣　末野権右衛門家　）

（垂水島津家臣　末野道生家　）

（垂水島津家臣　末野勘助家　）

（垂水島津家臣　末野八兵衛家　）

┈┈兼隆　（佐土原島津家臣　伊集院吉左衛門家　）

┈┈兼節　（佐土原島津家臣　伊集院茂兵衛家　）

（垂水島津家臣　末野十左衛門家　）

（垂水島津家臣　末野与藤左衛門家　）

（垂水島津家臣　末野藤右衛門家　）

（垂水島津家臣　末野十郎右衛門家　）

（垂水島津家臣　末野十兵衛家　）

```
                  ┌─久次──久成──久堅──久栄──俊矩──俊盈
                  │  城下士              城下士小番
  [号伊集院]       │
  └─久綱──久安──久敏──久宗──久次──久信──久望┬─久往──俊亮┬─俊通══兼通─
                                              │           │
                                              │           └─俊雪
                                              │
                                              └─久能┬─俊民──俊常
                                                    │
                                                    └─俊知──俊行
```

	（城下士小番	伊集院仁右衛門家	）
──久珍┬久匡──久遙──久貫──久温	（城下士寄合	伊集院隼衛家	225）
└兼能	（城下士	伊集院卯十郎家	225）
	（城下士	伊集院善助家	225）
	（城下士	伊集院源兵衛家	225）
	（城下士	伊集院権左衛門家	225）

複写・複製厳禁

23. 大島氏、志和池氏、義岡氏、石坂氏、阿蘇谷氏一族分出略系図

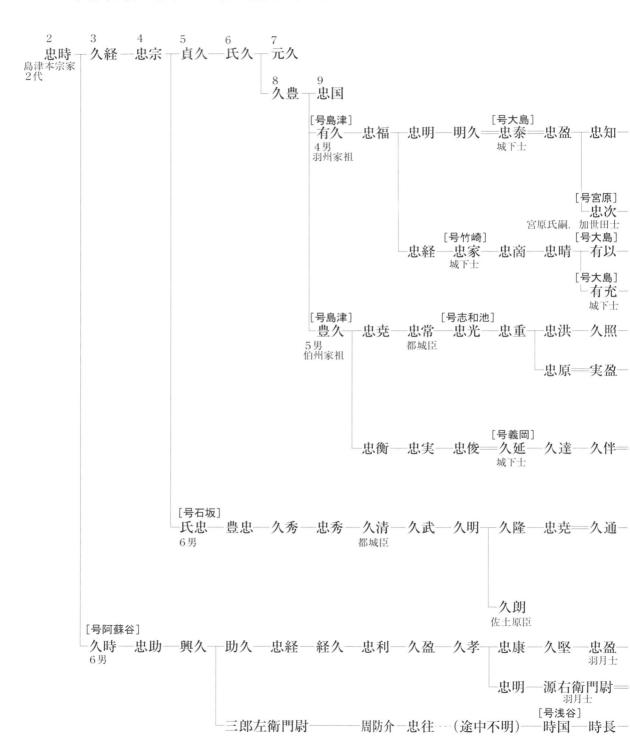

（派生一族：大島、志和池、義岡、石坂、豊秀、阿蘇谷、浅谷）

―久成	―久品	―久俦	―久邦	―久富	―久皐	―久眠	大島本家城下士（小番	大島休左衛門家	320）
	―有長	―有明					（城下士小番	大島八郎次郎家	320）
―景記	―景明	―景成	［号大島］―景有	―有制	―有終	―有徳	（加世田士	大島二兵衛家	320）
―有宣	―有洪	―有○	―有○ ………………………			―有禮	（城下士小番	大島孫右衛門家	320）
―有安	―有清	―有精	―有宣	―有明			（城下士	大島十次郎家	320）
―実興	―実勝	―実村	―実凭	―実寿	―豊彦	―豊周	（都城臣	志和池加賀右衛門家	201）
―実有	―実孝	―実昭	―実穐	―実秀			（都城臣	志和池道一家	201）
―実用	―舜政						（都城臣	志和池瞬政家	201）
―久守	―久中	―久賢	―久休	―久謐	―久道	―久幸	（城下士寄合	義岡相馬家	201）
	―実門	―実○	―実○	―実志			（城下士小番	義岡八次郎家	201）
―氏苗	―氏章	―氏昌	―氏与	―氏常	―氏義	―氏貫	（都城臣	石坂与太左衛門家	510）
			［号豊秀］―氏易	―氏邑	―氏彦	―氏美	（都城臣	豊秀善七家	510）
						断絶	（佐土原島津家臣	石坂牛之介家	510）
―時防	―時意	―時次	―時常	―時実	―時倚	―時安	（羽月士	阿蘇谷休左衛門家	402）
―主馬	―時春	―時○	―源右衛門	――――四郎兵衛			（羽月士	阿蘇谷源右衛門家	402）
―時高	―時家	―時有	―時房	―時芳	―時以	―時庸	（市来士	浅谷平七家	403）

複写・複製厳禁

24. 伊集院氏本家及庶流伊集院氏一族分出略系図

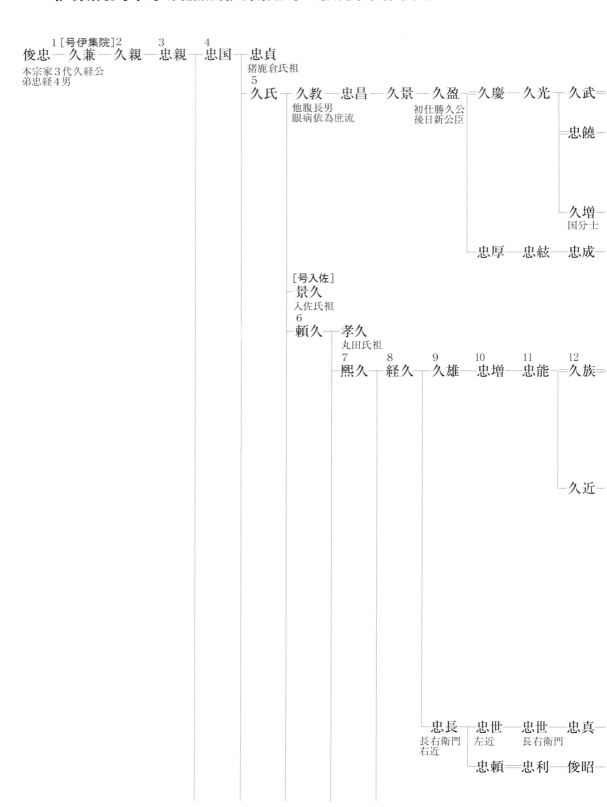

（派生一族：伊集院、末野、石原、門貫、今村）

```
──久敬──久建──俊房        （城下士小番   伊集院武兵衛家      ）
        城下士

─俊富──俊村             （城下士小番   伊集院造酒右衛門家    ）

─俊意──俊香             （城下士小番   市来太郎左衛門家     ）
 吉貴公命継市来氏

──俊員──俊方            （国分士     伊集院平佐衛門家     ）

──忠晴──俊意──俊為       （城下士     伊集院休兵衛家      ）
```

```
 13        14    15    16    17    18      伊集院氏本家
──松千代丸═══久朝─久弘─久矩┬久馮─久通   （城下士寄合   伊集院十右衛門家   220）
                          │
                          ├兼満─六郎    （城下士     伊集院万治郎家    220）
                          │
                          └久照═久富─久達─久東 （城下士寄合   伊集院十蔵家     223）

─久賀┬俊房─俊良─俊尚────────兼和   （谷山士     伊集院勝右衛門家    ）
     │
     ├俊芬─俊尭            （谷山士     末野孫四郎家      ）
     │
     ├俊重┬俊泰            （谷山士     末野伝兵衛家      ）
     │    │
     │    └俊長            （谷山士     末野孫左衛門家     ）
     │
     └久親─俊増┬俊清        （谷山士     末野兵右衛門家     ）
      谷山士    │
               └俊住        （谷山士     末野七兵衛家      ）

──忠豊─俊編─俊盛─兼次─兼明─兼善─兼寛 （城下士     伊集院長右衛門家   372）

──俊宗                 （城下士     伊集院茂右衛門家   372）
```

複写・複製厳禁

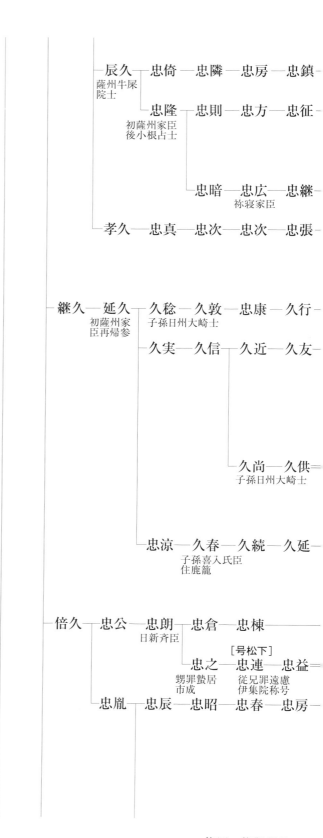

系図		区分	家名	
忠利—忠貞—久理—久馮—久美—久通—久議 伊集院幸侃家老 後佐土原島津惟久臣		佐土原島津家臣（佐土原寄合	伊集院新右衛門家	507）
忠偕—俊常—俊養—俊甫		（小根占士	伊集院孫右衛門家	507）
［号末野］ 忠次—俊賢—俊員		寄合伊集院（十蔵家臣	末野休左衛門家	507）
忠貞—忠任—俊盛—俊盈		（吉利小松家臣	伊集院与右衛門家	507）
忠秀—久洪—忠意—俊易		（城下士小番	伊集院七右衛門家	）
俊憲—俊用		（城下士	伊集院六郎左衛門家	）
久孝—久陳—俊盈		（日州大崎士	伊集院五兵衛家	）
久康—俊方—俊胤—俊性—俊識—俊佻		（城下士小番	伊集院嘉左衛門家	）
兼当—俊徳		（城下士	伊集院太郎右衛門家	）
盛史—盛香		（城下士	伊集院権右衛門家	）
忠政—俊村—俊為		（日州大崎士	伊集院万左衛門家	）
俊福—俊峯		（日州大崎士	末野喜兵衛家	）
［号末野］ 俊名—兼目—兼知		（喜入氏臣	末野勝兵衛家	）
［号末野］ 俊猛—兼次		（喜入氏臣	末野五兵衛家	）
忠真（庄内乱断絶） 颕娃1万石	断絶	（豊臣大名	伊集院幸侃家	159）
［号末野］ 俊春—俊盈 ‥‥‥‥‥ 重蔵—明 市成島津 主水久輔臣		（市成島津家臣	末野諸左衛門家	159）
忠鎮—忠親—俊長—俊興		（城下士小番	伊集院善太夫家	）
俊商		（城下士	伊集院八郎右衛門家	）
忠則—俊村—俊峰—俊為		（城下士	伊集院九右衛門家	）

久宣―久成＝忠親―忠成
　　　　　　　　徳之島代官

忠俊―忠次―忠包┬忠利┬久就＝久好
　　　　　　　　　　　　市来士
　　　　　　　　　　└忠次―忠次
　　　　　　　　　　　　霧島山門徒
　　　　　　　　└‥‥（出所不知）忠兼

久勝
大田氏祖

忠氏
南郷氏祖

忠兼
松下氏祖

久影┬忠嗣
日置氏祖

久禄
古垣氏祖

久智
春成氏祖

久本
福山氏祖

義久┬忠充
麦生田
氏祖　└忠房
　　　有屋田氏祖

忠秀
大重氏祖

俊久
ツヅラバラ
黒葛原氏祖

景周
広済寺祖
［号伊集院］

忠治―忠成―忠行―忠延―忠兼―忠明―忠弘―忠充

―忠継＝俊武―俊芳　　　　　　　　　　　（城下士　　　　伊集院重右衛門家　　　　）

＝俊方―俊富―兼道‥‥（3代略）―兼武―鉄　（市来士　　　　伊集院吉右衛門家　　　　）

―俊峯　　　　　　　　　　　　　　　　（霧島山門徒　　　伊集院伊右衛門家　　　　）

―忠元┬久慶―俊陳　　　　　　　　　　（城下士小番　　　伊集院為兵衛家　　　　　）

　　　└久信―俊行 ‥‥‥‥‥‥‥正雄　（城下士　　　　伊集院金左衛門家　　　　）

―忠清―忠晴＝久寛┬俊準　　　　　　　（城下士　　　　伊集院市左衛門家　　　　）

　　　　　　　　└俊玄　　　　　　　（城下士　　　　伊集院嘉兵衛家　　　　　）

複写・複製厳禁

久俊
今給黎流伊集院氏祖

久春
東氏祖

真梁
福昌寺祖

忠治
吉俊氏祖

忠光
土橋氏祖

久義
飛松氏祖

為吉
四本氏祖

忠充─忠景（子孫不詳　石原二郎太郎家）

久実─久行（子孫不詳　門貫三郎四郎家）

道珍─忠弘（子孫不詳　今村右衛門尉家）

複写・複製厳禁　　　　　　　　　　　　　　24.伊集院本家及庶流伊集院氏一族分出略系図　175

25. 藤野氏、亀山氏一族分出略系図

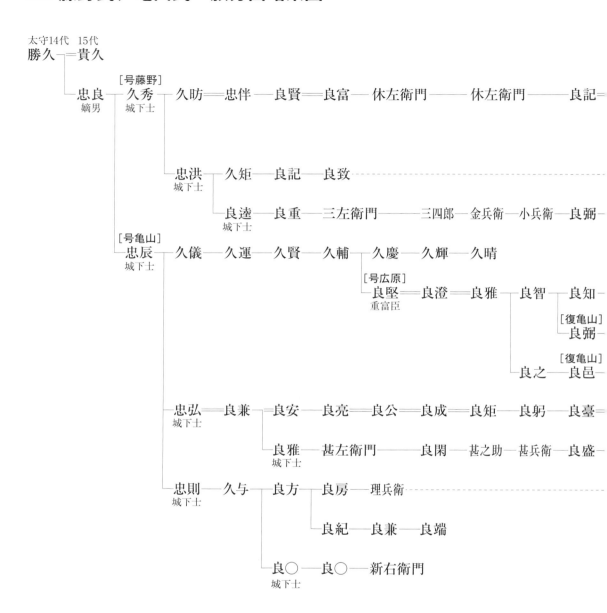

（派生一族：藤野、亀山、広原）

―――良珍―――良兄―――次兵衛―――良介┬―――良宝―――良彦　　（城下士小番　　藤野休左衛門家　　353）

　　　　　　　　　　　　　　　　　　　└―――芳久―――照久　　（良介2男家　　　藤野芳久家　　　　353）

――――――――――――――――――良重―――良光―――良英　　（城下士　　　　　藤野六郎右衛門家　353）

―――良馨　　　　　　　　　　　　　　　　　　　　　　　　　（城下士　　　　　藤野三左衛門家　　353）

　　　　　　　　　　　　　　　　　　　　　　　　　　　　　（城下士無格　　　亀山杢太夫家　　　301）

［復亀山］
―――弥一郎―――良知―――魁―――和久―――良久　　　　　　（重富島津家臣　　広原甚兵衛家　　　301）

―――英次郎＝義男　　　　　　　　　　　　　　　　　　　　　（重富島津家臣　　広原甚七家　　　　301）

―――良潔＝隆正―――隆一―――美香　　　　　　　　　　　　（重富島津家臣　　広原伝右衛門家　　301）

＝＝＝陽之助―――甚次―――良夫―――良昭―――聖一　　　　　（城下士小番　　　亀山甚右衛門家　　301）

―――良昭―――甚太郎　　　　　　　　　　　　　　　　　　　（城下士小番　　　亀山甚兵衛家　　　301）

―――――――――――――――――――――良徳　　　　　　　（城下士小番　　　亀山理兵衛家　　　301）

　　　　　　　　　　　　　　　　　　　　　　　　　　　　　（城下士　　　　　亀山良紀家　　　　　）

　　　　　　　　　　　　　　　　　　　　　　　　　　　　　（城下士小番　　　亀山新右衛門家　　301）

複写・複製厳禁　　　　　　　　　　　　　　25. 藤野氏、亀山氏一族分出略系図　177

26. 山田氏（島津支流）一族分出略系図

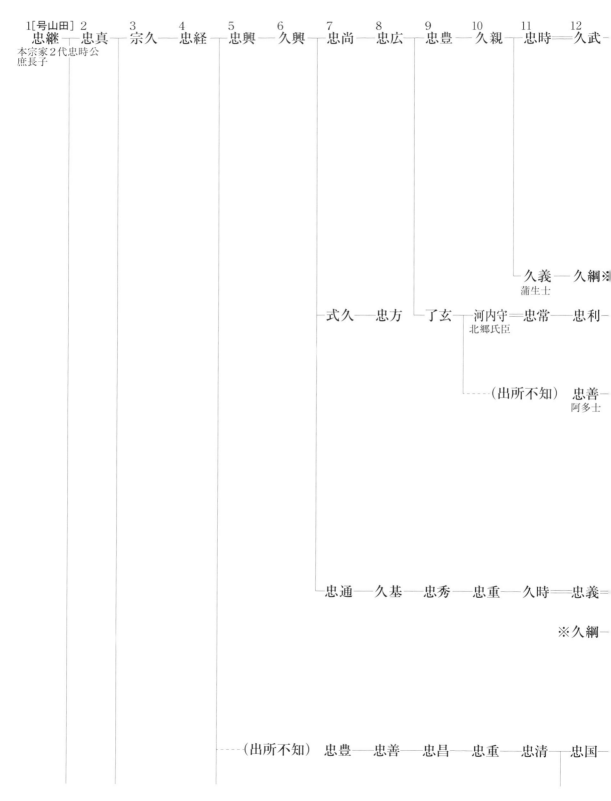

（派生一族：山田、武通、中村、宮里）

13	14	15	16	17	18			

├─久通──久貞──久陳──久福──久房──久柄　（城下士無格　山田諸三郎家　302）

　　　　　　　　├─真用──次兵衛　（城下士　山田次兵衛家　302）

　　　　　　　　├─真明──為碩　（城下士　山田九左衛門家　302）

　　　　　　├─真詳──真香──七左衛門　（城下士　山田七左衛門家　302）

　　　　├─忠持──真昌──真常‥‥次左衛門─軍吉　（城下士　山田次左衛門家　302）

├─忠増──忠張──忠次──忠昉──真雄──真房　（城下士小番　山田覚太夫家　302）

　　　　　　　［号武通］
├─久賀──忠珍──真乗──真容──真喜　（都城臣　武通金兵衛家　302）

　　　　　［号武通］
　　　├─真昌──真試──真信──真倍──真次──真澄　（都城臣　武通新右衛門家　302）

├─忠武──忠利──忠与──忠栄──真因──真成　（阿多士　山田市左衛門家　302）

　　　　　　　　　　［号武通］
　　　　　　　　├─真純──真安　（阿多士　武通十郎右衛門家　302）

　　　　　　　　　　［号武通］
　　　　　　　　├─真長──真祐　（阿多士　武通休右衛門家　302）

　　　　　├─忠見──忠相──忠膺──真春　（阿多士　山田武右衛門家　302）

（出所不知）忠広──忠晴──忠能──真親──真信　（阿多士　山田五兵衛家　302）

══久次──忠廣──忠常──真昌──真次　（蒲生士　山田仲右衛門家　302）

├─久俊──久重──久賢──真富──真福──真武　（百引士　山田孫兵衛家　302）
　大崎士　百引士

　　　　　　　　　　［号武通］
├─久次══久安──久次──真次　（志布志士　武通弥左衛門家　302）
　志布志士

　　　　　　　　　　［号武通］
　　　　　　├─久次──真次　（志布志士　武通弥七左衛門家　302）

├─忠郁──忠高　（高城士　山田新兵衛家　302）

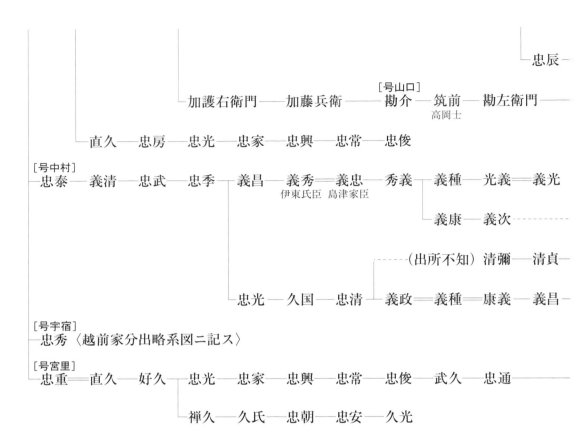

──忠年──忠頼──忠恒──昌郁──昌高──弥兵衛						（高城士	山田弥兵衛家	302）
──慶右衛門──［復山田］久備──真親──真澄						（高岡士	山田勘左衛門家	302）
						（子孫不詳	宮里式部三郎家	302）
						中村氏嫡家 （子孫不詳	中村又次郎家	302）
					義智	吉利小松帯刀 （家臣	中村治兵衛家	302）
──清高──清苗──清胤──胤定──────平左衛門						（新城島津家臣	中村平左衛門家	302）
──義知══義教──────義禄──義祇──義甫						（城下士小番	中村早太家	302）
──久武（山田氏嫡家十二代）						（	宮里七郎家 山田嫡家トナル	302）
					断絶	（子孫不詳	宮里左近将監家	302）

複写・複製厳禁

27. 伊集院氏庶流松下氏一族分出略系図

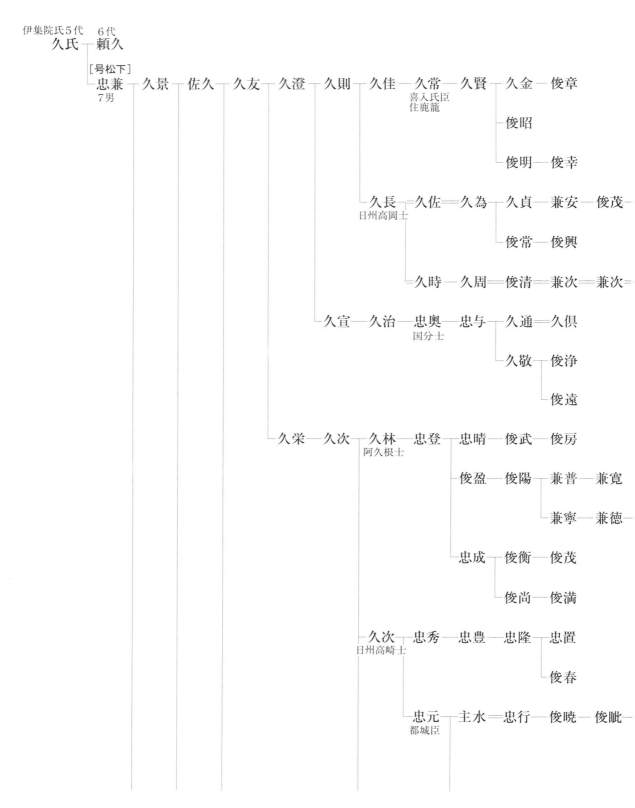

（派生一族：松下）

　　　　　　　　　　　　　　　　　　　（鹿籠喜入家臣　松下七左衛門家　　　　）

　　　　　　　　　　　　　　　　　　　（鹿籠喜入家臣　松下七兵衛家　　　　　）

　　　　　　　　　　　　　　　　　　　（鹿籠喜入家臣　松下太左衛門家　　　　）

──兼伯─万四郎　　　　　　　　　　　（日州高岡士　　松下正左衛門家　　　　）

　　　　　　　　　　　　　　　　　　　（日州高岡士　　松下四郎右衛門家　　　）

══兼則　　　　　　　　　　　　　　　（日州高岡士　　松下次郎左衛門家　　　）

　　　　　　　　　　　　　　　　　　　（隅州国分士　　松下六郎兵衛家　　　　）

　　　　　　　　　　　　　　　　　　　（隅州国分士　　松下正左衛門家　　　　）

　　　　　　　　　　　　　　　　　　　（隅州国分士　　松下三五郎家　　　　　）

　　　　　　　　　　　　　　　　　　　（薩州阿久根士　松下勘左衛門家　　　　）

　　　　　　　　　　　　　　　　　　　（薩州阿久根士　松下甚五右衛門家　　　）

──兼通　　　　　　　　　　　　　　　（薩州阿久根士　松下八郎左衛門家　　　）

　　　　　　　　　　　　　　　　　　　（薩州阿久根士　松下八右衛門家　　　　）

　　　　　　　　　　　　　　　　　　　（薩州阿久根士　松下孝左衛門家　　　　）

　　　　　　　　　　　　　　　　　　　（日州高崎士　　松下友右衛門家　　　　）

　　　　　　　　　　　　　　　　　　　（日州高崎士　　松下権之進家　　　　　）

┌俊箇　　　　　　　　　　　　　　　　（都城島津家臣　松下銀蔵家　　　　　　）

└俊基　　　　　　　　　　　　　　　　（都城島津家臣　松下正蔵家　　　　　　）

複写・複製厳禁

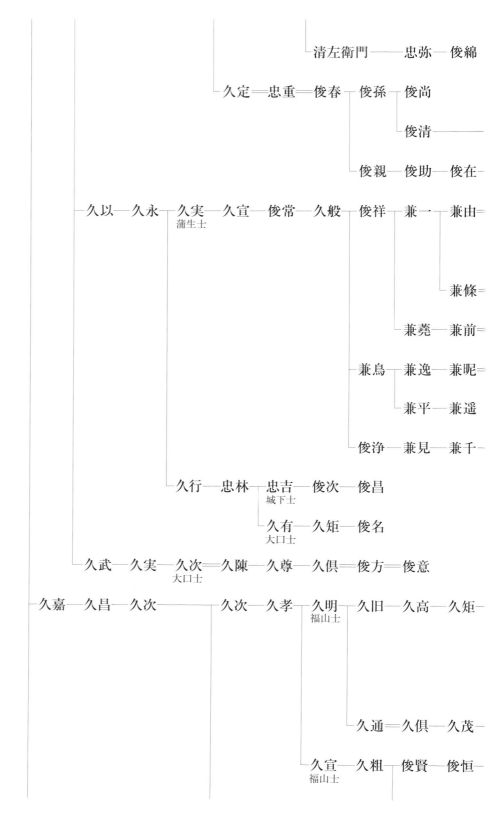

					（都城島津家臣	松下清左衛門家	）
					（日州高岡士	松下新右衛門家	）
──彦左衛門	──十左衛門	──俊胤			（日州高岡士	松下半平家	）
──権兵衛					（日州高岡士	松下権兵衛家	）
──兼暁	──兼高	┬兼佳			（隅州蒲生士	松下助右衛門家	）
		└兼在			（隅州蒲生士	松下源次郎家	）
──兼平					（隅州蒲生士	松下善七家	）
──兼遼					（隅州蒲生士	松下助七家	）
──兼誠					（隅州蒲生士	松下甚右衛門家	）
				断絶	（隅州蒲生士	松下五郎左衛門尉家	）
──兼質	──兼烈				（隅州蒲生士	松下伊右衛門家	）
					（城下士	松下三左衛門家	）
					（薩州大口士	松下吉兵衛家	）
					（薩州大口士	松下仲左衛門家	）
──俊精	┬兼祐	┬兼中──兼長──兼始			（隅州福山士	松下清左衛門家	406）
		└兼隆──兼夭			（隅州福山士	松下七郎左衛門家	406）
	└兼倉──兼年──兼徳──兼次──兼勝──兼精				（隅州福山士	松下助左衛門家	406）
──兼甫					（隅州福山士	松下仲右衛門家	406）
──俊弐	┬兼慶──兼郷──兼善──兼当				（隅州福山士	松下五郎兵衛家	406）

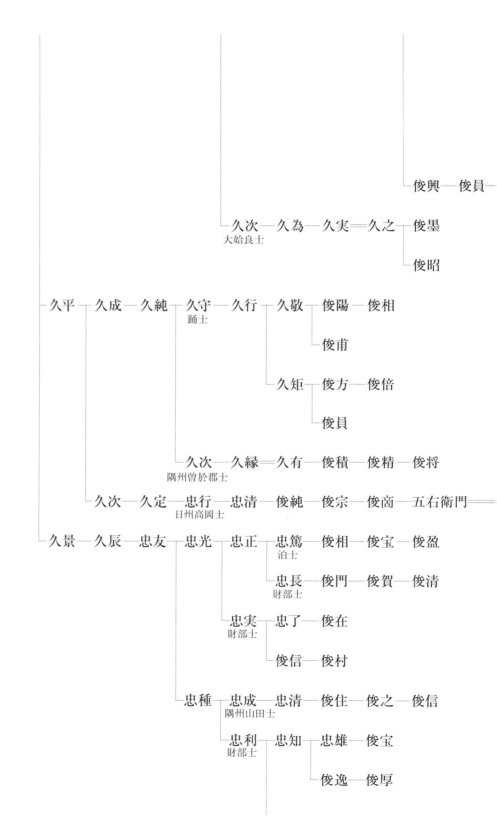

```
        ┌ 兼方 ― 兼明        （隅州福山士    松下五右衛門家    406）

┌ 俊昌 ┬ 兼長 ― 兼応      （隅州福山士    松下七左衛門家    406）

      └ 兼珍              （隅州福山士    松下五郎太家      406）

― 俊令 ═ 兼門              （隅州福山士    松下善兵衛家      406）

                          （隅州大始良士   松下才十郎家        ）

                          （隅州大始良士   松下木工兵衛家      ）

                          （隅州踊士      松下藤右衛門家      ）

                          （隅州踊士      松下千左衛門家      ）

                          （隅州踊士      松下孫之進家        ）

                          （隅州踊士      松下孫左衛門家      ）

                          （隅州曽於郡士   松下源右衛門家      ）

― 伝右衛門 ―― 兼伯         （日州高岡士    松下五右衛門家      ）

                          （薩州泊士      松下十兵衛家        ）

                          （隅州財部士    松下利右エ門家      ）

                          （隅州財部士    松下正左衛門家      ）

                          （隅州財部士    松下新右衛門家      ）

                          （隅州山田士    松下市郎兵衛家      ）

                          （隅州財部士    松下喜兵衛家        ）

                          （隅州財部士    松下清右衛門家      ）
```

複写・複製厳禁　　　　　　　　　27. 伊集院氏庶流松下氏一族分出略系図　187

　　　　　　　　　　　　　　　　　　　　　　┌ 俊存 ─┬ 俊因 ─ 俊伴
　　　　　　　　　　　　　　　　　　　　　　│　　　└ 俊積

忠政 ─ 忠成 ─ 忠次 ─ 忠充 ─ 忠春 ─ 忠実 ─ 忠祇 ─ 忠為 ─ 忠晴 ─ 忠貞
　　　　　　　　　　　串良士

（出所不知）　　八兵衛 ─ 兼邑 ─ 兼穀 ─ 兼祐 ─ 八郎右衛門 ─ 兼二

（出所不知）　　千左衛門 ──── 千左衛門 ──── 千兵衛 ─ 兼心 ─ 平左衛門 ──── 宗之助

（出所不知）　　伝兵衛 ─ 八次郎 ─ 門之助

（出所不知）　　喜左衛門 ──── 喜太郎 ＝ 孫右衛門 ──── 理右衛門 ──── 孝籐次

（出所不知）　　与兵衛 ─ 兼盈 ─ 与作 ─ 兼編 ─ 兼謐 ─ 与左衛門 ──── 与十郎

（出所不知）　　住取 ─ 住潔 ─ 住昌 ─ 市之丞 ＝ 住郷 ─ 弥之助

（出所不知）　　住致 ─ 佐左衛門 ──── 万兵衛 ─ 万兵衛 ─ 住賢 ─ 権十郎 ─ 十郎

（隅州財部士　　松下為右衛門家　　　　）

（隅州財部士　　松下市兵衛家　　　　　）

（隅州串良士　　松下半右衛門家　　　　）

（志布志士　　松下八蔵家　　　　　　　）

（志布志士　　松下宗之助家　　　　　　）

（志布志士　　松下門之助家　　　　　　）

（志布志士　　松下理右衛門家　　　　　）

（志布志士　　松下与兵衛家　　　　　　）

（志布志士　　松下清兵衛家　　　　　　）

（志布志士　　松下袈裟八家　　　　　　）

（志布志士　　松下弥右衛門家　　　　　）

（志布志士　　松下万蔵家　　　　　　　）

────千次郎

（出所不知）　治兵衛跡═══清兵衛

（出所不知）　権太左衛門═袈裟八

28. 伊集院氏庶流飛松氏一族分出略系図

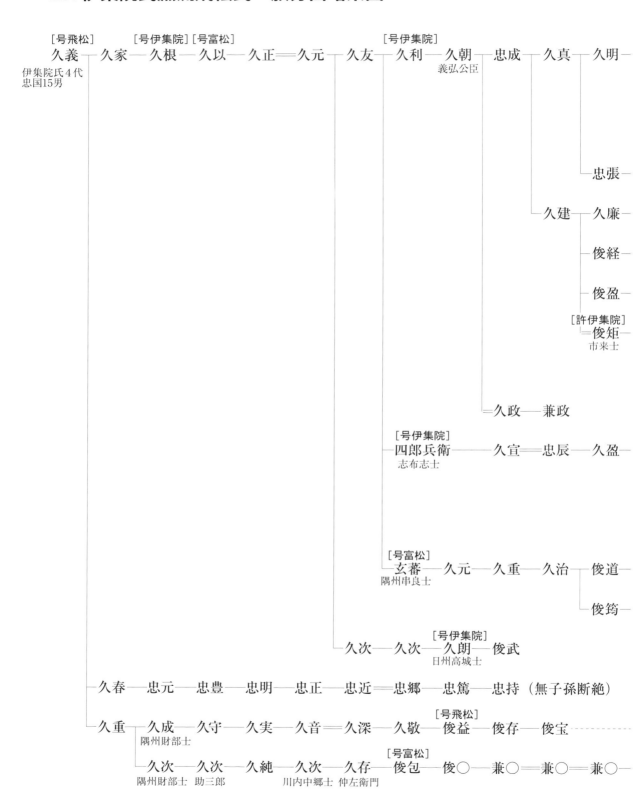

（派生一族：伊集院、飛松、富松）

系図					身分	家名	
久峯 ┬ 俊堅（小番）— 俊春					（城下士小番	伊集院弥七家	）
└ 俊武 — 兼卿					（城下士	伊集院主左衛門家	）
└ 俊国 — 俊章 — 兼○					（城下士	伊集院弥八郎家	）
— 俊香					（城下士	伊集院孫市家	）
— 俊房					（城下士	伊集院弥十郎家	）
— 兼徳 — 兼範					（城下士	伊集院周右衛門家	）
— 兼辰 — 兼柄 — 兼興					（城下士	伊集院喜兵衛家	）
┬ 俊喬					（市来士	伊集院平八家	）
└ 俊純					（市来士	伊集院慶兵衛家	）
					（城下士	伊集院七郎右衛門家	）
俊文 — 俊蕃 ┬ 兼形 — 兼淳 — 兼次 — 兼義					（志布志士	伊集院五右衛門家	407）
└ [号末野] 兼次 — 兼民 — 兼完 ═ 兼顕					（志布志士	伊集院五左衛門家	407）
[号末野] └ 俊英 — 俊繁					（志布志士	伊集院彦左衛門家	407）
— 俊昉					（串良士	富松弥七兵衛家	）
— 俊陽					（串良士	富松弥右衛門家	）
					（日州高城士	伊集院善左衛門家	）
断絶					（	飛松左京亮家	）
弥一郎					（財部士	飛松与右衛門家	）
— 兼○ — 孝兵衛 ═ 森右衛門 ──── 寿之進					（川内中郷士	富松森右衛門家	）

複写・複製厳禁

（出所不知）　　俊明──軍右衛門───愛之助

（出所不知）　　兼寧──郷八──兼持─喜八郎

（出所不知）　　俊幸──俊定─直兵衛─直之助

（出所不知）　　俊廣──直片──俊期══俊貞──有慶─俊道
　　　　　　　　　　　　　　　　　　　　大島遠島　明治2家督

（志布志士　　飛松愛之助家　　　　　　）

（志布志士　　飛松六郎次家　　　　　　）

（志布志士　　飛松直之助家　　　　　　）

（志布志士　　飛松蘓彦家　　　　　　　）

29. 伊集院氏庶流入佐氏一族分出略系図

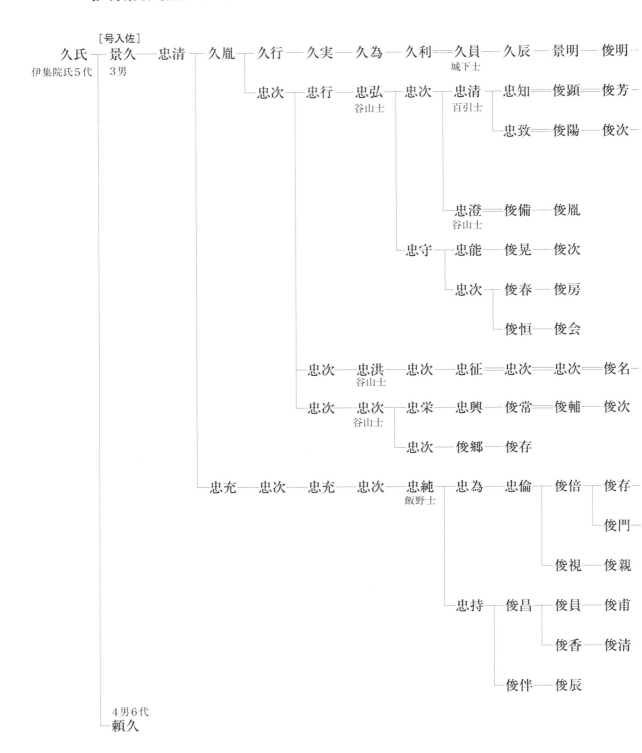

（派生一族：入佐）

兼友　　　　　　（城下士小番　　入佐助八家　　　　409）
助八

──俊次　　　　　（百引士　　　　入佐次郎左衛門家　　409）

──顕度──俊次──俊武──俊定──俊芳　（百引士　　　　入佐新五左衛門家　　409）

　　　　　　　└俊侍──俊熊　　　（百引士　　　　入佐次郎太家　　　　409）

　　　　　　　　　　　　　　　　（谷山士　　　　入佐助右衛門家　　　409）

　　　　　　　　　　　　　　　　（谷山士　　　　入佐次郎左衛門家　　409）

　　　　　　　　　　　　　　　　（谷山士　　　　入佐次郎兵衛家　　　　）

　　　　　　　　　　　　　　　　（谷山士　　　　入佐六左衛門家　　　　）

──俊方────────俊傑　　（谷山士　　　　入佐主右衛門家　　　　）

　　　　　　　　　　　　　　　　（谷山士　　　　入佐利右衛門家　　　　）

　　　　　　　　　　　　　　　　（谷山士　　　　入佐五兵衛家　　　　　）

──俊美　　　　　（飯野士　　　　入佐万左衛門家　　　　）

──俊意　　　　　（飯野士　　　　入佐弥兵衛家　　　　　）

　　　　　　　　　　　　　　　　（飯野士　　　　入佐八右衛門家　　　　）

　　　　　　　　　　　　　　　　（飯野士　　　　入佐孫左衛門家　　　　）

　　　　　　　　　　　　　　　　（飯野士　　　　入佐孫兵衛家　　　　　）

　　　　　　　　　　　　　　　　（飯野士　　　　入佐五右衛門家　　　　）

30. 伊集院氏庶流土橋氏一族分出略系図

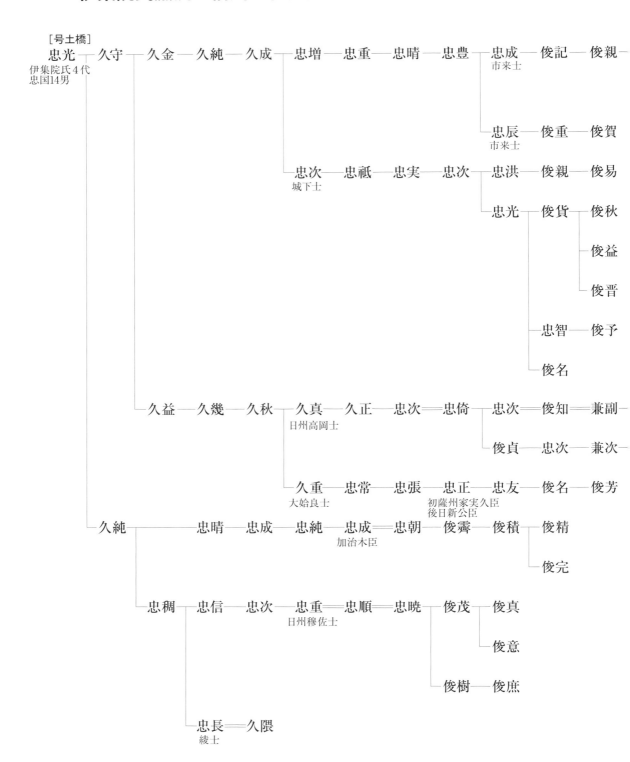

（派生一族：土橋）

├─俊信
└─俊中

（市来士　　　土橋市右衛門家　　410）

（市来士　　　土橋鉄右衛門家　　　　）

（市来士　　　土橋正兵衛家　　　　　）

（城下士　　　土橋弥右衛門家　　410）

（城下士　　　土橋八兵衛家　　　　　）

（城下士　　　土橋正右衛門家　　　　）

（城下士　　　土橋三右衛門家　　　　）

（城下士　　　土橋次右衛門家　　　　）

（城下士　　　土橋伊左衛門家　　　　）

──兼教──兼了──兼扶──兼命──兼均　（日州高岡士　土橋新左衛門家　410）

──兼次──兼通──兼喬　　　　　　　（日州高岡士　土橋吉左衛門家　410）

（城下士　　　土橋治右衛門家　　410）

（加治木島津家臣　土橋六右衛門家　410）

（加治木島津家臣　土橋吉次郎家　　　）

（日州穆佐士　土橋伊右衛門家　　410）

（日州穆佐士　土橋平之丞家　　　　　）

（日州穆佐士　土橋喜右衛門家　　　　）

（日州綾士　　土橋五右衛門家　　410）

複写・複製厳禁　　　　　　　　　　　　30.伊集院氏庶流土橋氏一族分出略系図　197

31. 伊集院氏庶流日置氏、古垣氏、春成氏、福山氏一族分出略系図

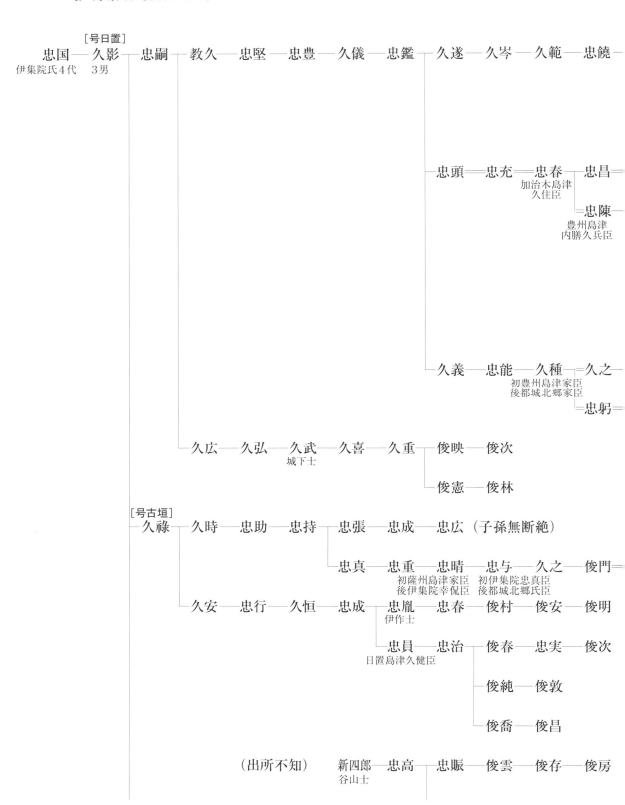

（派生一族：日置、古垣、春成、福山、家村）

忠張 — 忠置 ＝ 豊俊 川辺士			（川辺士	日置郷右衛門家	517）
忠敏 — 文学 — 俊信 薩州山田士			（薩州山田士	日置分右衛門家	517）
└ 俊盈 — 俊清			（薩州山田士	日置勘右衛門家	）
＝＝ 俊増 — 俊済			（加治木島津家臣	日置藤右衛門家	517）
忠祥 — 俊親 — 俊年			（豊州島津家臣	日置善右衛門家	517）
忠清 — 俊枚 — 俊参			（豊州島津家臣	日置善兵衛家	517）
忠行 — 善弥 ＝ 俊像			（豊州島津家臣	日置助右衛門家	517）
俊松 — 俊似 — 俊斯 豊州家2男家 島津帯刀仲休臣			豊州家2男家 （島津家臣	日置平四郎家	517）
＝＝ 久利 — 俊満 ＝ 俊用 — 兼貞 ＝ 兼張			（都城島津家臣	日置与左衛門家	517）
＝＝ 忠雄 — 俊摸 — 俊易			（都城島津家臣	日置近兵衛家	517）
			（城下士	日置友右衛門家	）
			（城下士	日置茂左衛門家	）
		嫡流断絶	（	古垣大炊助家	）
＝＝ 俊孝 — 兼倍			（都城島津家臣	古垣堅右衛門家	）
			（伊作士	古垣亀右衛門家	）
			（日置島津家臣	古垣次兵衛家	）
			（日置島津家臣	古垣長右衛門家	）
			（日置島津家臣	古垣権七家	）
			（谷山士	古垣権左衛門家	）

複写・複製厳禁　　　　　　31. 伊集院氏庶流日置氏、古垣氏、春成氏、福山氏一族分出略系図　199

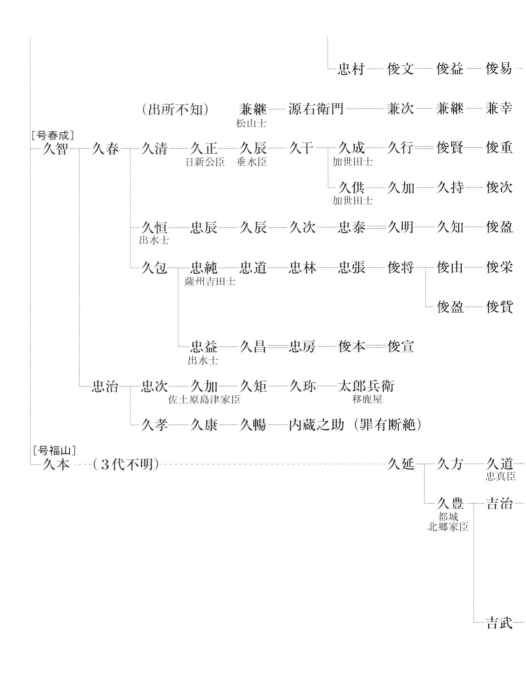

	兼包	（谷山士	古垣武右衛門家	）
		（松山士	古垣利兵衛家	）
		（加世田士	春成刑部左衛門家	）
		（加世田士	春成利兵衛家	）
		（出水士	春成納右衛門家	）
		（薩州吉田士	春成覚右衛門家	）
		（薩州吉田士	春成勘兵衛家	）
		（出水士	春成孫兵衛家	）
		（鹿屋士	春成太郎兵衛家	）
	断絶	（佐土原島津家臣	春成内蔵之助家	）

[号家村]
重昭──重義············嘉平次　（城下士　家村喜平次家　512）
初伊集院忠真臣　城下士

├─吉典─吉尚─吉門─興治─泰愛─泰朗　（都城島津家臣　福山平右衛門家　512）

├─吉隆─隆也─隆許─隆喜─隆紀─隆意　（都城島津家臣　福山越左衛門家　512）

　　　└─隆豊─隆童─嘉林　（都城島津家臣　福山曽兵衛家　512）

└─吉浄─吉貞─吉安─治郷─治道─泰倚　（都城島津家臣　福山満右衛門家　512）

32. 伊集院氏庶流大田氏、南郷氏一族分出略系図

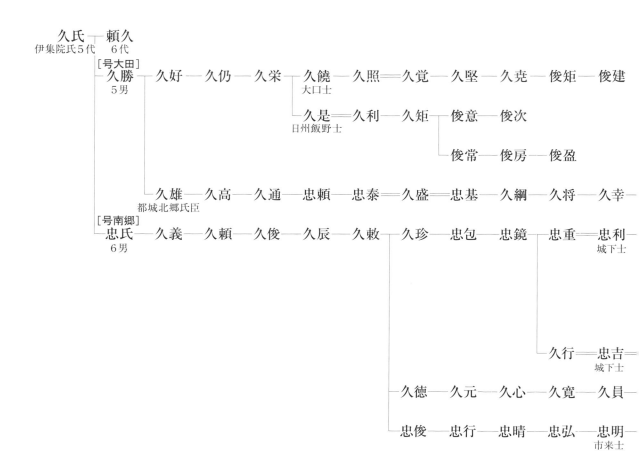

（派生一族：大田、南郷）

	（大口士	大田勘左衛門家	515）
	（飯野士	大田七郎右衛門家	515）
	（飯野士	大田吉右衛門家	515）

―俊名―兼察―兼寛　　　　　　（都城島津家臣　大田弥左衛門家　515）

久森┬久武―俊益　　　　　　　（城下士小番　　南郷仁左衛門家　　）
　　　　　　小番
　　└俊倍―俊門　　　　　　　（城下士　　　　南郷四郎左衛門家　）

└久昌―俊次　　　　　　　　　（城下士　　　　南郷十兵衛家　　　）

＝忠清＝俊方＝俊昌　　　　　　（城下士小番　　南郷三右衛門家　　）
　　　　　　小番

―久為―久珍―久記　　　　　　（城下士　　　　南郷吉左衛門家　　）
　初高尾野士
　後城下士
―忠員┬忠賢┬忠清┬俊盈　　　　（市来士　　　　南郷孫兵衛家　　　）
　　　　　　└忠康　　　　　　（市来士　　　　南郷長右衛門家　　）

　　　　└俊昌　　　　　　　　（市来士　　　　南郷伊左衛門家　　）

　　└忠利―俊益　　　　　　　（市来士　　　　南郷助左衛門家　　）

33. 伊集院氏庶流猪鹿倉氏、麦生田氏、有屋田氏一族分出略系図

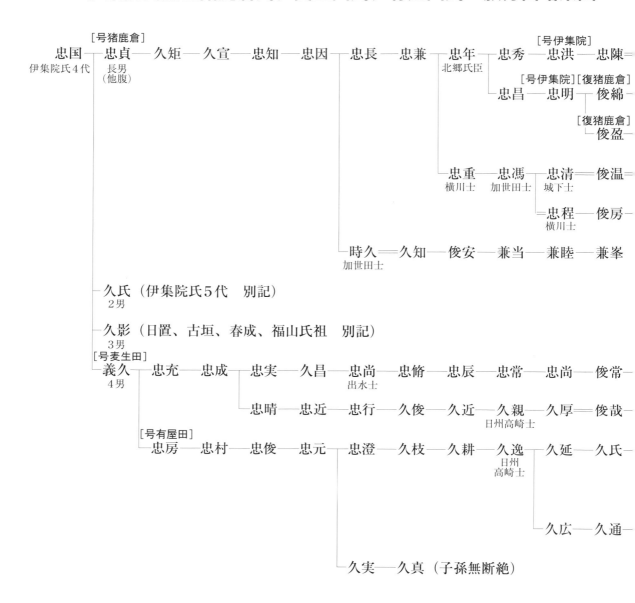

（派生一族：猪鹿倉、麦生田、有屋田）

［復猪鹿倉］
── 俊名 ═ 兼置 ─ 兼良　　　　　　　　　　　　　（都城島津家臣　猪鹿倉伝左衛門家　516）

── 俊弥 ─ 俊明 ═ 兼秀 ─ 兼易　　　　　　　　　（都城島津家臣　猪鹿倉次右衛門家　516）

── 兼伯 ─ 兼当　　　　　　　　　　　　　　　　（都城島津家臣　猪鹿倉貞右衛門家　516）

── 兼弥 ═ 兼起　　　　　　　　　　　　　　　　（城下士　　　　猪鹿倉嘉平次家　516）

── 俊方 ─ 俊峯 ─ 兼利　　　　　　　　　　　　（横川士　　　　猪鹿倉勘左衛門家　516）

　　　　　　　　　　　　　　　　　　　　　　　　（加世田士　　　猪鹿倉与兵衛家　516）

── 俊香 ┄┄┄┄┄┄┄┄┄┄┄┄┄┄ 兼養　　　（出水士　　　　麦生田善左衛門家　）

── 俊胤 ─ 俊方　　　　　　　　　　　　　　　　（日州高崎士　　麦生田助右衛門家　）

── 俊長 ─ 俊昭 ┬ 俊貞 ═ 兼秋　　　　　　　　（日州高岡士　　有屋田治兵衛家　）

　　　　　　　　└ 俊直　　　　　　　　　　　　（日州高岡士　　有屋田嘉左衛門家　）

── 久規 ─ 兼寛 ─ 兼通 ─ 兼左　　　　　　　　（日州高岡士　　有屋田善左衛門家　）

　　　　　　　　　　　　断絶　　　　　　　　　（　　　　　　　有屋田助七郎家　）

34. 伊集院氏庶流黒葛原(ツヅラバラ)氏、東氏一族分出略系図

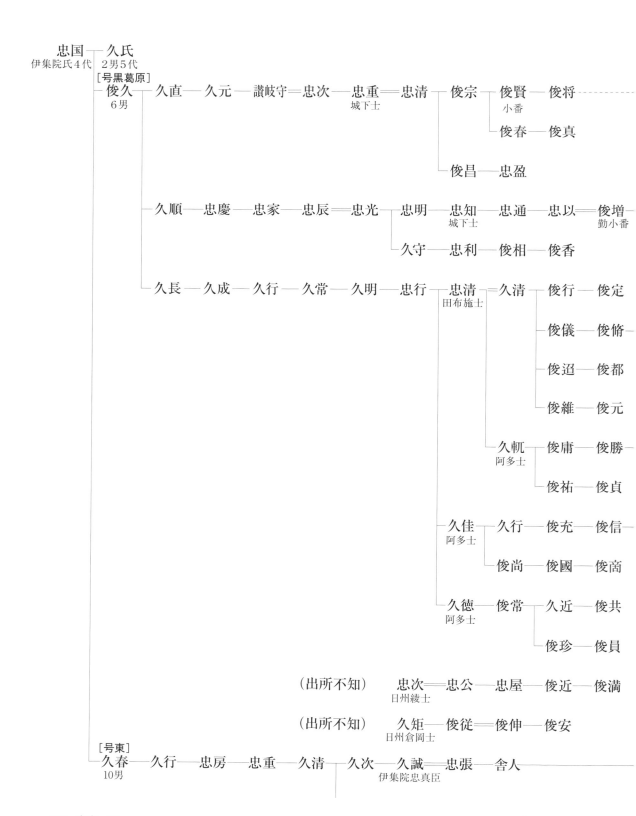

（派生一族：黒葛原、東）

-------------------------------- 兼純　　　（城下士小番　　黒葛原周右衛門家　　　　　）

　　　　　　　　　　　　　　　　　　（城下士　　　　黒葛原市助家　　　　　　）

　　　　　　　　　　　　　　　　　　（城下士　　　　黒葛原善助家　　　　　　）

―兼○―兼房―兼雄―兼富　　（城下士小番　　黒葛原源右衛門家　　　　　）
　大右衛門　源右衛門　半蔵　半右衛門

　　　　　　　　　　　　　　　　　　（城下士　　　　黒葛原千兵衛家　　　　　）

　　　　　　　　　　　　　　　　　　（田布施士　　　黒葛原長左衛門家　　　　）

―俊知　　　　　　　　　　　　　　（田布施士　　　黒葛原治右衛門家　　　　）

　　　　　　　　　　　　　　　　　　（田布施士　　　黒葛原吉右衛門家　　　　）

　　　　　　　　　　　　　　　　　　（田布施士　　　黒葛原市兵衛家　　　　）

―俊成　　　　　　　　　　　　　　（阿多士　　　　黒葛原喜左衛門家　　　　）

　　　　　　　　　　　　　　　　　　（阿多士　　　　黒葛原甚左衛門家　　　　）

―俊明　　　　　　　　　　　　　　（阿多士　　　　黒葛原六左衛門家　　　　）

　　　　　　　　　　　　　　　　　　（阿多士　　　　黒葛原木工助家　　　　）

　　　　　　　　　　　　　　　　　　（阿多士　　　　黒葛原木工兵衛家　　　）

　　　　　　　　　　　　　　　　　　（阿多士　　　　黒葛原長兵衛家　　　　）

　　　　　　　　　　　　　　　　　　（日州綾士　　　黒葛原甚八家　　　　　）

　　　　　　　　　　　　　　　　　　（日州倉岡士　　黒葛原嘉右衛門家　　　）

―兵左衛門　　　　　　　　　　　　（財部士　　　　東兵衛門家　　　525）

複写・複製厳禁　　　　　　　　　　34. 伊集院氏庶流黒葛原氏、東氏一族分出略系図　207

└久安 ── 重氏 ══ 重信 ── 重通 ── 氏房 ── 氏包 ─
　　　種子島氏臣

┌─氏容　　　　　　　　　　　　（種子島氏臣　　東森右衛門家　　525）

└─氏興──兼甫──兼正──兼知──兼露──兼二　　（種子島氏臣　　東休蔵家　　525）

35. 伊集院氏庶流丸田氏一族分出略系図

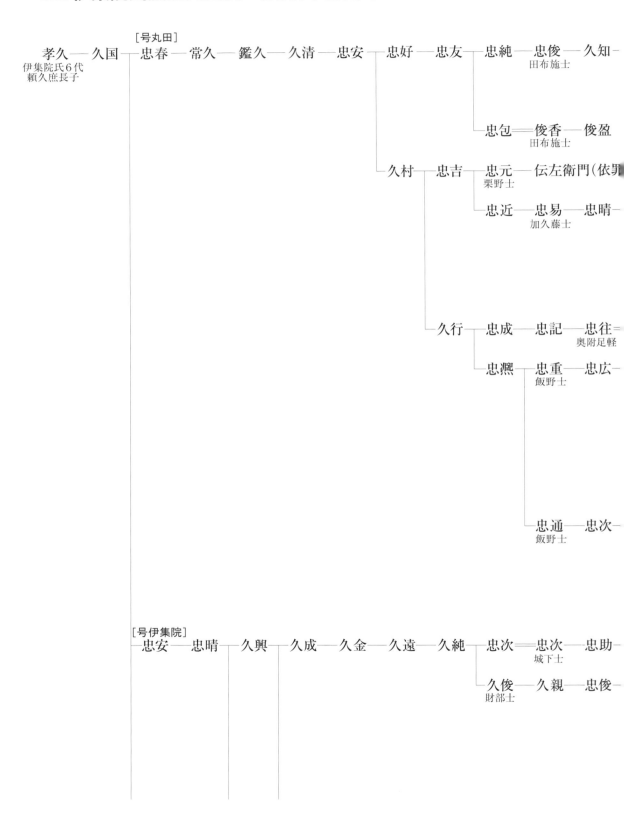

（派生一族：伊集院、丸田、堀之内、末野）

俊相━俊存　　　　　　　　　　　（城下士　　　丸田喜三太家　　　　）
城下士

俊峯━俊春　　　　　　　　　　　（城下士　　　丸田孫左衛門家　　　）
城下士

　　　　　　　　　　　　　　　　（田布施士　　丸田七郎左衛門家　　）

大島遠島無嗣断絶）　　　　　断絶　（栗野士　　　丸田伝左衛門家　　　）

忠秀━忠洪━俊武　　　　　　　　（加久藤士　　丸田新兵衛家　　　　）

忠共━俊盈　　　　　　　　　　　（加久藤士　　丸田与市左衛門家　　）

　　　俊商━俊常　　　　　　　　（加久藤士　　丸田藤右衛門家　　　）

━俊辰━俊次　　　　　　　　　　（奥附足軽　　丸田新左衛門家　　　）

俊門━俊昌　　　　　　　　　　　（飯野士　　　丸田弥左衛門家　　　）

　　　俊房　　　　　　　　　　　（飯野士　　　丸田千左衛門家　　　）

　　　俊意━俊甫　　　　　　　　（飯野士　　　丸田安左衛門家　　　）

俊陽━俊村━俊次　　　　　　　　（都城島津家臣　丸田杢右衛門家　　　）
都城臣

忠利━俊郷━俊盈　　　　　　　　（飯野士　　　丸田十郎右衛門家　　）

　　　忠代━俊時　　　　　　　　（飯野士　　　丸田休太郎家　　　　）

　　　俊世━俊賢　　　　　　　　（飯野士　　　丸田喜左衛門家　　　）

忠船━俊賢　　　　　　　　　　　（城下士小番　伊集院若右衛門家　　）
　　　勤小番

久実━俊愛━俊在　　　　　　　　（財部士　　　伊集院為左衛門家　　）

　　　　　俊厚　　　　　　　　　（財部士　　　伊集院治左衛門家　　）

　　　俊賀━俊則　　　　　　　　（財部士　　　伊集院松右衛門家　　）

複写・複製厳禁

久珍―久次―周防介―対馬介―**郷右衛門**―**忠仍**
初伊集院忠棟臣　　志布志士
後佐土原臣

（出所不知）　久○―久秀―

久明―久意―久種―**忠晴**―**忠法**―[号丸田]
北郷氏臣　　　　**俊重**―

[号丸田]
俊弥―

[号丸田]
俊夷＝

俊朋 ─ 俊清 ─ 俊陽　　　　　　　　　　（財部士　　伊集院長右衛門家　　）

　　├ 俊将 ─ 俊信　　　　　　　　　　（財部士　　伊集院五右衛門家　　）

　　└ 俊賢 ─ 俊親　　　　　　　　　　（財部士　　伊集院六左衛門家　　）

俊惟 ─ 俊恒 ─ 俊存　　　　　　　　　　（財部士　　伊集院吉兵衛家　　）

　　└ 俊見　　　　　　　　　　　　　（財部士　　伊集院吉之丞家　　）

忠幸 ─ 珍澄 ┄┄┄┄┄┄┄┄ 珍信　（佐土原島津家臣　伊集院直右衛門家　）
佐土原臣
　　　　[号丸田]
忠意 ─ 俊温 ─ 俊径 ─ 俊与　　断絶　（都城島津家臣　丸田郷右衛門家　）
都城臣
　　　　　　＝ 俊輔 ─ 俊喜　　　　　（都城島津家臣　丸田理右衛門家　）

　　　[号丸田]
　　俊興 ─ 俊遍 ─ 俊尚　　　　　　　（都城島津家臣　丸田伝左衛門家　）

　　　[号丸田]
　　俊登 ─ 俊燿 ─ 俊方　　　　　　　（都城島津家臣　丸田三助家　　）

（出所不知）周防介 ─ 主膳 ═ 忠成 ─ 俊用 ─ 俊延　（隅州山田士　伊集院五左衛門家　）
　　　　　隅州山田士

久則 ═ 久正 ─ 久盛 ─ 久明 ─ 俊盈 ─ 俊信　（財部士　伊集院五郎右衛門家　）
　　　財部士
　　　　　　　　　　　　　└ 俊方　（財部士　伊集院六右衛門家　　）

　　　　　　└ 俊陽　　　　　　　　　（財部士　伊集院長左衛門家　　）

　　　　　　　[号末野]
　　　　久柄 ─ 俊名 ─ 俊昭　　　　　（財部士　末野半助家　　）

久記 ─ 俊員 ─ 俊温　　　　　　　　　（都城島津家臣　丸田軍右衛門家　）

俊峰 ─ 俊意 ─ 俊門　　　　　　　　　（都城島津家臣　丸田加納右衛門家　）

俊知 ─ 俊庸 ─ 俊周　　　　　　　　　（都城島津家臣　丸田休右衛門家　）

俊見 ═ 俊成 ─ 俊編　　　　　　　　　（都城島津家臣　丸田八兵衛家　）

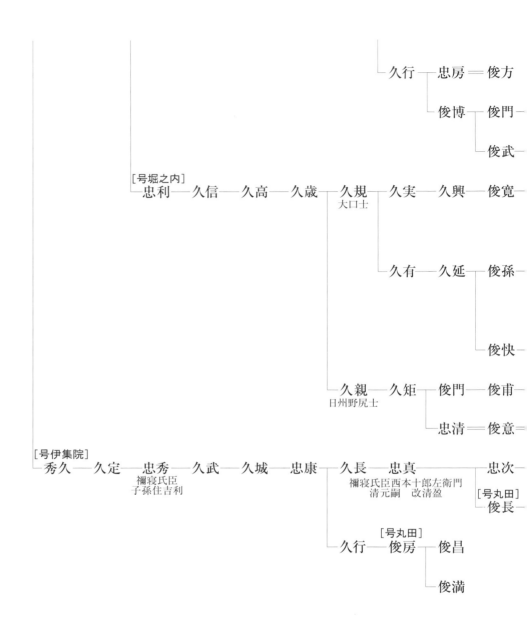

		（都城島津家臣	丸田角左衛門家	）
─俊陽─俊喬─俊刑		（都城島津家臣	丸田伝右衛門家	）
─俊林─俊次		（都城島津家臣	丸田勘六家	）
─俊明─俊知		（大口士	堀之内助左衛門家	）
─俊浄─俊宣		（大口士	堀之内与吉家	）
─俊祐─俊成		（大口士	堀之内与兵衛家	）
─俊栄─兼衛─兼峯		（大口士山伏	堀之内良眼坊家	）
─俊清		（大口士	堀之内勘兵衛家	）
─俊倍		（日州野尻士	堀之内伴左衛門家	）
＝俊房		（日州野尻士	堀之内助左衛門家	）
─清全		（小松氏臣	西本七郎左衛門家	）
─俊真		（小松氏臣	丸田金左衛門家	）
		（小松氏臣	丸田休四郎家	）
		（小松氏臣	丸田円右衛門家	）

36. 伊集院氏庶流四本氏一族分出略系図

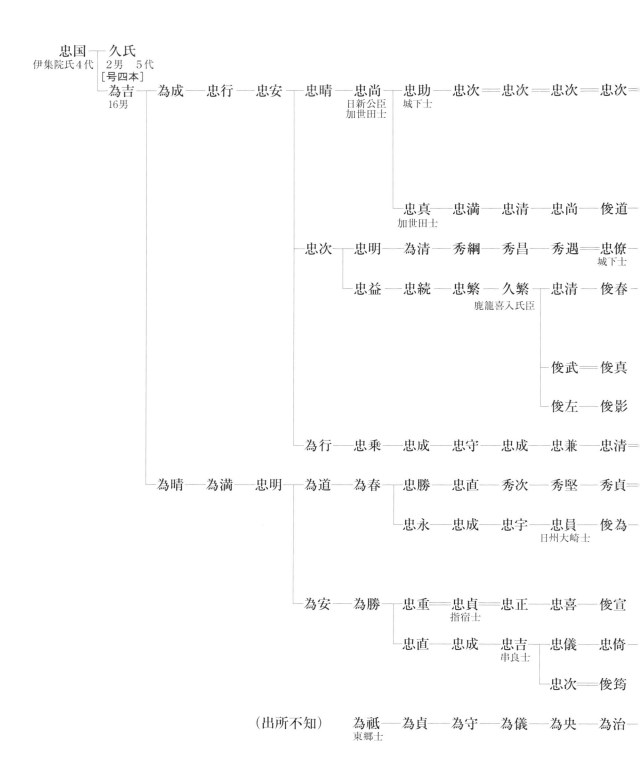

（派生一族：四本）

―忠実―忠守―久近　　　　　　　　（城下士　　　四本八郎兵衛家　　　　　）

　　　　　　└俊辰　　　　　　　　（城下士　　　四本彦兵衛家　　　　　　）

　　　　└忠栄―俊方　　　　　　　（城下士　　　四本半左衛門家　　　　　）

―俊冨　　　　　　　　　　　　　　（加世田士　　四本長兵衛家　　　　　　）

―俊盈―俊寛―俊易　　　　　　　　（城下士　　　四本次郎左衛門家　　　　）

┌俊盈―俊賢　　　　　　　　　　　（鹿籠喜入氏臣　四本六兵衛家　　　　　）

└朴用―権左衛門―――伝右衛門　　（鹿籠喜入氏臣　四本伝右衛門家　　　　）

　　　　　　　　　　　　　　　　（鹿籠喜入氏臣　四本月左衛門家　　　　）

　　　　　　　　　　　　　　　　（鹿籠喜入氏臣　四本為右衛門家　　　　）

―忠灼―俊方　　　　　　　　　　　（城下士　　　四本後藤兵衛家　　　　　）

―忠友―忠由―俊峯　　　　　　　　（城下士　　　四本平兵衛家　　　　　　）

┌俊常―俊章　　　　　　　　　　　（日州大崎士　四本半左衛門家　　　　　）

└俊種―俊直　　　　　　　　　　　（日州大崎士　四本宅右衛門家　　　　　）

　　　　　　　　　　　　　　　　（指宿士　　　四本勘右衛門家　　　　　）

―俊武　　　　　　　　　　　　　　（串良士　　　四本休右衛門家　　　　　）

　　　　　　　　　　　　　　　　（串良士　　　四本利左衛門家　　　　　）

┌為祥―為安―為嗣　　　　　　　　（東郷士　　　四本藤左衛門家　　　　　）

│　　└為朗―為継　　　　　　　　（東郷士　　　四本次郎助家　　　　　　）

└為常―為季―為貞　　　　　　　　（東郷士　　　四本藤右衛門家　　　　　）

37. 伊集院氏庶流大重氏一族分出略系図

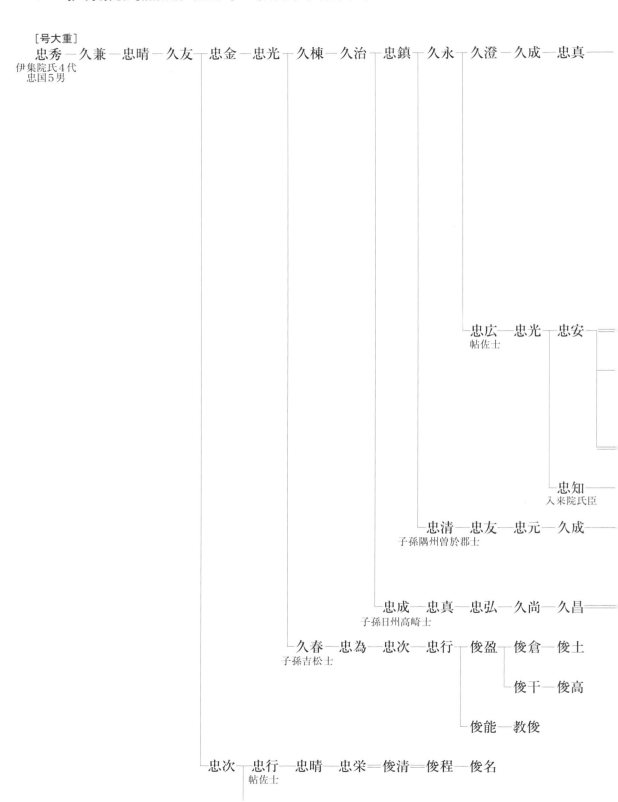

（派生一族：大重）

久実 ┬ 久行 ─ 久次　　　　　　　　　　　　断絶　（　　　　　　　　大重主馬家　　　　　　）

　　├ 久永 ─ 久延 ─ 久昭 ┬ 俊共　　　　　　　（城下士　　　　大重仲兵衛家　　　　　）
　　│ 城下士　　　　　　　└ 俊興　　　　　　　（城下士　　　　大重伝左衛門家　　　　）

　　└ 忠時 ─ 忠衛 ┬ 忠起 ─ 忠記 ═ 弥右衛門
　　　14代久実庶子　│
　　　高岡士　　　　├ 弥左衛門 ─── 秀昆 ─ 俊孝　（高岡士　　　大重弥右衛門家　　　）
　　　　　　　　　　└ 忠宣 ┬ 忠喬 ─ 弥五郎 ─ 兼秋 ─ 俊次　（高岡士　　　大重弥左衛門家　　　）
　　　　　　　　　　　　　　└ 忠陳 ─ 与兵衛 ─ 兼氏 ═ 市五郎　（高岡士　　　大重万之助家　　　）

＝忠修 ─ 忠康 ─ 忠盛 ─ 俊寧　　　　　　　　　　　（帖佐士　　　大重助左衛門家　　　）
　帖佐士

＝忠長 ─ 忠清 ┬ 俊堅 ─ 俊矩 ─ 俊経　　　　　　　（帖佐士　　　大重善助家　　　　　）
　帖佐士　　　└ （出所不知）平右衛門 ═══ 俊全 ─ 俊郷　（栗野士　　　大重源右衛門家　　　）
　　　　　　　　　　　　　　　栗野士

＝忠修 ─ 忠安 ─ 忠親 ═ 俊易 ─ 兼次 ─ 兼則 ─ 兼見　（蒲生士　　　大重正助家　　　　　）
　蒲生士

＝忠宗 ─ 忠次 ─ 床吉 ─ 木六 ─ 諸左衛門 ─── 武右衛門　（入来院氏臣　大重武右衛門家　　　）

＝久続 ─ 久敬 ─ 久矩 ┬ 久基 ─ 俊則　　　　　　　（曽於郡士　　大重次兵衛家　　　　）
　　　　　　　　　　　└ 俊盛 ─ 久倶　　　　　　　（曽於郡士　　大重次左衛門家　　　）

＝久栄 ─ 俊孫 ─ 俊昭　　　　　　　　　　　　　　（日州高崎士　大重采女家　　　　　）

　　　　　　　　　　　　　　　　　　　　　　　　（吉松士　　　大重孝左衛門家　　　）

　　　　　　　　　　　　　　　　　　　　　　　　（吉松士　　　大重十郎左衛門家　　）

　　　　　　　　　　　　　　　　　　　　　　　　（吉松士　　　大重八郎左衛門家　　）

　　　　　　　　　　　　　　　　　　　　　　　　（帖佐士　　　大重伊兵衛家　　　　）

複写・複製厳禁　　　　　　　　　　　　　37.伊集院氏庶流大重氏一族分出略系図

```
                                    ［号高橋］
忠次 ┬ 忠里 ┬ 忠元 ┬ 弥右衛門
帖佐士        │
              │     ［号高橋］
              └ 弥左衛門

        └ 忠根 ═ 忠有 ═ 忠長 ═ 俊美 ─ 忠栄 ═ 俊清

   └ 忠陳 ─ 久重 ┬ 久軒 ─ 俊盈 ┬ 俊胤 ─ 俊房
   隅州山田士          │
                        └ 俊輔 ─ 俊備

             └ 久高 ═ 俊明 ─ 俊茂 ─ 俊存 ─ 兼命 ─
```

220　島津一族

複写・複製厳禁

（帖佐士　　高橋弥右衛門家　　）

（帖佐士　　高橋弥左衛門家　　）

（帖佐士　　大重仲右衛門家　　）

（隅州山田士　大重慶兵衛家　　）

（隅州山田士　大重長右衛門家　）

―兼参―兼次―兼次―敬蔵--------市左衛門――兼幸　（日州高岡士　大重市左衛門家　）

　　　　　　　　　　（出所不知）吉次　（財部士　　大重吉次家　　　　）

複写・複製厳禁　　　　　　　　　　　37.伊集院氏庶流大重氏一族分出略系図　221

第2部　島津一族以外の他姓氏家臣

38. 種子島氏一族分出略系図

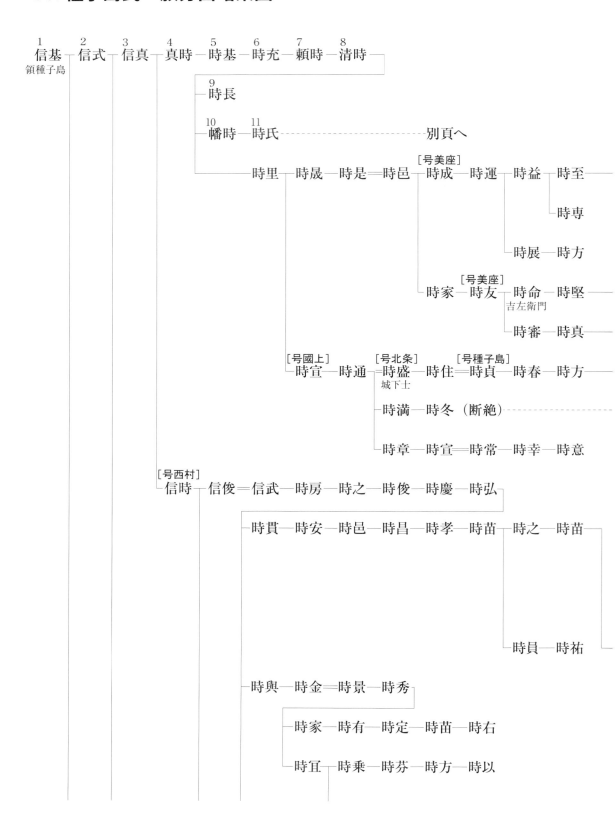

（派生一族：種子島、北条、美座、國上、西村、河東、下村、肥後、早崎、黒江、鎌樹、岩河、時任、子島、種子田、中田、河内）

時庸—時香—時用—時敏＝時資 ‥‥‥‥‥ 時息—時胤　（家臣　　　　　美座十郎右衛門家　114）

（家臣小頭　　　美座後藤右衛門家　114）

（家臣小頭　　　美座伊左衛門家　114）

時命—時興—時興—時信＝時誠—時成—恭蔵—時信　（家臣小頭　　　美座吉左衛門家　114）
加賀介　次右衛門　吉左衛門
吉左衛門
時主—時定—時規　（家臣小頭　　　美座織右衛門家　114）

時中＝時副※　（城下士小番　　種子島次郎右衛門家　367）

‥‥‥‥‥‥‥‥‥‥‥‥‥‥‥‥‥（再興）＝時安—時甫　（家臣小頭　　　國上六郎兵衛家　367）

（家臣小頭　　　國上伊兵衛家　367）

時副—時〇
　　├政國—政祐志—政悦—好武—偉俊—章男　（沖永良部島　　種子島好武家　367）
　　│　　　　　　　　　└瑞子—公彦—千緒　（沖永良部島　　種子島公彦家　367）
　　│　　　　　　└梅—忠悦—一志—ゆかり　（沖永良部島　　種子島忠悦家　367）
　　└時庸—時影—時伴—政形—時之—時知　（家臣小頭　　　西村甚七家　114）
　　　　　　　　　　└時樹—時彦　（天囚）　（家臣家老組　　西村次郎兵衛家　114）
　　　　　　　　　　ときつね
　　　　　　　　　　城之助
（家臣小頭　　　西村甚五右衛門家　114）

（家臣役人組　　西村浅右衛門家　114）

複写・複製厳禁

```
                    ┌時庸─時喜─時厚─時治─時盈─時現
                    │                        └時朝
                    │  └時方─時苗─時寅─時保─時雍
                    │        └蔵多─時措─時因
            時玄─┬時貞─時全─時広
                  └時智─時喜─時民─時富─時用

[号河東]
時定─時春─時侍─時助─時貞─時直─┬時倫─時倚─時近
                              └時充─時親─時常

[号下村]
時豊─時親─時朝─時乗─時茂─時方─時元─時廣─┬時康
                                          └時盛
```

―時知―時也　　　　　　　　　　　　　　　　　　（家臣役人組　　西村仲左衛門家　　114）

―時義―時宣＝時哉　　　　　　　　　　　　　　　（家臣小頭　　　西村民之助家　　　114）

―時方―茂――俊一郎‐時保　　　　　　　　　　　（家臣小頭　　　西村七左衛門家　　114）

―直充―健夫―平　　　　　　　　　　　　　　　　（家臣小頭　　　西村蔵多家　　　　114）

　　　　　　　　　　　　　　　　　　　　　　　（家臣小頭　　　西村軍左衛門家　　114）

　　　　　　　　　　　　　　　　　　　　　　　（家臣小頭　　　西村五次右衛門家　114）

―時適―時永―時尚―時冬―時豊―時長―時春―時邑（家臣小頭　　　河東茂兵衛家　　　114）

　　　　　　　時宣＝時里―時金………時盛＝末安（家臣小頭　　　河東刑部左衛門家　366）

[号北条]　　　　　　　　[号種子島]
―時弘―時常―時豊―時方―善左衛門――善蔵　　　（城下士小番　　種子島善右衛門家　366）
城下士

―時成―時是―時良＝時次―時商―時之　　　　　　（家臣　　　　　河東新左衛門家　　366）

―時友―時士＝時定―時恭………………時芳　　　（家臣　　　　　下村珠兵衛家　　　114）

　　　時只―五郎四郎――時治―時仲―時憲　　　　（家臣　　　　　下村惣右衛門家　　114）

　　　時良―時住―時風―時甫＝時則―時実―時可　（家臣　　　　　下村紋右衛門家　　114）

―時承―時房―時真―時常―藤左衛門　　　　　　　（家臣　　　　　下村九左衛門家　　114）

　　　　　　時昌―時尚　　　　　　　　　　　　（家臣　　　　　下村伝左衛門家　　114）

―時幸―時有―時貞―時方―時美　　　　　　　　　（家臣　　　　　下村六右衛門家　　114）

　　　　　　時盛―時知―時章　　　　　　　　　（家臣　　　　　下村郷兵衛家　　　114）

―四郎―時尚―時喜―時連　　　　　　　　　　　　（家臣　　　　　下村市兵衛家　　　114）

―二右衛門――仁右衛門――時昭　　　　　　　　　（家臣　　　　　下村二右衛門家　　114）

複写・複製厳禁　　　　　　　　　　　　　　　　38.種子島氏一族分出略系図　227

[号肥後]
信清—信國—信盛—信定—信時—時房—時盛—盛良—信豊—信正—時鎮—

信貞—信家—家光

信等—藤内—[号内山]式氏—信高—高式

[号黒川]
信氏＝家信

[号岩河]
信家—正信—信盛—盛豊—氏盛—盛家

長盛—丹後守—盛寿—盛次—盛昌—盛満—盛次—時直—盛晴—盛朝—盛清—

[号肥後]
盛次—伊庵—盛商—盛陰

盛治—盛貞—盛員—盛秀—盛眞—盛重—盛氏—盛道—盛重—英信—政要—

信連—家行—信氏

信行—時信—時盛—時廣—時重—時直

[号横河]　[号岩河]
盛純—七郎左衛門

[号横河]　　　　　　　　　　　　　　　[号早崎]
時種—種清—種信—種盛—種道—種氏—盛清—盛時—盛基
横河城主　　　　　　　　　早崎城主 正平年間
　　　　　　　　　　　　　　　　　早崎城主

盛興—盛貞—盛行—盛正—盛明—盛之—盛道—盛長—盛親—盛全＝盛夫
樺山氏臣

太次右衛門—太次右衛門

[号黒江]
与三右衛門—盛法
文化8別立

助左衛門—四郎太＝＝＝仁右衛門
延享2別立

┌時是─時定─盛隆─┬秀隆─時真　　　　　（家臣　　　　　肥後善右衛門家　114）
　　　　　　　　└盛寿　　　　　　　　（垂水島津家臣　肥後諸左衛門家　114）
　　　　　　　└信光─英信─┬盛興─盛常　（家臣　　　　　肥後休兵衛家　　114）
　　　　　　　　　　　　　└盛治─盛次　（家臣　　　　　肥後平八家　　　114）

　　　　　　　　　　　　　　　　断絶　（　　　　　　　種子島太郎左衛門家　114）

　　　　　　　　　　　　　　　　断絶　（　　　　　　　内山左京亮家　　　114）

　　　　　　　　　　　　　　　　　　（能登国笠志領主　黒川兵衛尉家
　　　　　　　　　　　　　　　　　　　　　　　　　　子孫不詳　　　　　114）

┌信綿─政憲─政員─時兄─時典─時可　（家臣小頭　　　岩河作左衛門家　114）

　　　　　　　　　　　　　　　　　　（日向加久藤士　肥後長左衛門家　114）

└時章─時起─時敏─時行─時令　　　　（家臣役人組　　岩河十右衛門家　114）

　　　　　　　　　　　　　　　　断絶　（　　　　　　　種子島八郎左衛門家　114）

　　　　　　　　　　　　　　　　断絶　（　　　　　　　種子島太郎左衛門家　114）

　　　　　　　　　　　　　　　　断絶　（　　　　　　　岩河七郎左衛門家　114）

　　　　　　　　　　　　　　　　　　（藺牟田樺山氏臣　早崎武右衛門家　114）

　　　　　　　　　　　　　　　　　　（藺牟田樺山氏臣　早崎太次右衛門家　）

　　　　　　　　　　　　　　　　　　（藺牟田樺山氏臣　黒江与三右衛門家　）

└四郎助　　　　　　　　　　　　　　（藺牟田樺山氏臣　早崎四郎助家　　　）

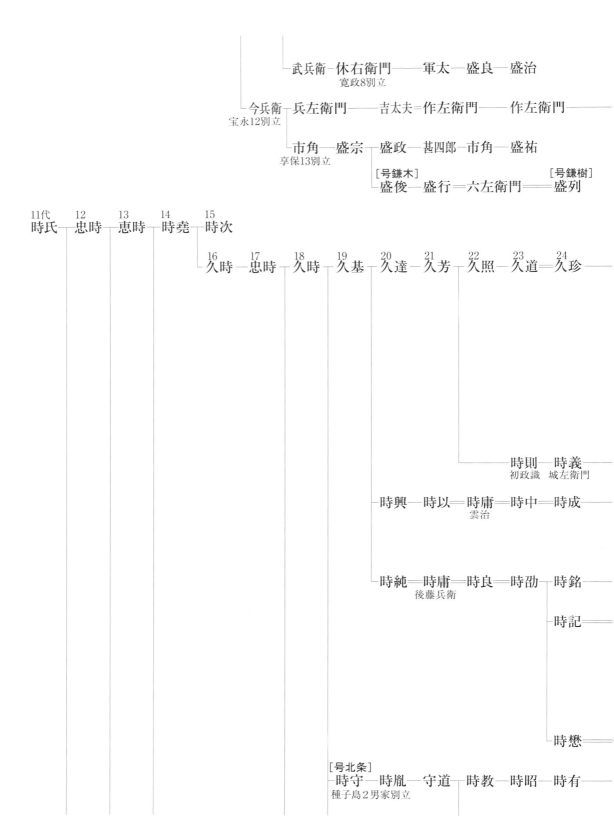

（蘭牟田樺山氏臣　早崎新次郎家　）

―清香―与次郎　（蘭牟田樺山氏臣　早崎昨左衛門家　）

（蘭牟田樺山氏臣　早崎市角家　）

（蘭牟田樺山氏臣　鎌樹八太夫家　）

25 久尚―26 時丸

27 守時―28 時望―29 時邦―時大―成時　種子島氏本家（一所持　種子島弾正家　114）

時治（早世）

時祥　（時邦3男家　種子島時祥家　114）

時哲―久時―時寅―和時　（守時2男家　種子島時哲家　114）

―時房（城介）―タミ―幸雄―鎮―時良―時誠　（城下士小番　種子島城左衛門家　368）

―時用―時煕―一弘―一央　（城下士小番　種子島八郎次家　365）

寅男―時義―時崇―海斗　（時用2男家　種子島寅男家　365）

―時真═時記═時懋―時治―時英―秀子―櫻―駿　（城下士小番　種子島後藤兵衛家　364）

―時實―時慶―時隆―時忠―輝時　（城下士小姓与　種子島宗之丞家　364）

茂雄―功一　（時隆2男家　種子島茂雄家　364）

俊雄―博―慶安　（時慶2男家　種子島俊雄家　364）

═時成
種子島八郎次家
嗣ニ転ズ

―時利―彦二　（城下士寄合　北条織部家　235）

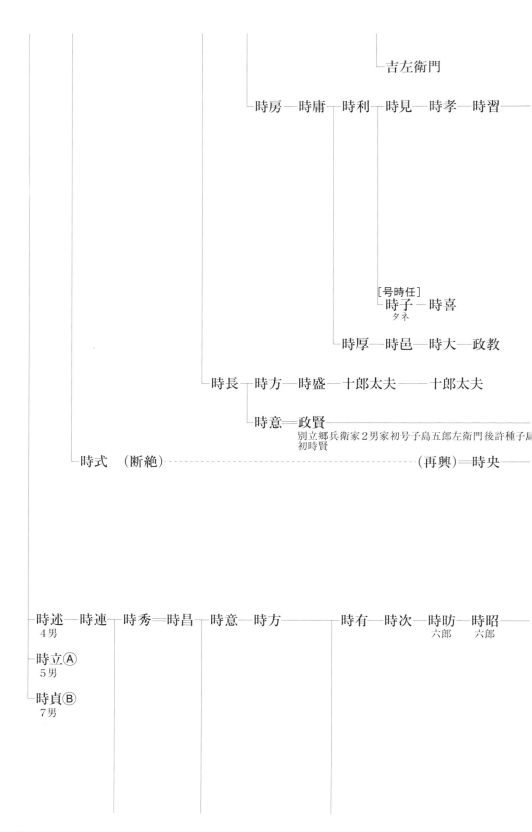

（城下士小番　　北条吉左衛門家　　235）

虎之介―久―時良―潔―彰　　（家臣家老組　　種子島三左衛門家　　523）

　　　　　　匡―聡―尭　　（久2男家　　種子島匡家　　523）

　　　蕃―景―基　　（虎之助2男家　　種子島蕃家　　523）

　　　桂―俊幸　　（虎之助4男家　　種子島桂家　　523）

　　　洵―登　　（虎之助5男家　　種子島洵家　　523）

（家臣家老組　　時任丈左衛門家　　523）

（家臣　　種子島友右衛門家　　523）

（城下士小番　　種子島十郎太夫家　　114）

――時義―時教―時康―熊彦―時胤―靖―貴裕　　（家臣家老組　　種子島五郎右衛門家　　526）

時盈―時雍―時習―時加―鉄五郎―時暢―武敬―克美　　（家臣家老組　　種子島郷兵衛家　　522）

　　　　　　　　　　　時順　　時敏―宏弥　　（時暢2男家　　種子島時敏家　　522）

　　　　　　　　　　時弼―秀洲―幸祐　　（鉄五郎2男家　　種子島時弼家　　522）

［号子島］
時休―時廉―時直―時世―時綱　　（家臣小頭　　子島猪右衛門家　　522）

時可（六郎）―保

　　　　彦之丞=常助―常彦―光彦―俊彦―智彦―陽彦　　（城下士小番　　種子島六郎家　　361）

　　　　　　　　　　　　　　　　史彦

　　　　　　　　　　　　　和彦―晃彦―武彦―敦彦　　（常彦2男家　　種子島和彦家　　361）

　　　　　　　　　　　　　　　泰彦―匡彦　　（和彦2男家　　種子島泰彦家　　361）

複写・複製厳禁

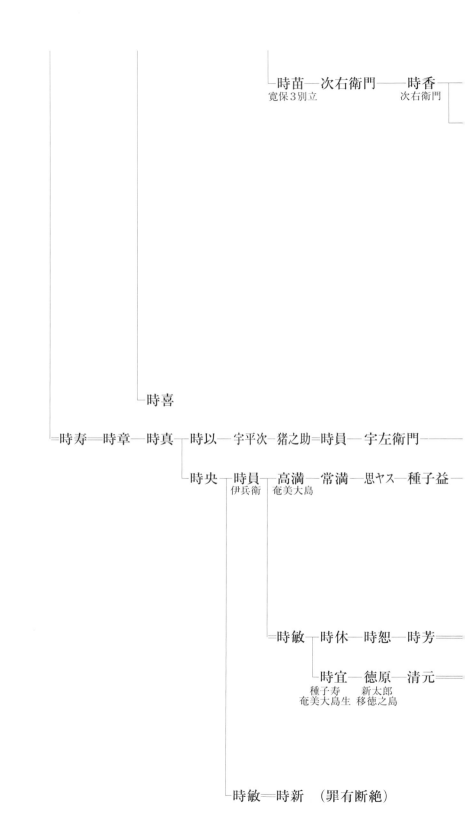

時行──次兵衛-時寛──時直　　　　　　　　　　　（城下士小番　　種子島加次右衛門家　360）
加次右衛門

七郎次──時式──彦熊──三郎──時彦──康時　　　（城下士小姓与　種子島七郎次家　360）
天保年間
兄功依別立
　　　　　　　　　　　時則──慎吾──陽翔　　　（三郎2男家　　種子島時則家　360）

　　清之助──賢助──清──賢一──正　　　　　　　（七郎次2男家　種子島清之助家　360）
　　　　　　　　　　　英夫──剛　　　　　　　　（清2男家　　　種子島英夫家　360）

　　正三（木葉氏嗣）

　　廉四郎-常彦──時博──一尚──時亮　　　　　　（七郎次4男家　種子島廉四郎家　360）
　　　　　　　　　時通　　　　　　　　　　　　　（常彦2男家　　種子島時通家　360）

　　　　　　　　　　　　　　　　　　　　　　　　（城下士小姓与　種子島正兵衛家　361）

半之丞　　　　　　　　　　　　　　　　　　　　　（城下士小番　　種子島宇左衛門家　362）

義範──一巧──信巧──巧海　　　　　　　　　　　（伊兵衛代官時　種子島高満家　362）
　　　　　　　　　　　　　　　　　　　　　　　　（落胤
　　　慈紘──総一郎──優基　　　　　　　　　　　（一巧2男家　　種子島総一郎家　362）

　　一弘──一範──健太　　　　　　　　　　　　　（義則3男家　　種子島一弘家　362）
　　　　　　昌博──将太　　　　　　　　　　　　（一弘2男家　　種子島昌博家　362）

時彦──時休──時夫　　　　　　　　　　　　　　　（城下士小番　　種子島休蔵家　362）

徳次郎-滑侃──久丸──一也──貴久──康介　　　　（徳之島キビ横目　種子島徳原家　362）
　　　　　久章──正吾──宏之　　　　　　　　　　（滑侃2男家　　種子島久章家　362）
　　　　　達也──正太　　　　　　　　　　　　　（滑侃3男家　　種子島達也家　362）

　　　　　　　　　　　　　　　断絶　　　　　　　（城下士小姓与　種子島新蔵家　362）

複写・複製厳禁

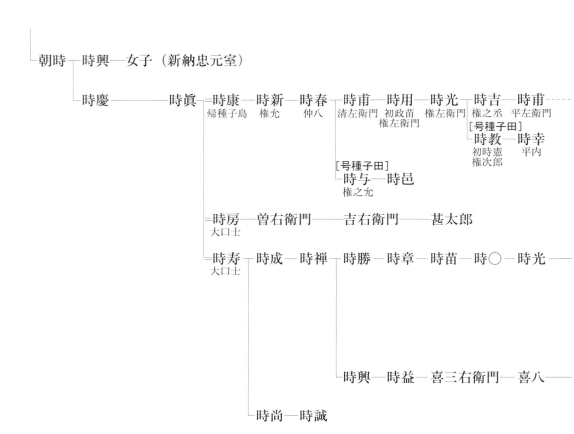
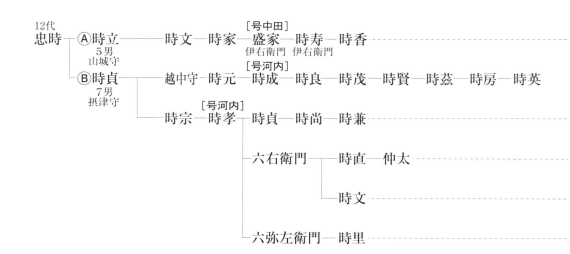

236　島津氏以外の他姓氏家臣

				時治	（家臣家老組	種子島権左衛門家	521）
					（家臣小頭	種子田権次郎家	521）
					（家臣小頭	種子田権之允家	521）
					（大口士	種子島曽右衛門家	405）
基右衛門	時好	三男	時基		（大口士	種子島清右衛門家	405）
	強	貢	裕	諒	（大口士	種子島強家	405）
		寛			（強2男家	種子島寛家	405）
喜三次	時眞	時中	武治	貴弘	（大口士	種子島喜三右衛門家	405）
					（大口士	種子島喜左衛門家	405）

時利	時懋	（家臣 中田伊右衛門家 114）
伊右衛門		（家臣 河内慶兵衛家 114）
	時義	（家臣 河内珠右衛門家 114）
	時然	（家臣 河内六右衛門家 114）
	時休	（家臣 河内仲左衛門家 114）
	政治	（家臣 河内勘十郎家 114）

39. 鮫島氏一族分出略系図

[藤原姓]　　　　[号鮫島]

家久 ― 家光 ― 宗家 ┬ 家高 ― 家景 ― 家員 ― 宗貞 ― 恒家 ― 宗義 ― 宗安 ― 因幡 ― 但馬 ― 宗豊
　　　　　　　　四郎　刑部左衛門　弥二郎　弥二郎　彦次郎　又太郎　久豊公臣　越後守　　　　　　　　土佐守
　　　　　　　　頼朝仕　阿多北方地頭　山門院地頭

　　　　　　　　　　　　家次 ┄┄ (途中不明) ┄┄ 家慶 ― 貞家 ― 宗任 ― 宗治 ┬ 宗益 ― 宗等
　　　　　　　　　　　　2男　　　　　　　　　　　紀伊守　　初種子島久時臣
　　　　　　　　　　　　種子島移　　　　　　　　　　　　　後移城下士

　　　　　　　　　　　　　　　　　　　　　　　　　　　　　　　　　　　　├ 宗清 ― 権左衛門

　　　　　　　　　　　　　　　　　　　　　　　　　　　　　　　　　　　　└ 宗以 ― 宗香

　　　　　　　　　　　　　　　　　　　　　　家文 ― 家則 ═ 家昌 ― 家連 ┬ 宗長
　　　　　　　　　　　　　　　　　　　　　　別立2男家　源蔵　孫左衛門　有右衛門　兵右衛門
　　　　　　　　　　　　　　　　　　　　　　周仙
　　　　　　　　　　　　　　　　　　　　　　種子島久時臣
　　　　　　　　　　　　　　　　　　　　　　　　　　　　(鮫島) 宗満 ┴ 宗武
　　　　　　　　　　　　　　　　　　　　　　　　　　　　　　　　　　　鮫島仲兵衛
　　　　　　　　　　　　　　　　　　　　　　　　　　　　　　　　　　　宗満嗣

　　　　　　　　　　　　兼家 ┄┄ (7代略) ┄┄ 宗喬 ― 宗能 ― 宗直 ― 宗季
　　　　　　　　　　　　3男　　　　　　　　　　　五郎三郎　　　　与助
　　　　　　　　　　　　　　　　　　　　　　　　日新公臣

　　　　　　　　　宗景 ― 時景 ― 時成 ― 光家 ― 家藤 ― 三郎左衛門 ― 又太郎 ― 忠宗 ― 宗吉
　　　　　　　　　阿多南方　　　　　　　　　　　　　　　　　　　　　　　　　　民部　　越中守
　　　　　　　　　地頭

　　　　　　　　　　　　　　　　　　　　　宗房 ― 宗秋 ― 宗昌 ― 宗儔 ═ 宗堯
　　　　　　　　　　　　　　　　　　　　　実弟　備後守　備後守　次郎三郎　大蔵
　　　　　　　　　　　　　　　　　　　　　藤左衛門　日新公臣　　　　　　　木脇祐栄
　　　　　　　　　　　　　　　　　　　　　　　　　　　　　　　　　　　　2男

　　　　　　　　　　　　　　　　　　　　　　　　　　宗都 ┬ 時孝 ― 時次

　　　　　　　　　　　　　　　　　　　　　　　　　　　　　└ 時共 ― 時庸

　　　　　　　　　　　　　　　　　　　　　　　　　　宗秀 ― 宗豊 ┬ 又左衛門
　　　　　　　　　　　　　　　　　　　　　　　　　　藤七兵衛
　　　　　　　　　　　　　　　　　　　　　　　　　　　　　　　├ 大炊助

　　　　　　　　　　　　　　　　　　　　　　　　　　　　　　　└ 佐渡 ― 為庵

　　　　　　　　　　　　　　　　　　　　　　　　　　宗定 ― 宗継 ― 宗俊 ― 宗次

238　島津氏以外の他姓氏家臣　　　　　　　　　　　　　　　　　　複写・複製厳禁

（派生一族：鮫島）

佐渡 ─○○─ 宗俊 ─ 宗昌 ─ 宗延　　　　　　　　　　（城下士小番）　鮫島本家
　　　　　　 筑右衛門　孝左衛門　玄蕃允　　　　　　　　　　　　　　 鮫島孝左衛門家　527）
　　　　　　　　　　　　　└ 四郎兵衛

　　　　　　　　　└ 宗當
　　　　　　　　　 ２男家宗堯嗣

政相 ─ 政芳 ─┬ 政文 ─ 剛毅 ─ 宗篠 ─ 吉之助 ─ 宗之助　（城下士小番）　鮫島宗之助家　527）

　　　　　　 └ 宗之 ─ 政遠 ─ 政徳 ─ 政武　　　　　　（城下士小姓与）　鮫島宗之家　527）

権之助 ─ 顕命　　　　　　　　　　　　　　　　　　　　（城下士小姓与）　鮫島権左衛門家　527）

治賢 ─ 宗章 ─ 宗芳　　　　　　　　　　　　　　　　　（城下士小姓与）　鮫島宗以家　527）

宗房 ─ 宗備 ─ 宗峰 ─ 宗篤 ─ 宗毅 ─ 勝馬 ─ 安豊　　（種子島氏臣）　鮫島兵右衛門家　527）
元甫　　兵右衛門　太左衛門　仲兵衛宗易長男　 実三浦安信５男
　　　　　　　　　　　　　　　　　　　　　　　 鉄砲館館長
宗易　　　　　　　　　　　　　　　　　　　　　　（種子島氏臣）　鮫島仲兵衛家　527）
仲兵衛

　　　　　　　　　　　　　　　　　　　　　　　　（伊集院十蔵家臣）　鮫島五郎三郎家　527）

宗満 ─ 宗遊 ─┐
郷右衛門　田布施
　　　　　　 地頭
宗當 ─ 宗冬 ─ 宗員 ─ 宗正 ─ 宗信 ─ 宗知 ─ 宗時 ─┐
郷左衛門　藤内　次左衛門　　 川上弥八郎
家宗俊　　　　　　　　　　　　 ２男
　３男
　　　　　　　　　　　　　　　　　　　　　　　　（城下士小番）　鮫島次左衛門家　　）

時香 ─ 時昭 ─ 宗潜 ─ 宗補 ─ 宗親 ─ 宗城 ─ 慶彦 ─ 三雄　（加世田士）　鮫島郷兵衛家　　）

雅楽助　　　　　　　　　　　　　　　　　　　　　　（田布施士）　鮫島又左衛門家　　）
田布施

嘉心 ─ 四郎兵衛 ─── 仲兵衛　　　　　　　　　　　（城下士小姓与）　鮫島仲兵衛家　　）
　　　　　　　　　 鹿児島

宗能 ─────────────────── 孝左衛門　（城下士小姓与）　鮫島孝左衛門家　　）

複写・複製厳禁

　　　　　　　　　　　　　　└宗昌----------

（出所不知）　宗政 ----------
　　　　　　　加世田士

（出所不知）　新左衛門───

（出所不知）　加賀守─宗玄───
　　　　　　　指宿賜　喜入肝付氏臣
　　　　　　　久豊公臣
（出所不知）　宗恭─重雄───
　　　　　　　川辺士

｜‥‥‥‥‥‥‥‥‥‥‥‥‥‥‥‥‥‥‥‥‥‥‥‥‥‥‥筑兵衛　　　　　（城下士小姓与　鮫島筑兵衛家　　　　）

（6代略）──尚行─尚信　　　　　　　　　（加世田士　　鮫島次右衛門家　　　）

員規─具重─員重─員昭─正久　　　　　　　（城下士小姓与　鮫島新左衛門家　　　）

宗正─忠宗─宗安─宗家─宗広─宗代─良宗─宗正　（喜入肝付氏臣　鮫島善左衛門家　　　）

婦佐　　　　　　　　　　　　　　　　　　　（川辺士　　　鮫島宗恭家　　　　　　）
重雄妻

40. 桓武平氏三浦氏一族分出略系図

桓武天皇 ── （4代略） ── 良正

[初号三浦]　　　　　　　　　　　　　　[号和田]
為通 ── 為継 ── 義継 ┬ 義明 ┬ 義宗 ── 義盛 ── 常盛 ── 朝盛
平太夫　　平太郎　　三浦庄司 │ 三浦大介　後椙本太郎　左衛門尉　新左衛門尉
　　　　　　　　　　　　　　　│ 頼朝公臣
　　　　　　　　　　　　　　　│ 相模国守護　　　　　　　[号朝夷名]
　　　　　　　　　　　　　　　│ 相模衣笠城　　　　　　　義秀 ── 義○ ──────── 子孫長井氏
　　　　　　　　　　　　　　　│　　　　　　　　　　　　　三郎
　　　　　　　　　　　　　　　│　　　　　　　　[号三浦]　　　　　　　　　　　　[号三浦]
　　　　　　　　　　　　　　　│　　　　　　　　安國 ── 安秀 ── 安氏 ── 安武 ── 安高
　　　　　　　　　　　　　　　│　　　　　　　　平七　　平太郎
　　　　　　　　　　　　　　　│　　　　　　　　九州下向
　　　　　　　　　　　　　　　│　　　　　　　　　　　　　　　　安重 ── 安氏 ── 安信
　　　　　　　　　　　　　　　│
　　　　　　　　　　　　　　　│
　　　　　　　　　　　　　　　│　　　　　　　　　　　　　　　　安富 ── 安政 ── 五郎兵衛
　　　　　　　　　　　　　　　│
　　　　　　　　　　　　　　　│　　　　　　　[号森戸]
　　　　　　　　　　　　　　　│　　　　　　　重行
　　　　　　　　　　　　　　　│　　　　　　　六郎
　　　　　　　　　　　　　　　│
　　　　　　　　　　　　　　　│　　　　　　　義直
　　　　　　　　　　　　　　　│
　　　　　　　　　　　　　　　│　　　　　　　義重
　　　　　　　　　　　　　　　│
　　　　　　　　　　　　　　　│　　　　　　　義信
　　　　　　　　　　　　　　　│
　　　　　　　　　　　　　　　│　　　　　　　義盛
　　　　　　　　　　　　　　　│
　　　　　　　　　　　　　　　│　　　　　　　義國
　　　　　　　　　　　　　　　│
　　　　　　　　　　　　　　　├ 義久 ──────── 子孫大多和氏
　　　　　　　　　　　　　　　│　　　　　　　　　　　　大田和氏
　　　　　　　　　　　　　　　│ [号三浦]
　　　　　　　　　　　　　　　├ 義澄 ── 友澄
　　　　　　　　　　　　　　　│
　　　　　　　　　　　　　　　├ 有綱 ──────── 子孫山口氏
　　　　　　　　　　　　　　　│ [号三浦]
　　　　　　　　　　　　　　　└ 義村 ── 朝村 ── 氏村

（派生一族：三浦、石井）

[号屋ケ代]　　　　　　　[号屋ケ代]
康秀─安盛─安豊─安則─安友─安直┐
新左衛門尉　　　　　　　平六
　　　　　　　　種子島下向 [復三浦]
安貞=安繁─安昌─安洪─安似─安清─安常┐
　　　　　　└─安倫─安潔─安宗─安能┬安信　　（種子島氏臣　　三浦清左衛門家　　528）
　　　　　　　　　　　　　　　　　　└安清　　（安能2男家　　　三浦安清家　　　　528）
　　└安次─二郎兵衛══八郎兵衛──安尚　　　　（種子島氏臣　　三浦弥八郎家　　　528）

　　　　　　　　　　　　　　　　　　　　　　　（種子島氏臣　　三浦五郎兵衛家　　528）

複写・複製厳禁　　　　　　　　　　　　　　　40. 桓武平氏三浦氏一族分出略系図　　243

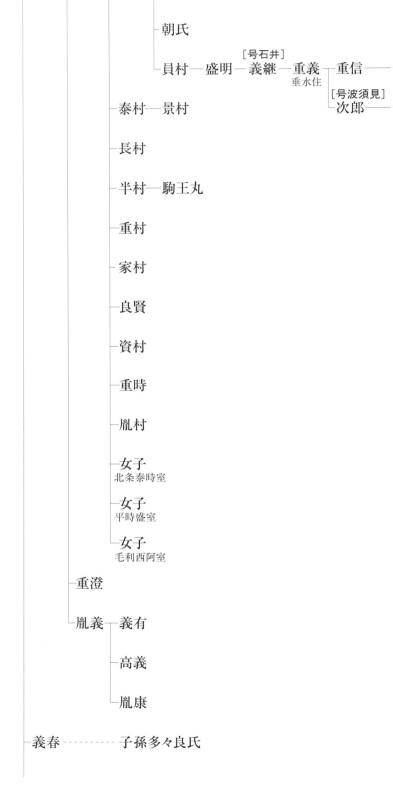

244　島津氏以外の他姓氏家臣

久義―孝義―元義　　　　　　　　　　　（忠国公家老　　石井石見守家　　　　　）
　　　　忠国公家老
　　　　［号石井］
義次―義長―重義―義春┐

　┌―義定―義辰┬義高―義泰―義知―義珍―元甲　（垂水島津家臣　石井元亭家　　　　）

　　　　　　　└義次―義辰―義真―義知―義見　（佐土原島津家臣　石井隼太家　　　　）

複写・複製厳禁　　　　　　　　　　　　　　　　　　　40. 桓武平氏三浦氏一族分出略系図　245

```
                    ┌ 義連 ── ○○ ── 盛時 -------- 子孫佐原氏
                    │   十郎        三浦介         会津ニテ栄
                    │ 源義経臣
                    │ 一谷、屋島合戦軍功
                    │
                    │ [号津久井]
                    ├ 義行
                    │
                    │ [号岡崎]
                    ├ 義実
                    │
                    │ [号芦戸]
                    └ 為清
      │
      ├ 致成 -------- 子孫大庭、梶原、酒匂氏
      │
      └ 致頼 -------- 子孫長田氏
```

複写・複製厳禁   40. 桓武平氏三浦氏一族分出略系図　247

41. 土岐氏、敷根氏一族分出略系図

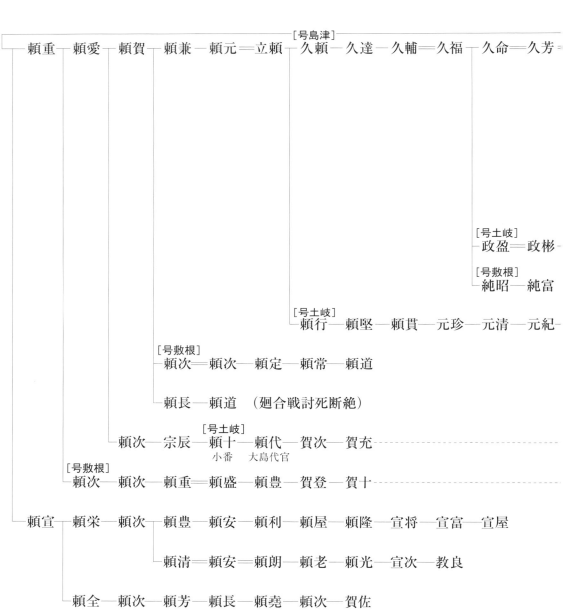

（派生一族：島津、土岐、敷根）

興山 ― 頼次

久浮 ― 久誠 ― 久宝 ― 久賀 ― [号土岐] 久彦 ― 長久　　市成島津家（一所持　　島津主水家　　140）

浩三 ― 安辰男　　（久賀2男家　　土岐浩三家　　140）

五郎 ― 久尚　　（久賀3男家　　土岐五郎家　　140）

弘　　（分家　　土岐弘家　　140）

[号土岐] 純秀　　（城下士　　土岐萬十郎家　　140）

政守　　（城下士小番　　土岐平太夫家　　140）

（城下士　　敷根宗十郎家　　140）

元徳　　（城下士小番　　土岐藤左衛門家　　140）

（城下士小姓与　　敷根左内家　　140）

賀多　　（城下士小番　　土岐次右衛門家　　140）

賀盈
良助　　（城下士小姓与　　敷根市左衛門家　　140）

今和泉島津家臣（医家　　敷根閑斎家　　140）

（城下士小姓与　　敷根覚左衛門家　　140）

（城下士小姓与　　敷根十左衛門家　　140）

42. 伴姓肝付氏一族分出略系図

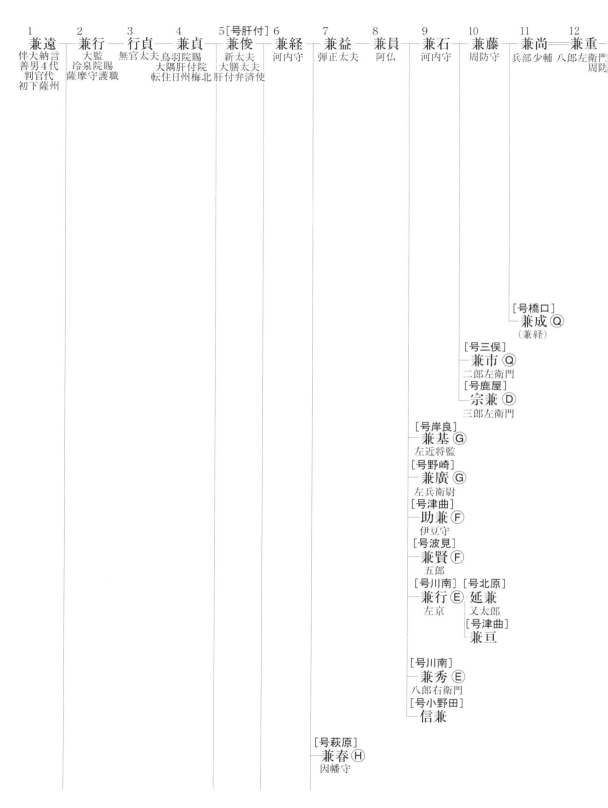

250　島津氏以外の他姓氏家臣

(派生一族：肝付)

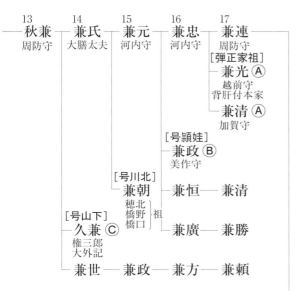

[号前田]
兼明 (H) 佐渡守

[号救仁郷]
兼綱 (J) 兵衛佐

[号北原]
兼幸 (J) 右兵衛佐

[号検見崎]
兼友 (K) 常陸守

[号津曲] (K)
兼智―兼貴　若狭守　秀若丸

[号左近允]
兼胤 (K)

[号萩原]
兼任 (L) 次郎

[号安楽]
俊貞 (R) 三郎

[号梅北]
兼高 (M)(N)

[号和泉]
行俊 (P)

兼祐 (P)

兼信 (H)
武光氏祖

兼久―兼興―兼続―良兼―兼亮―兼道―兼幸―兼厚―兼親―年兼―経兼
河内守　兵部少輔　河内守省釣　左馬頭　左馬頭　左馬頭　伴十郎　甚右衛門　三郎兵衛　甚兵衛　八郎右衛門

兼幸
平太夫別立小番

兼亮―兼○―兼元―兼明―五左衛門―助七
左馬頭　筑前守　筑前守

兼顕―兼純―兼水―兼武―兼重―兼親―兼郷
越後守　武蔵守　兵部少輔　与兵衛　伊左衛門　　　　七右衛門

兼倍―兼○
兵右衛門　伊左衛門

兼貞―兼弘―兼全
伝左衛門　曽兵衛　伝左衛門

―治兼―兼群―兼命―兼明―兼典―兼寛
八郎左衛門　八郎左衛門　八郎左衛門　新太夫　伴助　新太夫

└兼亮―兼冬―兼達

―兼峯―兼次
十右衛門　半右衛門

肝付氏本家
（城下士小番　　肝付八郎左衛門家　　316）

（城下士小番　　肝付半太夫家　　316）

（宮之城島津家臣　　肝付五左衛門家　　）

（宮之城島津家臣　　肝付七右衛門家　　316）

（宮之城島津家臣　　肝付伊左衛門家　　316）

（島津内記家臣　　肝付曽兵衛家　　316）

複写・複製厳禁

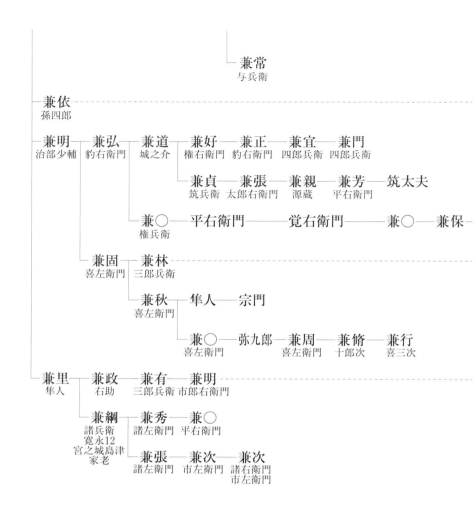

	（島津内記家臣　肝付与兵衛家	316）
┈（出所不知）　　兼理──兼致 　　　　　　　　右京	（山崎士　　　　肝付孫四郎家	316）
	（垂水島津家臣　肝付豹右衛門家	316）
	（垂水島津家臣　肝付筑太夫家	316）
──兼周	（垂水島津家臣　肝付覚右衛門家	316）
┈兼隆══兼行 　源之丞　　宇佐見	（佐土原島津家臣　肝付多門家	316）
	（山川士　　　　鮫島弥兵衛家	）
	（垂水島津家臣　肝付喜左衛門家	316）
┈兼熙	（樋脇士　　　　肝付市郎右衛門家	316）
	（伊集院士　　　肝付十兵衛家	316）
	（宮之城島津家臣　肝付市左衛門家	）

複写・複製厳禁

43. 肝付氏二男家肝付主殿家一族分出略系図

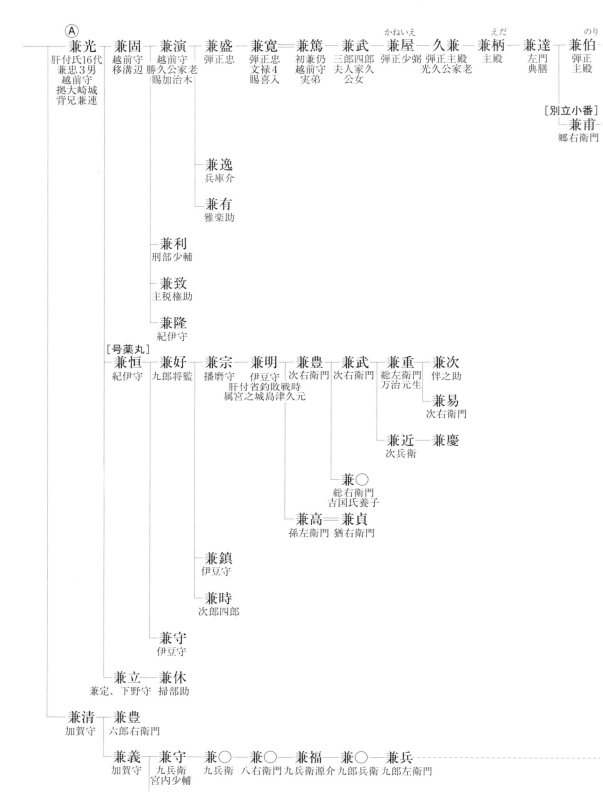

256 島津氏以外の他姓氏家臣

（派生一族：肝付、薬丸、徳永）

─兼満─兼般─兼善─兼武─兼行─兼英─兼一　　（男爵家　　　　肝付兼武家　　　145）
　弾正　典膳　主殿　庶長子　海軍中将　貴族院議員
　　　　帯刀　典膳
　　　　　　　　　　かねふる
　　　　　　　　　─兼両─兼睦─米熊　　（一所持　　　　肝付主殿家　　　145）
　　　　　　　　　典膳左内　相馬、兼吉
　　　　　　　　　丹波太郎

─兼傳─兼智─兼備　　（城下士小番　　肝付郷右衛門家　145）
　郷右衛門　矢之助　郷右衛門

（宮之城島津家臣　薬丸四郎左衛門家　145）

（宮之城島津家臣　薬丸次兵衛家　145）

（宮之城島津家臣　薬丸猶右衛門家　145）

（城下士　　　　肝付下野家　　　145）

┄兼同─兼雄─兼鎮　　（喜入肝付氏臣　肝付佐次右衛門家　）
　佐次兵衛　佐次兵衛　佐次右衛門

兼名 -- 兼記
治部右衛門   十郎左衛門

兼見
左近将監

兼○
太郎次郎

258　島津氏以外の他姓氏家臣　　　　　　　　　　　　　　複写・複製厳禁

　　　　　［号徳永］
　　　　兼○----------兼芳　　（喜入肝付氏臣　徳永次兵衛家　　　　　　　　）
　　　　　　　　　　　　　次兵衛

----------兼命—兼常—兼微—兼高　　（喜入肝付氏臣　肝付良右衛門家　　　　　　）
　　　　　十郎左衛門良右衛門曽五右衛門良右衛門

44. 肝付氏二男家頴娃内膳家一族分出略系図

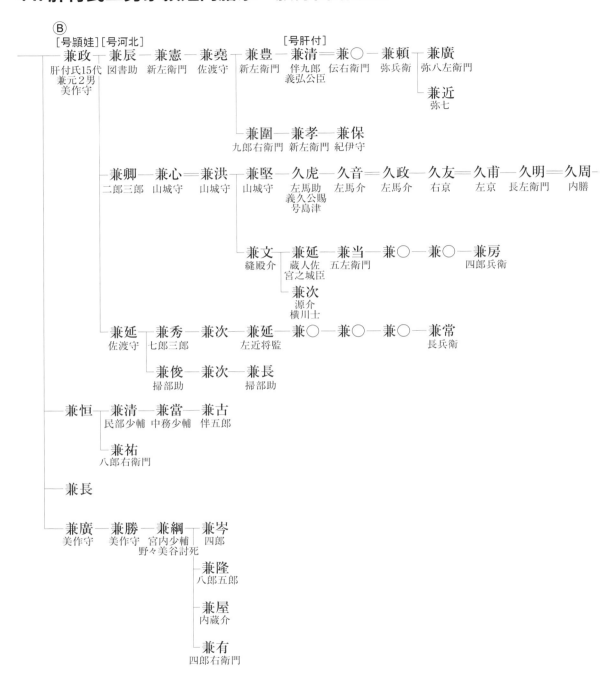

（派生一族：肝付、頴娃）

　　　　　　　　　　　　　　　　　　　　（城下士　　　　肝付伴九郎家　　141）

　　　　　　　　　　　　　　　　　　　　（城下士　　　　肝付新左衛門　　141）

久扶—久喬—久馮—久武—久英　　　　（一所持　　　　頴娃内膳家　　　141）
内膳　　内膳波江 長左衛門　織部　　弥一郎

　　　　　　　　　　　　　　　　　　　　（城下士小番　　頴娃左太夫家　　141）
兼張
左太夫

　　　　　　　　　　　　　　　　　　　　（宮之城島津家臣　肝付四郎兵衛家　141）

　　　　　　　　　　　　　　　　　　　　（横川士　　　　肝付源介家　　　141）

　　　　　　　　　　　　　　　　　　　　（城下士　　　　肝付長兵衛家　　141）

　　　　　　　　　　　　　　　　　　　　（城下士　　　　肝付掃部家　　　141）

複写・複製厳禁　　　　　　　　　　　44. 肝付氏二男家頴娃内膳家一族分出略系図　261

45. 肝付氏庶流山下氏、鶴丸氏一族分出略系図

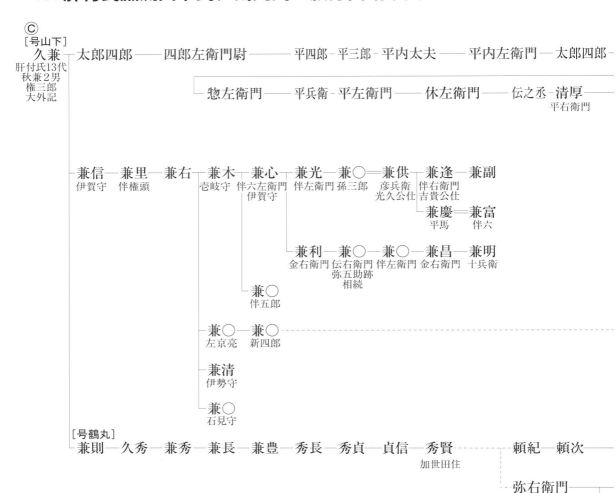

（派生一族：肝付、山下、鶴丸）

――平右衛門――――平左衛門――――平馬―平八郎―

―清香―兼基―孝右衛門――――兼○┬○○―○○―兼久　　（市来士　　　　山下平右衛門家　　　　）
　平右衛門　平右衛門　　　　　嘉太郎
　　　　　　　　　　　　　　　　　└兼○―市助
　　　　　　　　　　　　　　　　　　銀矢

　　　　　　　　　　　　　　　　　　　　　　　　（城下士　　　　肝付伴右衛門家　　　　）

　　　　　　　　　　　　　　　　　　　　　　　　（城下士　　　　肝付平馬家　　　　　　）

　　　　　　　　　　　　　　　　　　　　　　　　（城下士　　　　肝付金右衛門家　　　　）

――――――――――――佐次右衛門――彦兵衛―兼蔵　　（志布志士　　　山下彦兵衛家　　　　　）

―頼宝―頼道―資昌―資矩―資長―資春―資満―資俊　　（加世田士　　　鶴丸五郎右衛門家　　　）

―弥兵衛―七右衛門　　　　　　　　　　　　　　　　（城下士　　　　鶴丸七右衛門家　　　　）

――――――――――――――――――弥右衛門尉　　（国分清水士　　鶴丸弥右衛門家　　　　）

46. 肝付氏庶流鹿屋氏、内之浦氏一族分出略系図

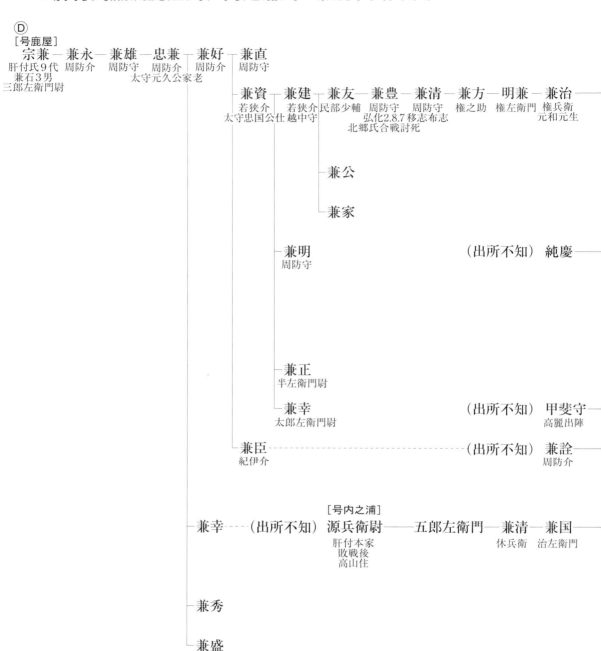

（派生一族：鹿屋、内之浦）

兼顕―兼明―兼平―兼溢―兼庸―兼邑―兼長
権左衛門 権兵衛 佐左衛門 周右衛門
志布志曖役　　　　曖役

　　　　　　　　　兼照―兼仲　（志布志士　　　鹿屋権兵衛家　　　）

兼昌―兼継┬兼歳　　　　　　　　　　　（鹿屋士　　　鹿屋伴右衛門家　　　）
亀次郎 理右衛門　伴右衛門
　　　　　義久公女新城嫁（鹿屋士）
　　時従フ
　　　　└兼盛―女子（松屋）
　　　　　新左衛門 光久公仕
　　　　　島津忠仍臣
　　　　　└兼教―兼矩　　　　　　　　（新城島津家臣 鹿屋理右衛門家　　　）
　　　　　　三左衛門 理右衛門

民部左衛門―兼益―兼乗―兼如―兼家　　（高山士　　　鹿屋勝左衛門家　　　）
　　　　　勝左衛門 三右衛門 勝左衛門 軍平

兼貞―兼秀―恒治―兼長―兼慶―兼信―兼記　（加治木島津家臣 鹿屋仁右衛門家　）
彦四郎　九郎左衛門 三右衛門 仁右衛門 仁右衛門 覚左衛門
　　　　祢岩元苗字 壱岐守 加治木臣実枝元重延
　　　　球磨住 帖佐生　　　　3男

兼廉―兼武―兼明―兼続―兼昭―兼敏―兼正―謙介
七郎兵衛 治兵衛 長左衛門　　直太郎　幸之進
　　　　　└壮吉―厳視―兼忠―兼治　（高山士　　　内之浦治兵衛家　　　）

　　　　　　　　　（出所不知）（出水士　　　内之浦主計助家　　　）

47. 肝付氏庶流川南氏、津曲氏、吉国氏一族分出略系図

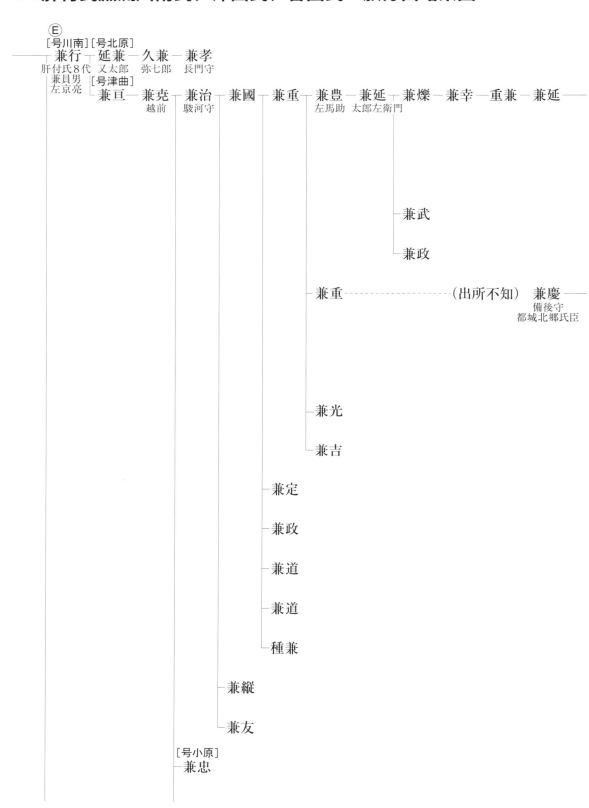

（派生一族：川南、津曲、吉国）

兼本―兼休―兼智―兼俊―兼仙―兼延―兼林┐
└兼甫―兼武―伊三次―伊右衛門――亀太郎┬兼盛　（平佐北郷氏臣　津曲伊右衛門家　　　　）
　　　　　　　　　　　　　　　　　　　└篤義

―――――――――――――┬兼明―兼通―○○―兼養　（都城島津家臣　津曲四郎右衛門家　　　　）
　　　　　　　　　　　　　彦兵衛　四郎右衛門　　四郎右衛門
　　　　　　　　　　　　├兼克―兼乗―兼穆―兼富―兼堅　（都城島津家臣　津曲才右衛門家　　　　）
　　　　　　　　　　　　　仲左衛門　才助　才右衛門　文左衛門
　　　　　　　　　　　　└兼祐―兼孝―兼貞―兼敷―兼度　（都城島津家臣　津曲五右衛門家　　　　）
　　　　　　　　　　　　　新兵衛　五右衛門　十兵衛　五右衛門

複写・複製厳禁

兼春

[号吉国]
兼國 -------------------------------- 藤弥左衛門 — 次郎右衛門 ——
伯耆守   天正4 (1586)
                                             志布志士

                                            (出所不知) --------

兼貞

[号川南]
兼秀 — 兼任 — 兼盛 ——————(4代不明)——————兼養 — 兼嘉 — 兼明 — 兼康 — 兼好
八郎右衛門尉   安芸 式部左衛門 休右衛門 弥五左衛門 権七
                                            垂水臣

兼初┬兼○─秀尚─秀貞─秀勝　　　　　　　　　（志布志士　　　吉国次郎四郎家　　　　　）
郎右衛門　次郎兵衛　次郎四郎　次郎四郎　吉次
肝付伴五左衛門
子
　　└兼慶─兼富═秀膳─兼二　　　　　　　　（志布志士　　　吉国吉次家　　　　　　　）
　　　　次郎左衛門　吉次

次郎左衛門─兼○─庄右衛門┐
鹿屋士
　　　　┌曽右衛門──祐友─鉄右衛門──信夫─重信　（鹿屋士　　　吉国庄右衛門家　　　）
　　　　│
　　　　└平右衛門──平蔵─繁─蔀　　　　　　　　（鹿屋士　　　吉国平右衛門家　　　）

　　　　　　　　　　　　　　　　休右衛門　　　　（恒吉郷坂元村　吉国休右衛門家　　　）

　　　　　　　　　　　　　　　　常右衛門　　　　（島津内記家臣　吉国常右衛門家　　　）

兼良┬兼敬─兼中═兼定─兼寛─兼備　　　　　　　（垂水島津家臣　川南弥五左衛門家　　）
　　祐右衛門　弥五左衛門　林右衛門　矢五左衛門
　　└兼賀─兼次　　　　　　　　　　　　　　　　（垂水島津家臣　川南五郎右衛門家　　）
　　　五郎八　五郎右衛門

48. 肝付氏庶流津曲氏一族分出略系図

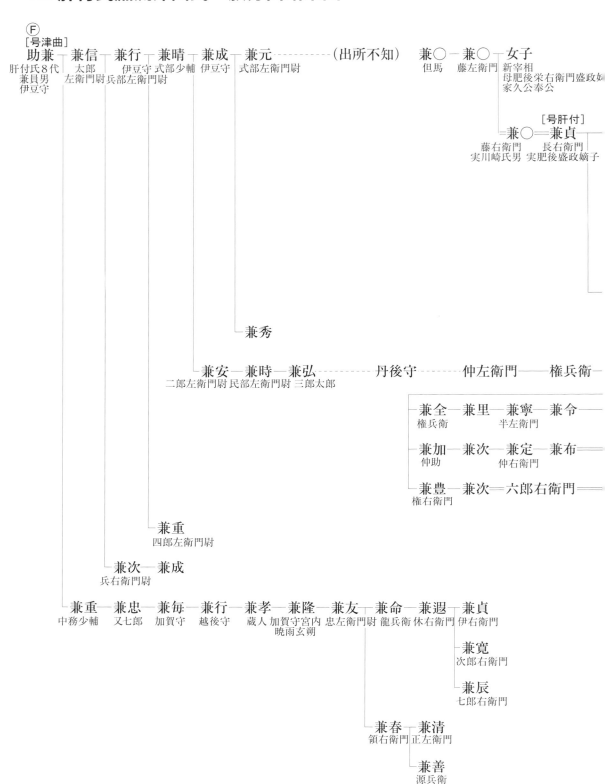

◀派生一族：肝付、津曲〉

兼治─┬兼品─┬兼明　　　　　　　　　（城下士小番　　肝付五郎兵衛家　　　　）
清兵衛│清左衛門│五右衛門
志摩丞│五郎兵衛│
　　　│　　　└兼敦　　　　　（出所不知）（城下士　　津曲朴栄家　　　　　）
　　　│　　　　源八
　　　│
　　　├兼品
　　　│諸右衛門
　　　│
　　　└兼東
　　　　伴左衛門
[号津曲]
兼元─兼義　　　　　　　　　　　　　　（城下士　　　津曲平右衛門家　　　　）
平右衛門　勘左衛門

兼治─兼良─兼尚
高山住　権兵衛　半右衛門

兼昭─兼風----------嘉太右衛門─兼行----------兼紘　（高山士　津曲権兵衛家　　　）
権兵衛　次五

兼里─兼道─仲助─仲之助─武千代─兼義─兼章　（高山士　津曲仲右衛門家　　　）
仲右衛門

兼徳─伊八─清兵衛─伊八─伊之助　　　（高山士　津曲伊八家　　　　）
権左衛門

　　　　　　　　　　　　　　　　　　　　　（城下士　　　津曲休右衛門家　　　　）

　　　　　　　　　　　　　　　　　　　　　（城下士　　　津曲次兵衛家　　　　）

（出所不知）　津曲兼通───兼義－兼明－兼孝─兼尚─兼富─大助─兼晨─兼英─兼氏
　　　　　　　　　重富島津家臣

（出所不知）　喜兵衛-善右衛門───兼秀─兼近─兼秋
　　　　　　　　　　　　　　　　　喜兵衛　善右衛門　善五左衛門

（出所不知）　兼継─大助─三四郎-休右衛門───善之助-兼盛
　　　　　　　　　吉蔵　　　　　　　　　　　　　　　甚助

（出所不知）　六郎左衛門─徳右衛門───宅右衛門───左近

（重富島津家臣　津曲大助家　　　　　）

（松山士　　　　津曲善右衛門家　　　）

（松山士　　　　津曲休右衛門家　　　）

（出所不知）（頴娃氏家臣　津曲喜右衛門家　　　）

（財部士　　　津曲宅右衛門家　　　）

（出所不知）（財部士　　　津曲勘左衛門家　　　）

（出所不知）（財部士　　　津曲新次郎家　　　）

（出所不知）（財部士　　　津曲伝内家　　　　）

（出所不知）（曽於郡士　　津曲権左衛門家　　　）

（出所不知）（曽於郡士　　津曲伊賀右衛門家　　）

（出所不知）（国分士　　　津曲七兵衛家　　　　）

（出所不知）（帖佐士　　　津曲助兵衛家　　　　）

（出所不知）（庄内高城士　津曲七兵衛家　　　　）

（出所不知）（末吉士　　　津曲源之丞家　　　　）

（出所不知）（末吉士　　　津曲彌兵衛家　　　　）

（出所不知）（末吉士　　　津曲筑兵衛家　　　　）

（出所不知）（踊士　　　　津曲弥市兵衛家　　　）

（出所不知）（志布志士　　津曲権兵衛家　　　　）

（出所不知）（出水士　　　津曲杢右衛門家　　　）

（出所不知）（市成島津家臣　津曲七二家　　　　）

複写・複製厳禁

49. 肝付氏庶流岸良氏、野崎氏、波見氏一族分出略系図

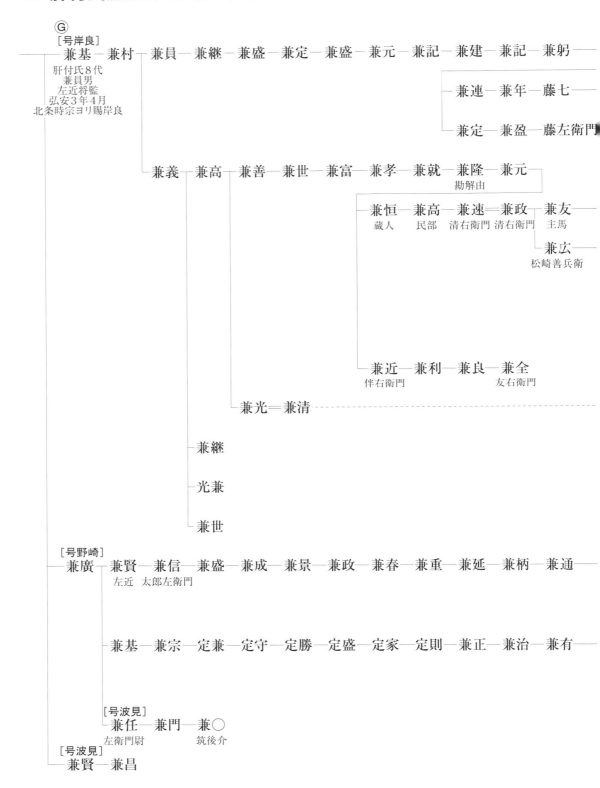

（派生一族：岸良、野崎、波見）

兼基┐

五右衛門——勘左衛門——喜八郎－成治－喜美雄　　　（宮之城島津家臣　岸良勘左衛門家　　　　　）

安右衛門——荘之進－藤七－喜藤太－紀明　　　　　（宮之城島津家臣　岸良藤左衛門家　　　　　）

兼善－兼友－兼養——三介－謙介－陽介　　　　　　（城下士小番　　岸良清右衛門家　　　　　）
右衛門　蔵之丞　清右衛門

清右衛門——矢之助┬兼敏－安吉＝敏彦　　　　　　（城下士　　　岸良善兵衛家　　　　　　）

　　　　　　　　├兼善－静次－景二－景一郎　　　（城下士　　　岸良勘左衛門家　　　　　　）

　　　　　　　　└兼知－兼介

　　　　　　　　　　　　　　　　　　　　　　　（城下士　　　岸良友右衛門家　　　　　　）

（出所不知）　兼高　　　　　　　　　　　　　　（都城島津家臣　岸良納右衛門家　　　　　）

　　　　　　　　　　　　　　　　　　　　　　　（都城島津家臣　岸良七左衛門家　　　　　）

兼武　　　　　　　　　　　　　　　　　　　　　（城下士　　　野崎五左衛門家　　　　　　）

（出所不知）　助兵衛＝伊兵衛－次郎兵衛——助兵衛　（日州高岡士　野崎助兵衛家　　　　　　）

定宗－定影－兼古－兼邑－兼甫－兼衛－兼進┐

　　　　　　└定重－定幸－時定－定門－定盛　（出水士　　　野崎大膳亮家　　　　　　）

　　　　　　　　　　　　　　　（出所不知）（出水士　　　野崎七左衛門家　　　　　　）

　　　　　　　　　　　　　　　（出所不知）（出水士　　　野崎舎人家　　　　　　　）

（出所不知）（高山士　　　野崎次左衛門家　　）

（出所不知）（日州高城士　野崎五左衛門家　　）

（出所不知）（都城島津家臣　野崎八瀬右衛門家　）

（出所不知）（都城島津家臣　野崎市左衛門家　　）

50. 肝付氏庶流萩原氏、薬丸氏、古木氏、武満氏一族分出略系図

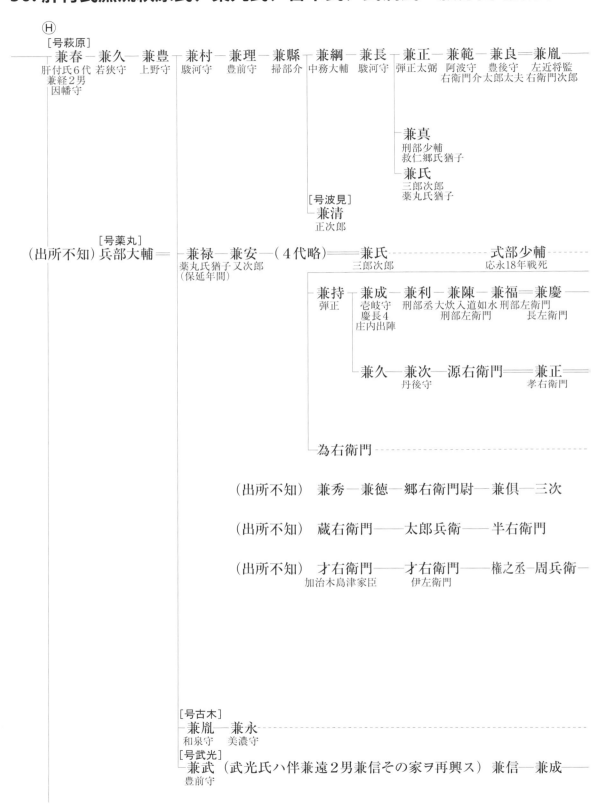

（派生一族：萩原、薬丸、古木、武満）

兼廉 － 兼延 ＝ 兼伴 － 兼家 － 兼義 － 兼隆 － 兼通
右衛門介　三河守　主計正　治部少輔　兵部左衛門　治部左衛門　幸左衛門
左衛門尉　　　　　　　　　　　　　　　　　　　　　　　　　出水士

└ 兼尊 － 兼寛 － 兼亮 － 兼寿 － 兼英 － 兼○　断絶　（出水士　　　萩原三右衛門家　　　）
治部左衛門　甚助　治部左衛門　甚六　三右衛門　甚五左衛門
　　　　　　　　　　　　　　　禁制宗旨科　出奔高山
　　　　　　　　　　　　　　　依移高山

--------狐雲
肝付省釣家老

兼雄 － 兼中 － 兼富 ＝ 兼武 － 兼義 － 兼文 － 兼吉 ┬ 兼教
新蔵　　長左衛門　正右衛門　長左衛門　半左衛門　　　　　　陸軍中佐
　　　　　　　　　　　　　　　　　　　　　　　　　　　　沖縄戦死
　　　　　　　　　　　　　　　　　　　　　　└ 幸吉 － 康夫　（城下士小番　薬丸自顕流宗家 / 薬丸長左衛門家）

源右衛門 ＝＝ 十左衛門 － 権蔵 － 助右衛門
└ 権右衛門 － 郷次郎 ＝ 善之助 － 正人　（高山士　　　薬丸源右衛門家　　　）

------- 伊右衛門 ＝＝ 兼定 － 伊右衛門 － 兼風　（城下士小番　薬丸猪右衛門家　　　）
長崎御付人　猪右衛門　新番　猪右衛門
　　　　　　大坂留守居　御目付

（高隈士　　　薬丸郷右衛門家　　　）

（日州高岡士　薬丸半右衛門家　　　）

延政 － 延将 ┬ 延安 － 市次郎　（加治木島津家臣　薬丸市左衛門家　　　）
周兵衛　伊豆　市左衛門
　　　　　　└ 延正　（加治木島津家臣　薬丸伊右衛門家　　　）
　　　　　　伊右衛門別立

　　　　　（出所不知）　正右衛門　喜入（肝付氏臣　薬丸正右衛門家　　　）

　　　　　（出所不知）　次右衛門 － 吉郎二　（佐土原島津家臣　薬丸次右衛門家　　　）

-------- 子孫不詳　（　　　古木美濃守家　　　）

安信 － 信道 － 信経 － 信章 － 信房
入来院弁済使

複写・複製厳禁

信明―高信
六郎　三郎太郎

［号前田］
兼明
佐渡守

信康－信久―光信―実信
六郎　　太郎　又太郎　六郎

師高―師永┬兼光
二郎　　伴太　孫太郎
領高城郡武光

　　　　　└師兼―経兼―重兼―兼氏―兼我―伊兼　（隈之城士　　武満三郎家　　　　　　）
　　　　　　三郎　弥三郎　三郎　小三郎　新三郎

--子孫不詳

51. 肝付氏庶流救仁郷氏、小城氏、馬関田氏、北原氏、川路氏一族分出略系図

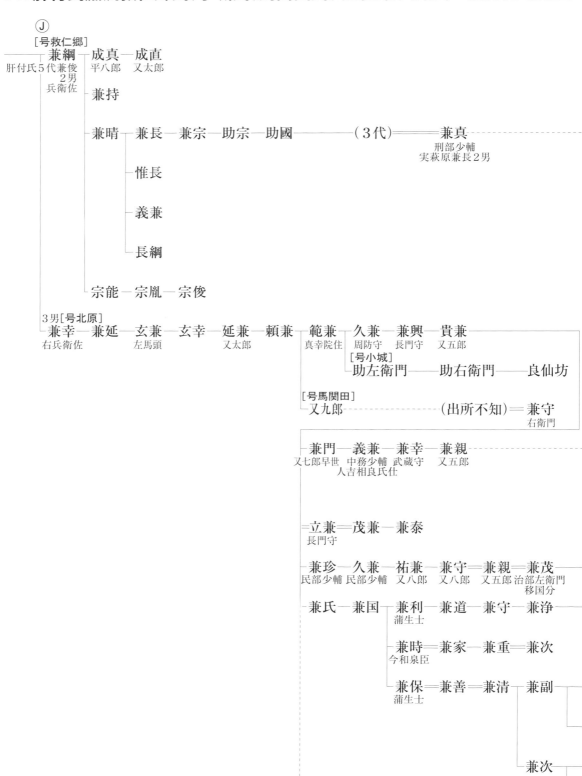

（派生一族：救仁郷、小城、馬関田、北原、川路）

子孫不明 　　　　　　　　　　　　　　（　　　　　　救仁郷兵衛佐家　　　）

（高山士　　　小城助右衛門家　　　）

（馬関田士　　馬関田又九郎家　　　）

――――――――――（出所不知）――三右衛門　　（志布志士　　北原三右衛門家　　）

　　　　　　　　　　　　　　　　　利兵衛―次兵衛　（志布志士　　北原次兵衛家　　　）

（志布志士　　北原善兵衛家　　　）

兼時―兼武―――――――――――――――――勝雄　（伊集院士　　北原兼親家　　　　）
　　移伊集院
　　神殿村

兼春―兼貞―兼弥―兼寛―兼慶―兼当―兼道―兼彦　（蒲生士　　　北原彦右衛門家　　）

（今和泉島津家臣　北原兼時家　　　）

兼孝―兼候　　　　　　　　　　　　　　　　（蒲生士　　　北原三左衛門家　　）

兼柄―兼廟―勇右衛門――――清右衛門――喜太郎　（蒲生士　　　北原勇右衛門家　　）

伊左衛門―――与兵衛―兼隆　　　　　　　　（蒲生士　　　北原伊左衛門家　　）

複写・複製厳禁　　　　　51.肝付氏庶流救仁郷氏、小城氏、馬関田氏、北原氏、川路氏一族分出略系図　283

（出所不知）［号川路］杢左衛門————渕右衛門————四郎右衛門——
蒲生住　　　　　　比志島士

与右衛門──兼玄─兼珍　　　　　　　　　　　（蒲生士　　　北原与右衛門家　　　）

四郎左衛門─四郎右衛門─利長─利清┐
　　　　　　　　　　　　　　　　長左衛門　長左衛門
└─利寛─利愛─利良─利恭─○○─利信─利長　（城下士小姓与　川路長左衛門家　　　）
　　正太　　正蔵　警視総監

複写・複製厳禁　　　　　51.肝付氏庶流救仁郷氏、小城氏、馬関田氏、北原氏、川路氏一族分出略系図　285

52. 肝付氏庶流検見崎氏、松崎氏、左近充氏一族分出略系図

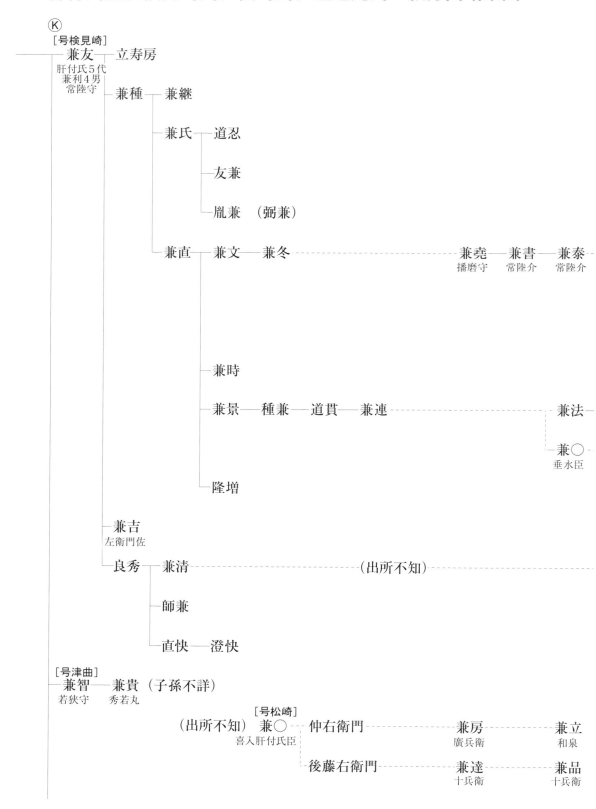

（派生一族：検見崎、松崎、左近充）

兼○──兼明──兼甫
五右衛門　肝付本家　伴五郎
　　　　　八郎左衛門
　　　　　兼命嗣

└─＝兼甫　　　　　　　（城下士小番　　検見崎五右衛門家　　　　）
　　伴五郎

──権左衛門──────兼○──兼近─────────兼愛　　（末吉士　　　　検見崎権左衛門家　　　　）

──兼安　　　　　　　　　　　　　　　　　　　　　　（垂水島津家臣　検見崎正左衛門家　　　　）
　　正左衛門

──────────────────────────覚右衛門　（大崎士　　　　検見崎覚右衛門家　　　　）

（喜入肝付氏臣　松崎仲兵衛家　　　　）

（喜入肝付氏臣　松崎十兵衛家　　　　）

複写・複製厳禁　　　　　　　　　52.肝付氏庶流検見崎氏、松崎氏、左近充氏一族分出略系図　287

----（出所不知）孫右衛門------------------------甚右衛門　　（志布志士　　　左近允孫右衛門家　　　　）
　　　　　　　志布志士24石

53. 肝付氏庶流萩原氏一族分出略系図

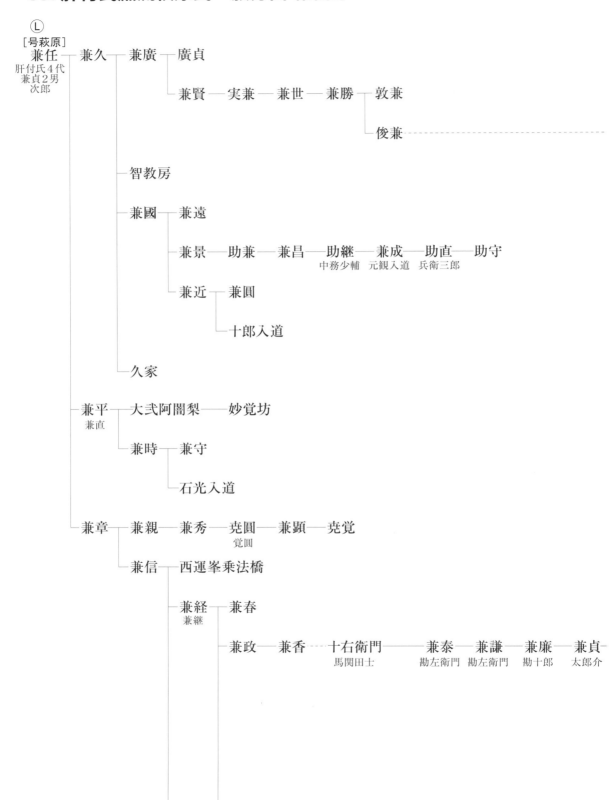

（派生一族：萩原）

　　　　　　　　　　　　　　覚太夫─甚蔵──兵次郎　　　（串木野士　　　萩原覚太夫家　　　　）

　　　　　　　　　　　　　　　　　　　　　　　（出所不知）（串木野士　　　萩原次兵衛家　　　　）

　　　　　　　　　　　　　　　　　　　　　　　（出所不知）（日州須木士　　萩原休兵衛家　　　　）

　　　　　　　　　　　　　　　　　　　　　　　（出所不知）（城下士　　　　萩原喜左衛門家　　　）

　　　　　　　　　　　　　　　　　　　　　　　（出所不知）（川辺山田士　　萩原清兵衛家　　　　）

　　　　　　　　　　　　　　　　　　　　　　　（出所不知）（加世田士　　　萩原清右衛門家　　　）

　　　　　　　　　　　　　　　　　　　　　　　（出所不知）（財部士　　　　萩原助右衛門家　　　）

　　　　　　　　　　　　　　　　　　　　　　　（出所不知）（串良士　　　　萩原仲左衛門家　　　）

　　　　　　　　　　　　　　　　　　　　　　　（出所不知）（志布志士　　　萩原善兵衛家　　　　）

├─兼命──兼篤──兼方─═兼貞┐
│　十次郎　　十次郎　　伝左衛門　理右衛門
│　　　　　　　　　　　　└─兼武──兼義──兼納　　（日州馬関田士　　萩原十次郎家　　　　）
│　　　　　　　　　　　　　　　　　　常太郎
├─兼定┈┈┈┈┈┈┈┈┈┈┈┈┈友勝═兼求　　（日州馬関田士　　萩原藤左衛門家　　　）
│　藤左衛門　　　　　　　　　　　　猪二郎
└─兼中　　　　　　　　　　　　　　　　　　　　　（日州馬関田士　　萩原勘十郎家　　　　）
　　勘十郎

複写・複製厳禁　　　　　　　　　　　　　　　　53.肝付氏庶流萩原氏一族分出略系図　291

　　　　┌兼能─兼門
　　　　│
　　　└兼成

複写・複製厳禁　　　　　　　　　　　　　　　53.肝付氏庶流萩原氏一族分出略系図　293

54. 肝付氏庶流安楽氏一族分出略系図

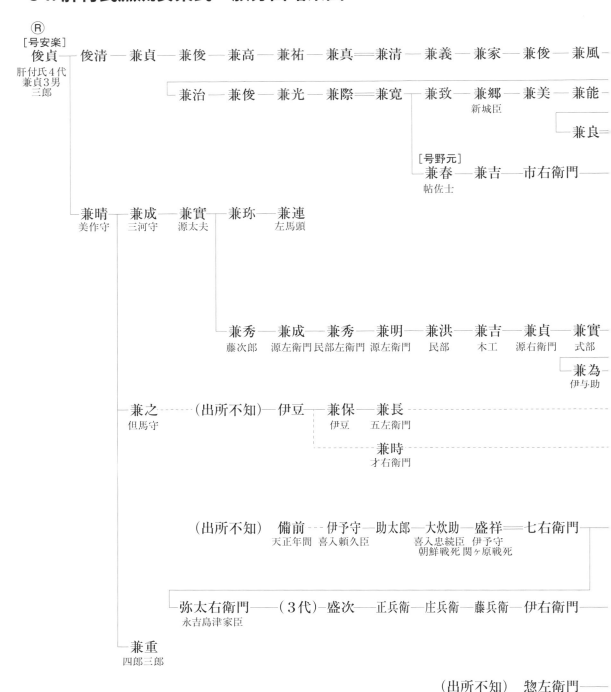

（派生一族：安楽）

――兼敦――兼門――兼元――

――兼宝――兼方――兼次――兼次――兼光――

――兼治――兼貞――有助――鋭則――兼昭――博志　　（新城島津家臣　　安楽吉左衛門家　　　　）

――吉右衛門――――市右衛門　　　　　　　　　　（帖佐士　　　　　安楽五郎左衛門家　　　　）

　　　　　　　　　　　　　　　　　　　　　　　（日州高城士　　　安楽次右衛門家　　　　　）

　　　　　（出所不知）　　主馬――五郎兵衛　　　（財部士　　　　　安楽半三家　　　　　　　）

　　　　　　　　（出所不知）　　兼林　　　　　　（末吉士　　　　　安楽助左衛門家　　　　　）

――兼元――兼祇――
　　木工　　八郎右衛門
　　　　　　　　　　　　　　　　　　　　　　　　串良士
――兼時――兼安――兼時――兼為――兼和――兼延　（小原大明神　　　安楽木工之允家　　　　　）
　　源兵衛尉　源左衛門　七助　　次右衛門　源三郎　長十郎
――――――兼命――兼備――兼道――兼直――兼正　（喜入肝付氏臣　　安楽八左衛門家　　　　　）
　　　　　　八左衛門　八左衛門　才左衛門
―――――――――――兼陳　　　　　　　　　　　（喜入肝付氏臣　　安楽才右衛門家　　　　　）
　　　　　　　　　弥兵衛

　　　　　　（出所不知）　　　　　　　　　　　（都城島津家臣　　安楽江左衛門家　　　　　）

――軍右衛門――――太左衛門――――軍右衛門　　（鹿籠喜入氏臣　　安楽軍右衛門家　　　　　）

　　　　　　　　　　　　　　　　――兼林　　　　（鹿籠喜入氏臣　　安楽権太左衛門家　　　　）
　　　　　　　　　　　　　　　　　権太左衛門

――（3代）――――――伊右衛門――――庄兵衛　（永吉島津家臣　　安楽庄兵衛家　　　　　　）

――土佐守――――――利右衛門――――兼豊　　　（志布志士　　　　安楽利右衛門家　　　　　）

　　　　　　（出所不知）　（敷根士　　　　安楽早右衛門家　　　　　）

　　　　　　（出所不知）　（国分士　　　　安楽為兵衛家　　　　　）

296　島津氏以外の他姓氏家臣　　　　　　　　　　　　　　　　　　　　　　複写・複製厳禁

（出所不知）（家臣　諏訪甚左衛門　安楽休右衛門家　　　）

（出所不知）（東郷士　　　　　安楽紋七家　　　　　　）

複写・複製厳禁

55. 肝付氏庶流梅北氏、著野氏、岩倉氏一族分出略系図

Ⓜ
[号梅北]
兼高
肝付氏4代
兼貞男
伊勢斎宮介
―昌兼―兼頼
田所
―兼康―兼宗

―長兼
平太郎
―兼卿
左衛門次郎
―兼久
新左衛門尉
―兼松
孫太郎
―貞兼
貴阿
―康兼
省乗
―久兼―元兼
兼尊
―忠兼
学三
―

―知兼

―武兼

[号箸野]
―兼顕―氏兼
高兼
―兼永
善阿
―守兼----

―兼詮

―兼義

―良澄

―兼弘

[号前田] 次頁Ⓝ
―兼満

[号前田] 次頁Ⓝ
―兼利

298　島津氏以外の他姓氏家臣

（派生一族：梅北、箸野、岩倉）

守兼—兼次—兼弘—国兼—兼清—兼利┐
実箸野　土佐守　掃部介　宮内左衛門　　　　│
兼永男　　　　　　　　　　　　　　　　│
　　　　└兼僖—兼致—兼雄—兼編—兼命┘

兼大—兼善—兼通—兼武┬兼彦　　　　　（南林寺門前　　梅北為兵衛家　　　　　）
　　　　　　　　　├兼道—正彦
　　　　　　　　　└兼吉

兼秋—兼陸　　　　　　　　　　　　　　（城下士　　　梅北休右衛門家　　　　）
安芸守　左兵衛

兼陽—兼○—兼隆—安芸—○○—○○—兼相　（城下士　　　梅北助右衛門家　　　　）
次郎左衛門 若狭守　刑部大輔　　　　　　庄兵衛

兼貞—兼諫　　　　　　　　　　　　　　（都城島津家臣　箸野和気右衛門家　　　）
六兵衛　　和気右衛門
城島津家臣実福山吉利2男

　　　　　　　　　　　　　（出所不知）（高山士　　　箸野六兵衛家　　　　　）

　　　　　　　　　　　　　（出所不知）（高山士　　　箸野長右衛門家　　　　）

　　　　　　　　　　　　　（出所不知）（国分士　　　梅北三左衛門家　　　　）

　　　　　　　　　　　　　（出所不知）（大姶良士　　梅北惣兵衛家　　　　　）

　　　　　　　　　　（出所不知）兼相　（都城島津家臣　梅北正兵衛家　　　　）

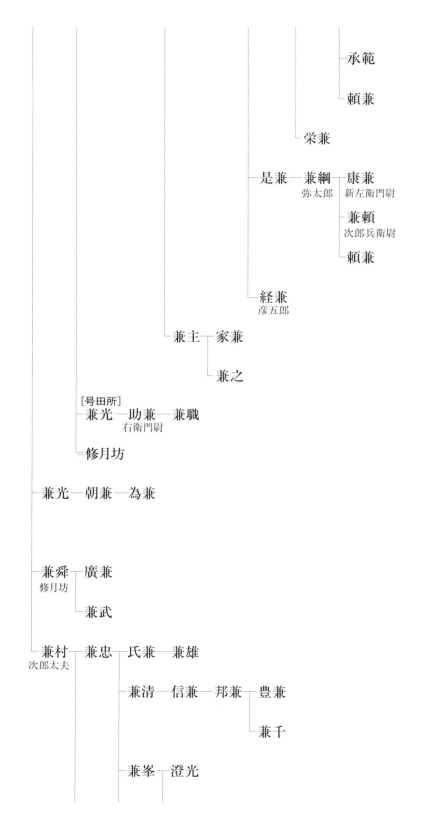

300　島津氏以外の他姓氏家臣

（出所不知）（都城神柱大宮司　梅北正四郎家　　　　）

（出所不知）（高江郷諏訪
上下大明神主　梅北神主家　　　　）

（出所不知）（高江郷久見崎
大明神神主　梅北神主家　　　　）

（出所不知）（串木野羽島
大明神社司　梅北社司家　　　　）

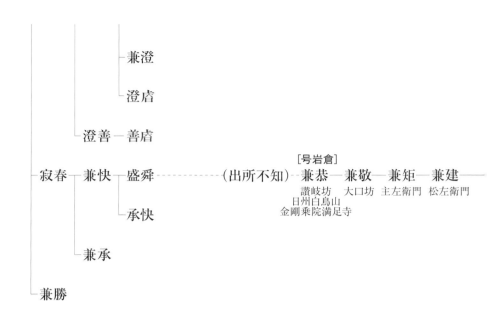

天兼―弘兼―金八―次右衛門──慶之助‐芳之丞　　　（日州加久藤士　岩倉次右衛門家　　　）
市郎太

56. 肝付氏庶流前田氏一族分出略系図

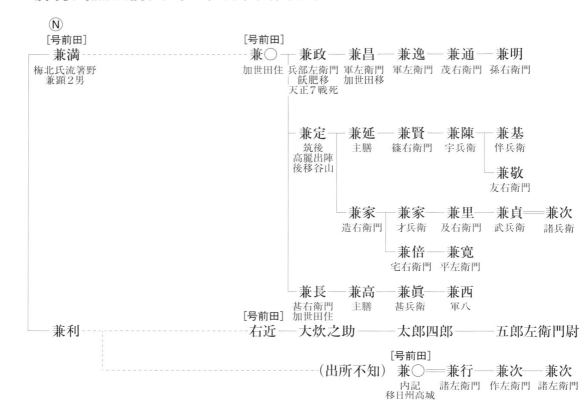

（派生一族：前田）

（加世田士　　前田茂右衛門家　　　）

（谷山士　　　前田宇兵衛家　　　　）

（谷山士　　　前田武兵衛家　　　　）

（谷山士　　　前田平左衛門家　　　）

（加世田士　　前田軍八家　　　　　）

［号月野］

──兼門══助三郎══兼治══兼浮══兼貞
　源兵衛　伊集院士 七郎右衛門 長左衛門尉 筑兵衛

（城下士　　　前田七郎右衛門家　　）

（日州高城士　前田諸左衛門家　　　）

複写・複製厳禁

57. 肝付氏庶流和泉氏、安楽氏、大浦氏一族分出略系図

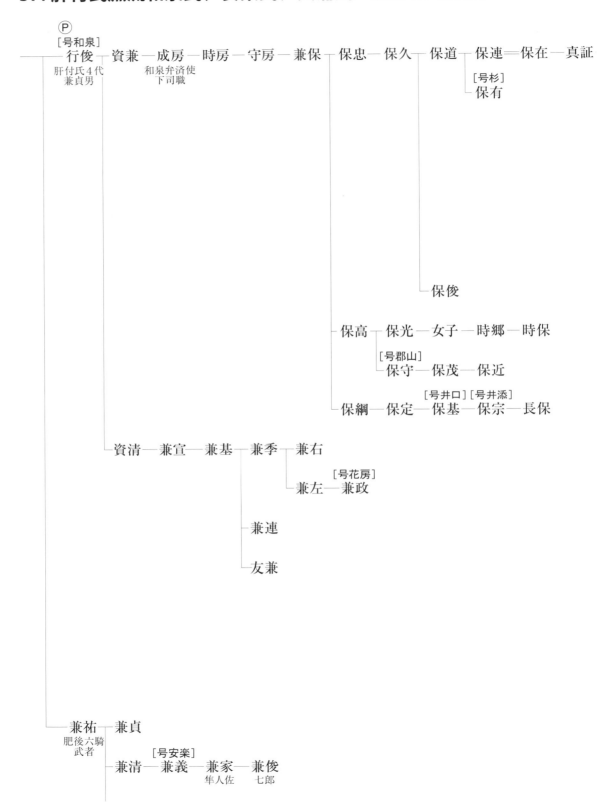

（派生一族：和泉、出水、安楽、大浦）

　　　　　　　　　　　　　［号出水］
―保音‥道悟―保右‥保末‥藤之丞‥七兵衛　　　　　　　（高尾野士　　出水七兵衛家　　　　　　　）

（出所不知）保重―保孚‥邦彦　　　（宮之城島津家臣　和泉膳左衛門家　　　）
　　　　　膳左衛門　膳左衛門
　　　　　宮之城島津
　　　　　忠長臣

（出所不知）茂兵衛‥助太夫　　（宮之城島津家臣　和泉茂兵衛家　　　）

（出所不知）十蔵　　　　宮之城２男家
　　　　　　　　　　（島津内記家臣　和泉十蔵家　　　）

（出所不知）新四郎―孫兵衛―新九郎　　（志布志士　　和泉新九郎家　　　）
　　　　　志布志士

（出所不知）権太夫‥権左衛門　　（隈之城士　　和泉権左衛門家　　　）
　　　　　隈之城士
　　　　　［号出水］
（出所不知）源助―兼優―兼安　　（重富島津家臣　出水源助家　　　）

[号安楽]
├ 兼行
　主殿介恕翁
[号安楽]
└ 兼平
　正栄笑翁

　　　　　　　　　　[号大浦]
（出所不知）　宗順＝照重＝兼仍―兼保―兼澄―兼連―兼扶
　　　　　　　宮之城　　　　　　　　佐四郎
　　　　　　　島津家臣

―兼芳―兼房＝兼友―兼武―兼〇―兼次―康信　　（宮之城島津家臣　大浦佐四郎家　　　　　）
　佐四郎　　　　源太夫　十次郎

58. 肝付氏庶流三俣氏、橋口氏一族分出略系図

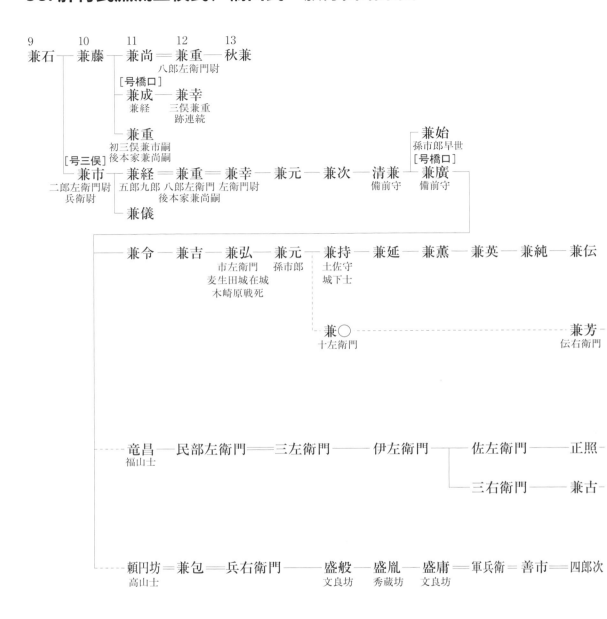

（派生一族：三俣、橋口）

（城下士　　橋口万右衛門家　　　）

兼明――兼之――兼器――兼甫――文蔵――兼清　　（城下士　　橋口与三次家　　　）
与三次　　与助　　与三次　　　権蔵
兼喬
杏庵、医師

兼備
寺田屋討死

樺山資紀

――正之――佐五右衛門――貞右衛門　　（福山士　　橋口佐左衛門家　　　）

兼敬――兼恭――兼方　　（福山士　　橋口三右衛門家　　　）

兼給――兼能――兼長――兼次――善之進――善右衛門　　（福山士　　橋口善右衛門家　　　）

――幸之進　　（高山士　　橋口兵右衛門家　　　）

複写・複製厳禁

59. 肝付氏庶流出所不知肝付氏一族分出略系図

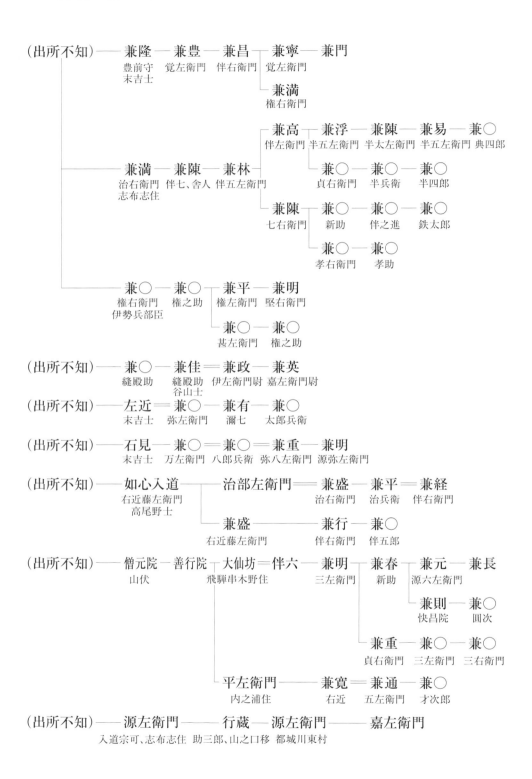

（派生一族：肝付）

（大隅末吉士　　肝付覚左衛門家　　　　）

（大隅末吉士　　肝付権右衛門家　　　　）

（志布志士　　　肝付伴五左衛門家　　　）

（志布志士　　　肝付貞右衛門家　　　　）

（志布志士　　　肝付七右衛門家　　　　）

（志布志士　　　肝付孝右衛門家　　　　）

（日向岩川
　伊勢家臣　　　肝付堅右衛門家　　　　）

（日向岩川
　伊勢家臣　　　肝付甚左衛門家　　　　）

（谷山士　　　　肝付伊左衛門家　　　　）

（末吉士　　　　肝付孫七家　　　　　　）

（末吉士　　　　肝付弥八左衛門家　　　）

（高尾野士　　　肝付伴右衛門家　　　　）

（高尾野士　　　肝付藤左衛門家　　　　）

（串木野士　　　肝付源六左衛門家　　　）

（串木野士　　　肝付快昌院家　　　　　）

（串木野士　　　肝付三左衛門家　　　　）

（内之浦士　　　肝付五左衛門家　　　　）

（都城住　　　　肝付嘉左衛門家　　　　）

60. 小松氏、祢寝氏一族分出略系図

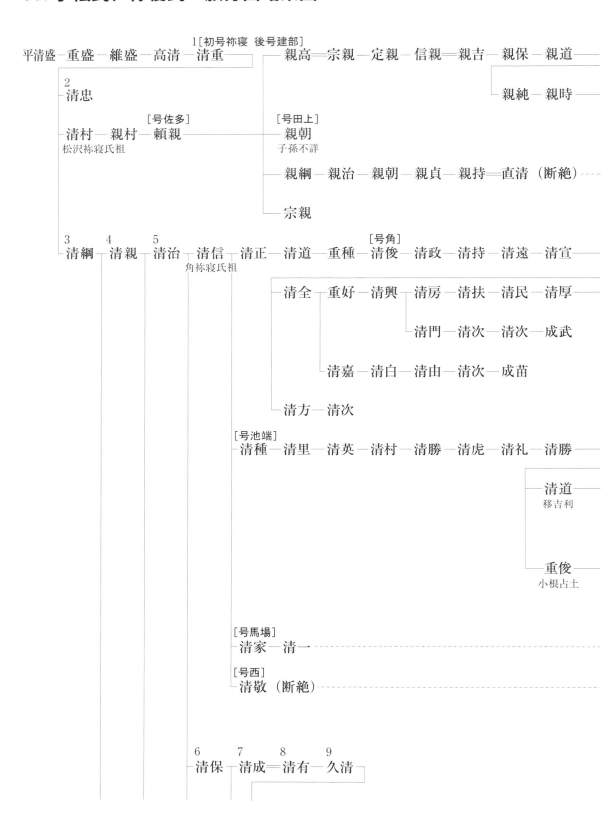

（派生一族：小松、祢寝、上脇、松沢、角、池端、馬場、西、武、竹崎、鶴丸、七目木、河窪、窪、西本、野久尾、堀之内、入鹿山、北、鳥浜、東、山本、在留、野間、丸嶺、今村、嶺崎、宮原）

［号上脇］［号世戸山］
親時 ― 親安 ― 親秋 ― 親春 ― 親国 ― 親雄 ― 親遠 ―

［号上脇］
親房 ― 親兼 ― 親常 ― 親盈 ― 親宴 ― 親香 ― 親方 ― 親盈 　（吉利小松氏臣 　上脇八百右衛門家 　142）
　　　　移吉利

［号松沢祢寝］
（再興）―――――清弥 ― 清信 ― 清時 ― 清芳 ┬ 清武 ― 清宣 　（家臣 　松沢祢寝陽右衛門家 　142）
　　　　　　　　　　　　　　　　　　　　└ 清慎 ― 清安 　（家臣 　祢寝免太夫家 　142）

清金 ― 重相 ― 重安 ― 重暁 ― 重振 ― 清盈
　　　　　　　　　　　　　　移吉利

清峯 ― 清謹 　（家臣 　角祢寝越右衛門家 　142）

（家臣 　角祢寝清門家 　　）

（家臣 　角祢寝清嘉家 　　）

（家臣 　角祢寝清方家 　　）

（出所不知）
清住 ― 清孚 ― 清忠 ┬ 作兵衛 - 伝兵衛 - 十助 　（奥附士 　池端十助家 　　）
　　　　　　　　　　　初小根占士
　　　　　　　　　　　奥附士
重盈 ― 清因 ― 重賢 ― 清益 ┬ 清尊 　（家臣 　池端弥右衛門家 　142）
　　　　　　　　　　　　　　└ 清英 　（家臣 　池端清英家 　　）

重行 ═ 清良 ┬ 清貞 ― 清奉 ― 清則 ― 清宴 ― 親道 　（小根占士 　池端喜右衛門家 　　）
　　　　　　└ 清昆 ― 仁兵衛 - 仁平太 ― 三四郎 　（小根占士 　池端仁兵衛家 　　）

――――――――――――――――――――――――――――四郎右衛門 　（家臣 　馬場四郎右衛門家 　142）

（再興）―――――親由 ― 親房 ― 親一 ┬ 親信 ― 親次 ― 親美 　（家臣 　西嘉太郎家 　　）
　　　　　　　　　　　　　　　　　　└ 親次 ― 軍蔵 　（家臣 　西軍蔵家 　　）

　　　　　［号川口］　　　　　　［号祢寝］
（出所不知）覚兵衛 ― 権兵衛 - 甚兵衛 　（城下士新番 　祢寝甚兵衛家 　　）
　　　　　　　　　　　江戸詰　　江戸詰

複写・複製厳禁

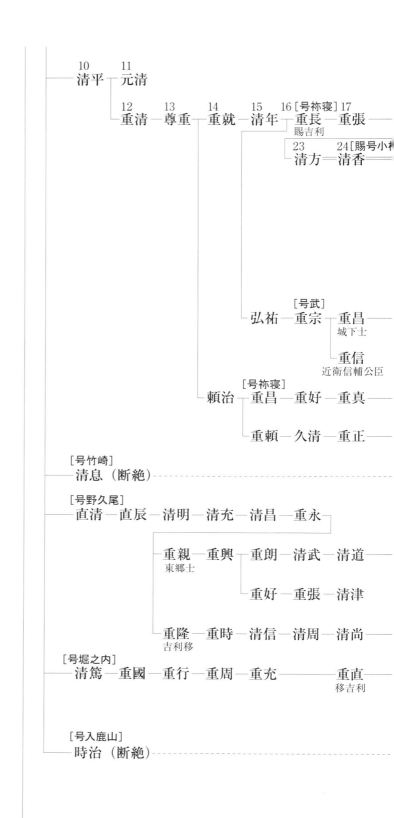

```
 18   19          20   21   22
重政─福寿丸════重永─清雄─清純
 25          26   27   28   29   30
安千代════清行─清穆─清猷─清廉─清直
            31
          ┬帯刀
            32   33   34
          └重春─従志─晃道┬道生─活也  （祢寝本家      小松帯刀家一所持   142）
                        └義夫─優介

重貞─重矩─重寛─清玄                （城下士      武五郎右衛門家    142）

                                        在京都
                                  （近衛家臣    武猪之助家         ）

─重隆─清房─清勝─清真─清安          （城下士小番  祢寝覚内家      142）

─重宗─清重─清興─清前              （都城島津家臣  祢寝清喬家      142）

─────────────────（再興）════清揚  （家臣      竹崎玄之助家    142）
                        30代 清直弟


清泰─清則─清柄─清運              （東郷士      野久尾弥右衛門家  142）

                                  （東郷士      野久尾孝左衛門家      ）

─清家─清賀─清涼─清栄─清明─恰──直──宗承  （家臣    野久尾治兵衛家  142）

─重吉─重次─清次─清次┬重記─重次─清次
                    └清乗─清次─清一─清治  （家臣      堀之内勘兵衛家  142）

（再興）════清宣─清名─清定─清植┬清彦─清秋  （家臣      入鹿山三太夫家  142）
                              └清成        （小根占士    入鹿山清成家      ）
                              小根占士
```

［号北］
清氏（断絶）------------

［号東］
清義　清家―清次―清友
初号東　　日置島津臣
後鳥浜時義嗣

義輝―義為------------義元
鳥浜氏嗣

［号山本］
清高―清香―氏清―清時―清景―清長＝宮房丸―（数代欠）------
丸嶺氏ヨリ養子

［号在留］
清任―則清―清知―重僚―清克―重住―清忠―重猶―清算―重序―

［号野間］
清実―重香―重祥―重清―清武―清全┬清兼―清親―清茂┬清敬
　　　　　　　　　　　　　　　　　│　　　　　　　　└清和
　　　　　　　　　　　　　　　　　└清延―清明―清永―清常

［号丸嶺］
清政―清存―清綏―清可―重利┬重宗┬清友―清景┬重太―重傳┬

318　島津氏以外の他姓氏家臣　　　　　　　　複写・複製厳禁

　　　　　　清明　　　　　　　（家臣　　　　入鹿山清明家　　　）

（再興）══════清次　（家臣　　　　北三郎二郎家　　142）

　　　　　　　　　　　　　　　　（日置島津家臣　東清友家　　　142）

　義孝─義数─数白 ------------ 義品　（家臣　　　　鳥浜仁左衛門家　）

清孝─清堅─清武─清房─清純─清秋─盛備
城下士　　城下士　　　　　　　　　　　　　　　城下士小姓与　山本仙太夫家
清里─重暢─重資 ─┬─ 盛賢─盛珉─権兵衛　（総理大臣）　山本権兵衛家　　142

清綱─┬─清祐─┬─清秀─清宣─┬─清英─重経─清恭─┬─清員　（小根占士　在留四郎右衛門家　142）
　　　│　　　│　　　　　　　│　　　　　　　　　└─清門　（小根占士　在留新蔵家　　　　）
　　　│　　　│　　　　　　　└─清全─┬─清次─清房─清房　（小根占士　在留七左衛門家　　）
　　　│　　　│　　　　　　　　　　　└─清次─┬─清人　（小根占士　在留覚左衛門家　　）
　　　│　　　│　　　　　　　　　　　　　　　└─清純　（小根占士　在留覚兵衛家　　　）
　　　│　　　└─清常 ------------ 清定　（小根占士　在留八之丞家　　　）
　　　└─清定 ------------ 清次　（小根占士　在留勘四郎家　　　）
　　　　　　　　　　　　　 清芳　（小根占士　在留武右衛門家　　）

　　　　　　　　　　　　　　　　　（東郷士　　野間四郎右衛門家　142）

　　　　　　　　　　　　　　　　　（東郷士　　野間孫右衛門家　　）

　　　　　　　　　　　　　　　　　（東郷士　　野間良右衛門家　　）

清幸─清喜
清益─重伯

複写・複製厳禁

重隈—清方—

重規—清方—清由

重遠—清斗—清恵

清里—重好—重行—重之—重透—清置—清充—清香—清賀—

[号今村]
貞綱—清時（断絶）‥‥‥‥‥‥‥‥‥

[号嶺崎]
清経（断絶）‥‥‥‥‥‥‥‥‥‥（再興）＝清常‑清白—
　　　　　　　　　　　　　　　　　　　祢寝清盈男

[号宮原]
頼重┬清純—頼純┬清田—吉清（断絶）‥‥‥‥‥‥
　　│　　　　│[号窪]
　　│　　　　└清満（断絶）‥‥‥‥‥‥
　　│[号鶴丸]
　　├重之—重清（断絶）‥‥‥‥‥‥
　　│[号七目木]
　　└重広（断絶）‥‥‥‥‥‥

[号河窪]
清祐—清郷—重郷—清命‥‥‥‥‥‥（途中不明）‥‥‥

[号西本]
清元—清賀—清秋—重助—清祐—清好—清春—氏清—清通—清行—清景
　　　　　　　　　　　　　　　　　　　└清謹—清勤—清白—

島津氏以外の他姓氏家臣

重師—清命

重住

清全—清門┬央——静哉＝六郎　　　　　　　　　（家臣　　　丸嶺甚左衛門家　　142）

　　　　└仲之進———助左衛門—広衛—安彦　（家臣　　　丸嶺仲之進家　　　）

----------------（再興）余三　　　　　　　　（家臣　　　今村余三家　　　142）

清民—清昭—清宴—清明┬清直—隼人—徹雄—正勝　（家臣　　　嶺崎市太夫家　　142）

　　　　　　　　　　└重雄—厳——久郎　　　　（家臣　　　嶺崎重雄家　　　）

-------------------------（再興）＝重貞　（家臣　　　宮原民部家　　142）
　　　　　　　　　　　　　　　　14代尊重男

-------------------------（再興）＝親遊　（家臣　　　窪東五郎家　　142）
　　　　　　　　　　　　　　　　宝暦3 清香命

-------------------------（再興）＝親弥-親次　（家臣　　　鶴丸親弥家　　142）

-------------------------（再興）＝重幸-親盈—親賢　（家臣　　　七目木善兵衛家　142）

------政清—清次┬清周—清風—清前—清存—勝也　（家臣　　　河窪市右衛門家　142）

　　　　　　　　└清次—成庸　　　　　　　　　（家臣　　　河窪隆右衛門家　　）

清範—清辰—清慶—清盈—清季—清十—清倫┐

清方—清孝—清貫—強志-------------------重恒　（家臣　　　西本祢寝十郎兵衛家　142）

61. 入来院氏一族分出略系図

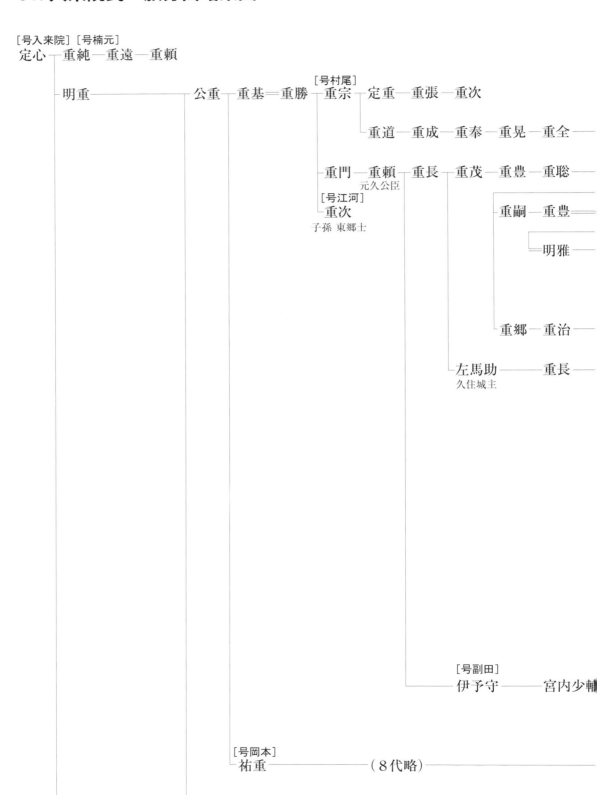

（派生一族：入来院、村尾、副田、岡本、木場、山口、寺尾、清瀬、中村、倉野）

	（家臣	村尾少五郎家	143）
重候	（城下士	村尾笑栖家	143）

重朝

重時＝重高－重通－重頼－重治＝重堅－規重

定恒＝定勝－定馨－定矩＝定経－定一－公寛

重通－重光－重賢－重尚－重弘　入来院領主（一所持）　入来院主馬家　143）

［号副田］
重次－左近＝重次＝重高－定清－定秋　（家臣　副田善左衛門家　143）

重数－重茂－重直－重主－重奥－重徳　（家臣　入来院左馬助家　143）

［号副田］
重将－重保　（家臣　副田重保家　　）

重房－重為－重次－重伝

［号副田］
重政－重昭－定郷－定寛　（家臣　副田重昭家　　）

重澄－重虎－重考－重相－重識－重為

重弘－明旨　（家臣　副田明旨家　143）

副田伊予守家連続
［号副田］
重栄－重前－重辰－重苗－重乗－明春

定照－定経－定晶－公命　（家臣　副田明春家　　）

新五郎（断絶）-------（再興）＝＝＝明旨

明達－定易－定皓　（家臣　副田伊予守家　143）

重武－重勝－重興－勘左衛門＝＝重隆－千兵衛　（城下士小番　岡本千右衛門家　143）

複写・複製厳禁

[号岡本]
静重 ― 重知 ― 重興 ― 尚重 ― 和重 ― 重仁 ― 重置 ― 重直 ― 重樹 ―

[号木場]
重安 ― 重是 ― 重定 ― 重有 ― 重明 ― 満重 ― 重房 ┬ 重智
　　　　　　　　　　　　　　　　　　　　　　└ 重佐

[号山口]
篤重 ― 重次 ― 惟重 ― 重武 ― 重幸 ― 重友 ― 重仁
副田村　山口領ス

重家 ― 重経 ― 重増 ― 重昌 ― 重秋 ― 重副 ┬ 重正 ┬ 重良
　　　　　　　　　　　　　　　　　　　　　│　　　└ 重信
　　　　　　　　　　　　　　　　　　　　　└ 重能 ― 重保

重根 ― 彦昭 ― 神五左衛門 ― 作左衛門 ― 兵太

重位 ┬ 重森 ― 重信 ― 重宗 ＝ 重康 ― 重固 ＝ 重高 ― 重良
　　　│　島津歳久臣　住東郷
　　　└ 重保 ― 重綱 ― 重隆 ― 重貞 ― 重辰 ― 重周 ― 重利 ＝
　　　　　日置臣後　東郷士

（出所不知）宗重 ― 宗延 ― 重永
　　　　　　　東郷士

[号寺尾]
重経 ― 重通 ┬ 重貞
領相模国　　　│
上荘吉田内　　└ 惟重 ― 重名 ― 弥太郎 ―― 諸重 ― 重位 ― 若狭守 ―― 左兵衛
寺尾村

[号下村]
重賢 ― 重継 ＝ 重村 ＝ 重氏 ＝ 重良 ― 重兼 ― 重秋 ― 重貞 ┬ 重清 ―[号入来院] 重識 ― 重階 ＝ 重清
　　　　　　　　　　　　　　　　　　　　　　　　　　　　│　　　　　　家老　　家老　　家老
　　　　　　　　　　　　　　　　　　　　　　　　　　　　└ 重次 ＝ 定見 ┬ 定式 ― 定主
　　　　　　　　　　　　　　　　　　　　　　　　　　　　　　　　　　　└[号清瀬] 定純 ― 公次

[号中村]
重世 ― 重昌 ― 重広 ― 重秋 ― 重祐 ― 重安 ＝ 重行 ― 重隆 ― 重辰 ― 重貞 ― 重昌
移甑島

[号倉野]
範聟 ― 聟綱 ― 宗聟 ― 泰聟 ― 宗聟 ― 氏重 ― 竹聟 ― ○重 ― 重時 ― 重候 ― 重親 ― 重弥

┌ 重堅 ― 重則 ― 重堅＝重博＝重載 ― 重広┐
│
└ 重盛＝重珊＝定相 ― 定丞 ― 孝右衛門 ―― 定志　（家臣　　　　　岡本孝右衛門家　　143）

重孫 ― 重次 ― 重位　　　　　　　　　　　（東郷士　　　　　木場縫殿家　　　　143）

重言 ― 重秀 ― 重家 ― 家嗣 ― 家栄　　　（東郷士　　　　　木場九兵衛家　　　143）

重宗 ― 重政 ― 重次＝定愛＝定澄　　　　　（家臣　　　　　　山口重正家　　　　）

喜兵衛 ―――― 善左衛門 ―― 喜右衛門 ―― 喜藤太　（家臣　　　　　山口喜右衛門家　　）

広重　　　　　　　　　　　　　　　　　　（家臣　　　　　　山口重能家　　　　）

十太夫 ―――― 善左衛門　　　　　　　　（家臣　　　　　　山口善左衛門家　　）

重珍 ― 重勝　　　　　　　　　　　　　　（東郷士　　　　　山口重勝家　　　　）

重明＝重次 ― 治助　　　　　　　　　　　（東郷士　　　　　山口治助家　　　　）

重敏 ― 重賀 ― 重継＝重長 ― 直次郎 ―――― ○○ ― 六男　（東郷士　　山口直次郎家　　　）

弥四郎 ―――― 重高 ― 重良 ― 重盛 ― 重聖 ― 定政┐
│
└ 定経 ― 定寧 ― 公信 ― 公和 ― 熊之助 ┈┈┈ 俊夫　（家臣　　　寺尾善右衛門家　　143）

┐
┘

定寧 ― 公武＝公道 ― 直十郎 ―――― 重雄 ― 重朝 ― 重伸　（家臣二男家／家老　入来院五郎兵衛家　143）

笑之進 ―――― 重次 ― 生熊 ― 晃 ― 紀重　（家臣　　　　清瀬定純家　　　　）

重広 ― 重秀　　　　　　　　　　　　　　（甑島士　　　　　中村重秀家　　　　143）

　　　　　　　　　　　　　　　　　　　　（家臣　　　　　　倉野平六家　　　　143）

62. 比志島氏、川田氏一族分出略系図

（派生一族：比志島、小山田、川田、西俣）

（城下士小姓与	比志島平右衛門家　144）
（家臣	小山田彦五郎家　144）
（一所持	比志島隼人家　144）
（城下士小番	比志島彦七家　144）
（城下士小姓与	比志島彦八家　144）
（高岡士	比志島少八家　144）
（高岡士	比志島中兵衛家　144）
（日州高岡士	比志島長左衛門家　328）
（加治木島津家臣	比志島源左衛門家　328）
（加治木島津家臣	比志島藤之進家　328）
（城下士小番	比志島孫左衛門家　328）
（城下士小姓与	比志島喜太郎家　328）
（城下士小番	比志島仙太夫家　328）
（城下士小番	比志島彦左衛門家　328）

範房（隼人・彦市）―範常（隼人）―範章（要）―範甫（隼人）―範馳（相馬）―範雅（静馬）―範方（隼人）

範常―範郷（彦七）
範常―範村（彦八）

国吉

国尹（源左衛門）

国治（藤之進）

国○（喜太郎）

盛昌（長門守）―盛家（武蔵守）

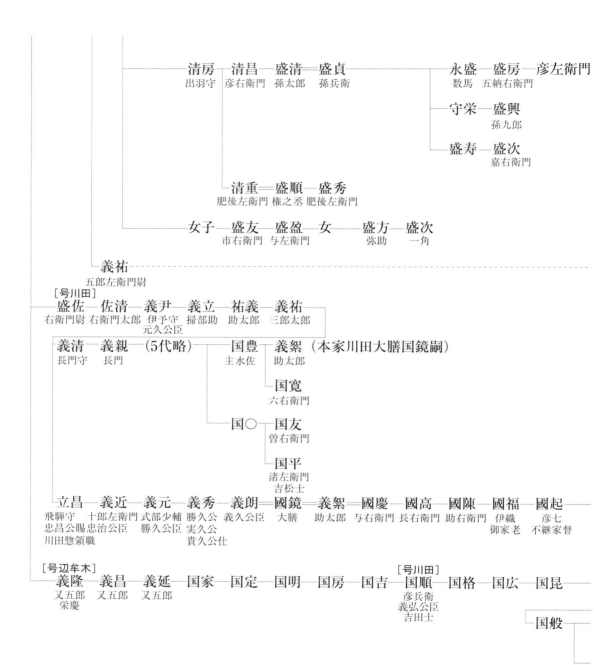

328　島津氏以外の他姓氏家臣

（城下士小番　　西俣彦左衛門家　　）

（城下士　　　西俣孫九郎家　　　）

（城下士　　　西俣嘉右衛門家　　）

（城下士　　　西俣肥後左衛門家　）

（城下士　　　西俣弥助家　　　　）

（城下士小姓与　比志島新兵衛家　144）

（13代略）──貞雄
　　　　　　　新兵衛

（城下士小姓与　川田六右衛門家　148）

（城下士小姓与　川田曽右衛門家　148）

（吉松士　　　川田渚左衛門家　148）

佐賢─佐摸─佐平─佐武─佐徳─佐義　　　　　（一所持　　　川田伊織家　　148）
伊織　伊織、美濃　求馬　将監　掃部
御家老　御家老　　　大目付若年寄

国通─

国当─国長─国愛─国彦─国治─隆二─万里　　（吉田士　　　川田彦兵衛家　148）
　　　　　　吉田村長

国恩─国祐─国信═勇助─国隆┬国光─国博　　（吉田士　　　川田権左衛門家　148）
寛政4.7別立　　　　　　　　│
権左衛門　　　　　　　　　　├国男┬隆一
　　　　　　　　　　　　　　│　　└雅也─達也
　　　　　　　　　　　　　　└国江

63. 菱刈氏、曽木氏一族分出略系図

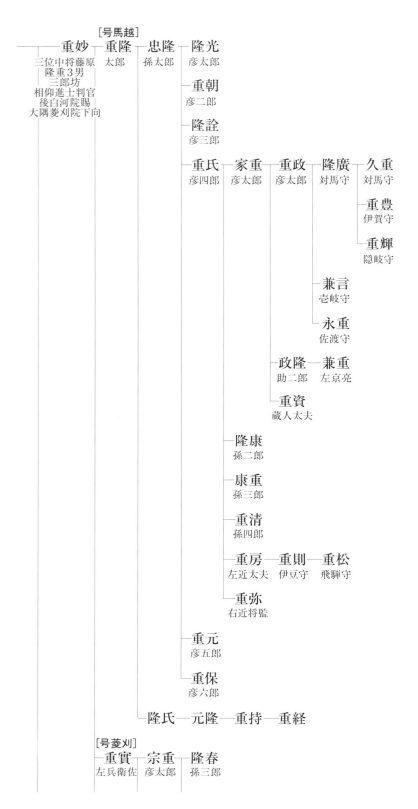

（派生一族：菱刈、曽木、馬越、楠原）

（　　　　　馬越彦太郎家　　　　　）

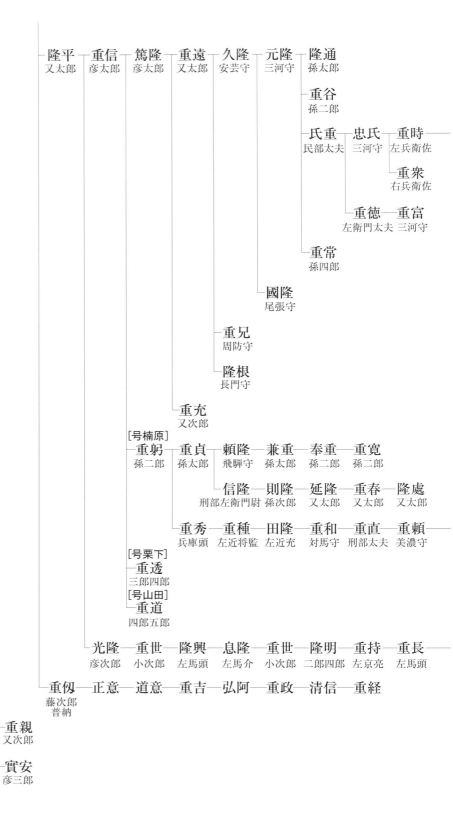

重俗─重仁─重僖─重種─重本
左近充　左近将監　大蔵太夫　蔵人　　蔵人

（　　　　　　　　　　楠原蔵人家　　　　　　）

重興
下野守

複写・複製厳禁

[号曽木]
重茂（Ⓐに続く）
三郎

重副―重洲―重猛―重廣―重秀―重栄―重時―重清―重次―重敦
大和守　相模守　大和守　民部大輔　善四郎　半右衛門　杢之助　半右衛門　孫右衛門　孫兵衛
領大口

重敦―重格―重熙
孫兵衛　重兵衛　新五兵衛
別立

隆秋―重秀―重治
弾正、大膳亮　善四郎　縫殿助
重廣家督代　本家嗣

重任―重吉―重信―重糺―重貞―重道―重好―隆良―隆倫
左兵衛尉　次郎左衛門　美濃　五郎左衛門　主水　又右衛門　友右衛門　次郎右衛門　友右衛門
室相良義滋女　弘治3　　賜三百石　　　　　　　相良頼福　頼峯公家老　長寛公家老頼徳公家老
仕人吉相良家　　　　　　　　　　　　　　　　長興公家老

道喬
新小路馬場
菱刈氏

久道
清助
中神村菱刈氏

重良―十郎―孫右衛門―重治―金重―元重―重次
尾張守　　　　　　　孫兵衛　三郎兵衛　甚七
入山本地頭

重政―重根―重隆―重秀―重栄―重種―重興
伊勢守　兵庫　休兵衛　善四郎　半右衛門　休兵衛　次郎兵衛
大口地頭　朝鮮軍功　龍伯公殉死
賜三百斛

[号入山]
師重―家重―（2代）―――元右
彦四郎　　　　　　　彦五郎
兄共下向菱刈院
領入山

Ⓐ
[号曽木]
重茂―重宣
菱刈　三郎太郎
重妙3男
三郎

重友
藤次郎

茂時
源三郎

茂俊
藤四郎

光茂―直茂―重直
五郎太郎　彦太郎　孫太郎

茂吉
孫次郎

直道―元茂―重定
五郎太郎　大和守　伊豆守

重之—実詮—隆邑—隆観—隆珍—隆徴—實近—實義　　（一所持　　　　菱刈藤馬家　　　146）
藤馬　藤馬　下総　安房　藤馬　杢之助　隆義　元千代
綱貫公臣　　　家老　家老　不継家督　　　伴右衛門　　（城下士小番　　菱刈新五兵衛家　146）
　　　　　　　　　　　　　　　　　　荘之助

重隆—隆保—隆頼—定太郎　　　　　　　　　　　　　（人吉藩家老　　菱刈友右衛門家　146）
次郎右衛門友右衛門　　昇
頼之公家老　頼之、頼基公家老　　　　　　　　　　　（人吉藩士　　　新小路馬場菱刈家　146）
　　　　長福公家老
　　　　　　　　　　　　　　　　　　　　　　　　（人吉藩士　　　中神村菱刈清助家　146）

　　　　　　　　　　　　　　　　　　　　　　　　（城下士小番　　菱刈孫右衛門家　146）

　　　　　　　　　　　　　　　　　　　　　　　　（城下士小番　　菱刈休兵衛家　　146）

祐茂
源左衛門尉

茂統
源左衛門尉

公茂———忠重———重茂———武茂
貞重　　　忠茂　　彦五郎　三郎四郎
大和守　　彦五郎

　　　　　　　　　　重政———重次———重勝　　④
　　　　　　　　　　藤五郎　下野守　左衛門尉
　　　　　　　　　　　　　　　　　　曽木没落時戦死

顕茂———重光———茂富———重定
弾正忠　越後守　越前守　伊豆守

真茂———茂近———茂明———重胤
大膳亮　丹波守　丹波守　備前守

重朝———重相———重明
安芸守　源次郎　長門守

重種———茂成———茂正———重清———重住　 ------------- （３代不明）-----------
伊豆守　三郎左衛門尉　日向守　弾正忠　日向守

　　　　　　　　　　茂良———重福———茂富———重高
　　　　　　　　　　土佐守　下総守　常陸介　下野守

茂家———重元———重自———茂厚———重興———茂武
伊豆守　左京亮　三河守　中務太夫　備中守

　　　　　　　　　　茂致———茂郡 ------------- （出所不知）　　重貞———
　　　　　　　　　　左近太夫　筑前守　　　　　　　　　　　　　　藤左衛門

茂安

重説

茂幸
尾張守

　　　　　　　　　　　　　（出所不知）　　平太夫　　　（日向須木士　　曽木平太夫家　　　　　）

（出所不知）-------┌重正―重次―重長―重寛―重好　　（城下士　　　曽木甚右衛門家　　　）
　　　　　　　　　甚右衛門　権之助　甚右衛門　甚右衛門　源七
　　　　　　　　　└重綱―重親―重供―重治―重興　　（城下士　　　曽木甚介家　　　　　）
　　　　　　　　　勘解由　彦右衛門　次郎右衛門　甚之允　甚介

茂輝―重建―重厚―義元―重氏―重長―重持―重治　　（大口士　　　曽木弥介家　　　　　）
主水助　日向守　掃部助　日向守　源次左衛門　正右衛門　八郎右衛門　弥介

重好―重路―重傳―┬重為　　　　　　　　　（甑島士　　　曽木六兵衛家　　　）
徳助　六兵衛　滝右衛門　六太郎
　　　　　　　　└重能
　　　　　　　　徳松

重供―重仲　　　　　　　　　　　　　　　　（甑島士　　　曽木納右衛門家　　　）
納右衛門　弥左衛門

④重勝より

重猛
源左衛門尉

茂國　—　茂保
伊賀守　　織部助

茂行
源左衛門尉

重治
五郎次郎

茂泰
五郎三郎

重益　—　重治　　　　—　重公　　　—　重松　　　—　重知　—　重澄　　—　実直　—　実興　—　実弼　　　　—　隆棟　—　隆道　—　隆亮
加賀守　　播磨守　　　　　播磨守　　　　後五兵衛尉　新左衛門　二左衛門　弥五　　五兵衛　弥五左衛門　五兵衛　五兵衛　新左衛門
　　　　　飯野仕　　　　　移加治木
　　　　　義弘公臣

隆福
藤五郎

隆國
矢太郎

実盈
弥右衛門

重貞　—　重公　　—　重利
弥兵衛　　伊右衛門　筑兵衛

重秀　—　親重
遠江守　　左近允

重胤
図書允

重村
右馬助

重泰　—　重長
豊前守　　中務丞

重兼　—　重憲
新助　　平侃

重道　（断絶）
平五郎、彦兵衛
関ヶ原戦死

‒‒‒‒‒‒‒‒‒‒‒‒‒‒‒‒‒‒‒‒‒‒‒隆輝　　　　　　　　　　（加治木島津家臣　曽木五兵衛家　　　　　　）

（加治木島津家臣　曽木筑兵衛家　　　　　　）

‒‒‒‒‒‒‒（再興）某‒‒‒‒‒‒‒┬彦兵衛─重孝─┬重文─重昌　（永吉島津家臣　曽木彦兵衛家　　　　　　）
　　　　　　　　　　　　　　　　彦助　　│相模原市住
　　　　　　　　　　　　　　　　　　　├重憲─憲人
　　　　　　　　　　　　　　　　　　　├重光
　　　　　　　　　　　　　　　　　　　└俊義

複写・複製厳禁　　　　　　　　　　　　　　63.菱刈氏、曽木氏一族分出略系図　339

建瑞─重信─重愛─重賢
平五郎　越後守　若狭守　左近将監

重昌─重広─重勝─匡重─広重
兵部少輔　源左衛門　神左衛門　伴七　兵右衛門
島津中務家久臣
後移隈之城
　　　　　　　　　　　　　　　└重安

［号曽木］
（出所不知）　主税─八兵衛-甚兵衛─八兵衛
　　　　　　高麗ニテ　高岡士
　　　　　　義弘公ヨリ
　　　　　　賜姓

```
┌ 甚 ── 操 ── 健 ┬ 健成　（永吉島津家臣　曽木甚家　　　　　　）
                 └ 幸健


                        （隈之城士　　　曽木伴七家　　　　　　）


                        （高岡士　　　　曽木八兵衛家　　　　　）
```

複写・複製厳禁

64. 諏訪氏、上井氏一族分出略系図

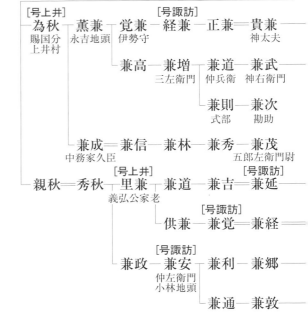

342　島津氏以外の他姓氏家臣

（派生一族：島津、諏訪、上井）

　　　　　　　　　　　　　　［賜島津苗字］
─高兼─暉兼─邦兼─武敬─武清─廣兼─矩兼─猛　　　　（一所持　　　　諏訪甚六家　　　　147）
　神四郎

─兼陳─兼次─兼任　　　　　　　　　　　　　　　　（高岡士　　　　　上井仲兵衛家　　　147）
　仲兵衛　五兵衛

　　　　　　　　　　　　　　　　　　　　　　　　（小林士　　　　　上井式部左衛門家　147）

　　　　　　　　　　　　　　　　　　　　　　　　（永吉島津家臣　　上井五郎左衛門家　147）

─兼秩─邦兼　　　　　　　　　　　　　　　　　　（城下士小番　　　諏訪市右衛門家　　312）

─兼方─兼○─兼武　　　　　　　　　　　　　　　（城下士小番　　　諏訪八郎右衛門家　312）

─兼品─兼連─兼明　　　　　　　　　　　　　　　（城下士小番　　　諏訪仲左衛門家　　312）
　　　　　仲左衛門

─新右衛門──八左衛門　　　　　　　　　　　　　（城下士新番　　　諏訪半右衛門家　　312）

複写・複製厳禁　　　　　　　　　　　　　　　64. 諏訪氏、上井氏一族分出略系図　343

65. 畠山氏、阿多氏一族分出略系図

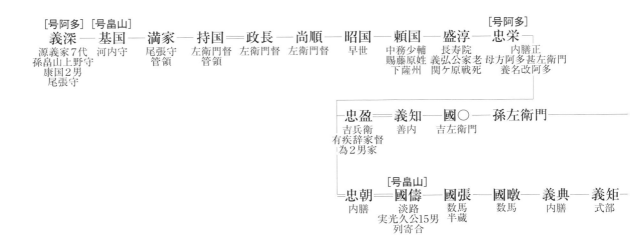

（派生一族：畠山、阿多）

――孫平太　　　　　　　　　　　　　　　（城下士小番　　阿多甚六家　　　149）

――義宝――義邦――義喬――義制――久祐――義赴　　（一所持格　　畠山数馬家　　　149）
　　主馬　　数馬　　藤次郎　丈之助　剛四郎

複写・複製厳禁　　　　　　　　　　　　　　　　　　　65.畠山氏、阿多氏一族分出略系図　345

66. 鎌田氏、篠原氏一族分出略系図

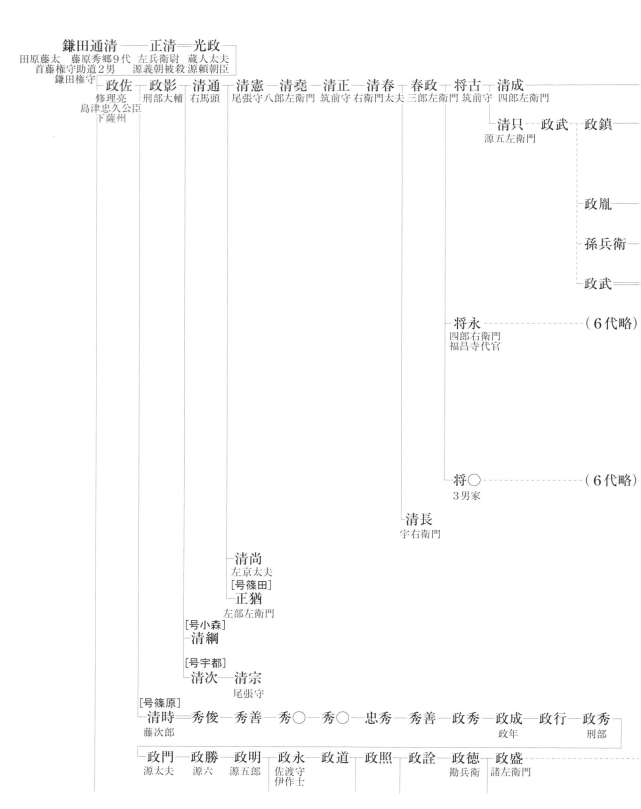

（派生一族：鎌田、篠原、篠田、小森、宇都）

政経　Ⓐ（鎌田氏別頁へ続く）
三郎左衛門

政堅―政周―政征―政盛―政常―政次―政方

└斧右衛門------------八郎太-栄介―豪夫―栄允　（吾平士　　　鎌田源五家　　　）

政貞―政員―政方　　　　　　　　　　　　（吾平士　　　鎌田政胤家　　　）

弥右衛門――弥助―政明―政宏　　　　　　（指宿士　　　鎌田弥右衛門家　　）

政継―政良―政友　　　　　　　　　　　　（福山士　　　鎌田政継家　　　）

------将連┬将通―政恭┬政常―新兵衛　　　（城下士　　　鎌田新兵衛家　　）
　　　　和泉守│新兵衛　左近│清右衛門
　　　　　　　│　　　　　　└政貞　　　　（城下士　　　鎌田早左衛門家　　）
　　　　　　　│　　　　　　　早左衛門
　　　　　　　├昌良―政晴―政平―政恒　　（城下士新番　鎌田了右衛門家　）
　　　　　　　│弥右衛門 了右衛門 弥右衛門 了右衛門
　　　　　　　└政重―政○―政○　　断絶　（福昌寺代官　鎌田伝左衛門家　　）
　　　　　　　　播磨守　豊前守 伝左衛門
------政年―政廣　　　　　　　　　　　　（城下士　　　鎌田刑部左衛門家　）
　　　刑部左衛門 刑部左衛門

　　　　　　　　　　　　　　　　　　　　（城下士小番　鎌田宇右衛門家　150）

　　　　　　　　　　　　　　　　　　　　（湯之尾士　　鎌田清尚家　　　）

　　　　　　　　　　　　　　　　　　　　（鎌田本家臣　篠田左部左衛門家　）

　　　　　　　　　　　　　　　　　　　　（鎌田本家臣　小森三郎左衛門家　）

　　　　　　　　　　　　　　　　　　　　（鎌田本家臣　宇都清宗家　　　）

------------政長　　　　　　　　　　　　（伊作士　　　篠原諸左衛門家　242）

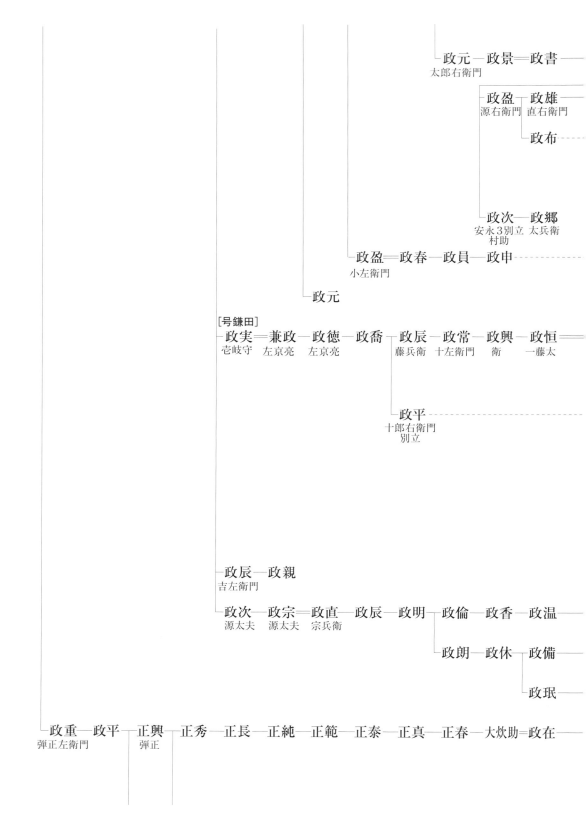

政重―政長
権兵衛　太兵衛

政敷―政正―政愛―政行―政敬―政文―政昭―政志　（伊作士）　篠原権兵衛家　242）
権兵衛　次左衛門　彦次郎

六次郎―源之進―篤之―繁――涼　（伊作士）　篠原六次郎家　242）

十次郎―金之助―武磨―悟　（伊作士）　篠原十次郎家　242）

（伊作士）　篠原太兵衛家　242）

政則―佐左衛門――藤左衛門　（伊作士）　篠原藤左衛門家　242）

政全―政方―光政―政挙―休介　（城下士寄合）　鎌田衛守家　242）
衛守　一藤太　休之進　一藤太

直次郎　（城下士小番）　鎌田直次郎家　242）

政純―十太郎―政経―景吉―寿郎　（城下士小番）　鎌田十郎右衛門家　242）
小十郎　　助熊

政行―彦七―忠　（城下士）　鎌田丑彦家　242）
丑彦

八弥太―政邦　（城下士）　鎌田熊千代家　242）

九郎　（城下士）　鎌田九郎家　242）

（伊作士）　篠原吉左衛門家　242）

政甫―政武―直太郎　（伊作士）　篠原源太夫家　242）

政盈　（伊作士）　篠原政備家　242）

政房　（伊作士）　篠原政珉家　242）

政貞―政栄―政高―政直
太郎右衛門　六郎太夫　家老

政○―政詮―政常―政治―政正―門治　（城下士寄合）　鎌田六郎太夫家　241）
六郎太夫　太郎右衛門

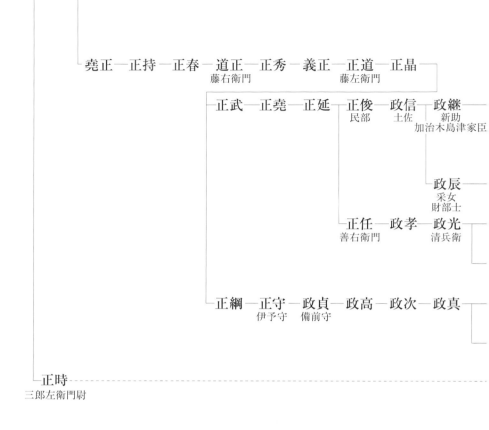

鎌田氏①政経より

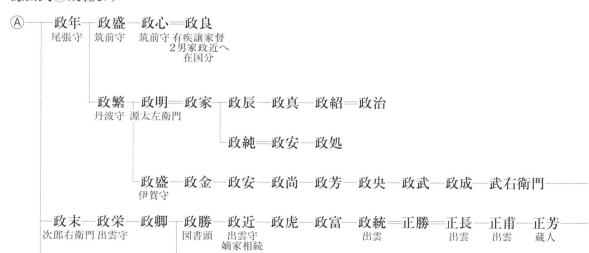

```
                    └整太              （城下士小番    鎌田整太家      241）
                      別立


政秀─郷兵衛┬政○─政○─藤太郎─政恒     （加治木島津家臣  鎌田新助家      241）
伊賀守    │
          └友右衛門──政○─政勝─政俊─政行 （加治木島津家臣  鎌田市郎右衛門家  241）


政秀─政恒─政俊─曽右衛門          （財部士      鎌田曽右衛門家    241）
  素兵衛 新右衛門

政圓─政秀─政慶─政良            （田布施士     鎌田彦右衛門家    241）
丹波 彦左衛門 吉右衛門 彦右衛門
            田布施士
政法─政吉─政苗─政時            （鶴田士      鎌田平右衛門家    241）
伴左衛門 平兵衛 平左衛門 菊千代
            鶴田士
政重─政盛─政武              （国分士      鎌田新右衛門家    241）
  新左衛門 新右衛門
            国分士
政商─政公─政國─政勅            （財部士      鎌田五郎右衛門家   241）
壱岐守 孫右衛門 五兵衛 五郎右衛門
                財部士
          （13代略）──政安       （末吉士      鎌田新左衛門家    241）
                  新左衛門

                ┌政○        （串良士      鎌田四郎兵衛家    241）
                │四郎兵衛

                └政定        （日向穆佐士    鎌田源五左衛門家   241）
                  源五左衛門

                           （国分士      鎌田次郎五郎家       ）



                           （城下士      鎌田平左衛門家       ）


                           （城下士      鎌田勘助家         ）


主右衛門──政武─政晟─雄五郎─政秀─政憲  （東郷士      鎌田主右衛門家       ）

                            鎌田氏本家
正方┬正峰─正昌─正純─正夫─正○─正陳  （一所持格    鎌田出雲家      150）
    │         出雲
    └政苗                  （城下士小番    鎌田藤次郎家     150）
```

複写・複製厳禁

政続　―政基＝政永　―政賢　―次左衛門＝＝次郎左衛門
掃部　　　　　甚右衛門　清兵衛

政常　―政明―政辰―政年―政廣―政常＝政朝＝政有―政固―政恒┬政躬　―政昌
杢之助　　　　　　　　　　　　　　　　　　　　　　　　要人　　典膳

　　　　　　　　　　　　　　　　　　　　　　　　　　　　└政明　―軍六
　　　　　　　　　　　　　　　　　　　　　　　　　　　　源八、別立

政為—政興—政甫—政典—政正—正秀
典膳　典膳　　　　要人　杢之丞
　　　　　　　└政○
　　　　　　　　源次郎、別立
　　　　└政○
　　　　　哲二郎、別立

（城下士　　　　　鎌田次郎左衛門家　　　　）

（城下士寄合　　　鎌田典膳家　　　　227）

（城下士　　　　　鎌田源次郎家　　　　227）

（城下士小番　　　鎌田哲二郎家　　　　227）

（城下士小番　　　鎌田軍六家　　　　227）

複写・複製厳禁　　　　　　　　　　66. 鎌田氏、篠原氏一族分出略系図　353

67. 伊勢氏、有川氏一族分出略系図

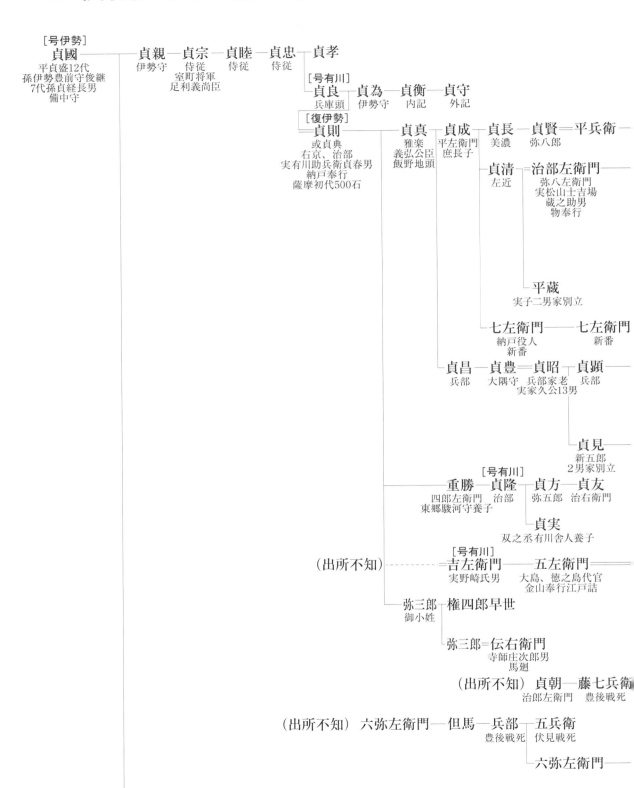

（派生一族：伊勢、有川、北条）

（室町幕臣　　伊勢侍従家　　　　151）

（室町幕臣　　伊勢外記家　　　　151）

―平兵衛‐弥八郎　　　　　　　　　　　（城下士小番　伊勢弥八郎家　　　151）

―仁右衛門──平右衛門┌─弥市左衛門　　（城下士新番　伊勢弥市左衛門家　151）
　　　　　　留守居　　　江戸詰新番
　　　　　　用人　　　├─八右衛門──十兵衛
　　　　　　　　　　　　江戸留守居　　馬廻
　　　　　　　　　　　└─十左衛門──十兵衛　（城下士小番　伊勢十兵衛家　151）

（城下士新番　伊勢平蔵家　　　　151）

（城下士新番　伊勢七左衛門家　　151）

―貞栄―貞起―貞矩＝貞皎―貞長＝貞章―貞正┌貞周
　兵部　兵部　播磨　伊織　兵部　雅楽　弥九郎│隼之介
　　　　　　　　　　　　　　　　　　　　　└貞志　（一所持格　伊勢雅楽家　　151）
　　　　　　　　　　　　　　　　　　　　　　寛、雅楽

―貞山―貞○―貞○―貞昆―貞友―貞行　　（寄合並　伊勢新五郎家　　286）
　新五郎　新五郎　平八郎　新五郎　平四郎

（城下士小番　有川治右衛門家　151）

―吉兵衛‐五左衛門──五左衛門　　　　（城下士小番　有川彦左衛門家　　）
　山奉行　物奉行
　実弟

（城下士　　有川伝右衛門家　　　　）

―右近―貞守―貞季―淡右衛門──貞記―貞能　（城下士　有川仲右衛門家　　　）
　肥戦死　淡路　仲右衛門　納戸役　　蔵之丞　仲右衛門
　　　　仲右衛門　納戸役　物奉行　　　　治兵衛
　　　　　納戸役　　　　兵具奉行　山奉行物奉行

―喜左衛門──喜左衛門──五兵衛‐六弥左衛門　（城下士小番　有川六弥左衛門家　）
　右筆、馬廻奉行　　勘定奉行　　　馬廻
　　物奉行　　普請奉行、納戸役

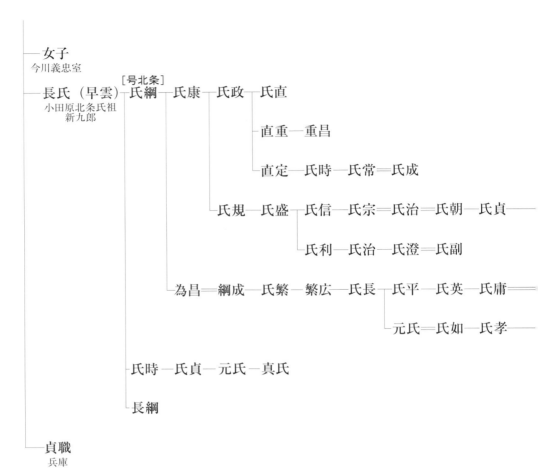

断絶 （小田原戦国大名　北条早雲家　　　151）

（阿波徳島藩士　大石重昌家　　　　）

（紀伊徳川藩士　北条氏時家　　　　）

─氏彦─氏昉─氏喬─氏久─氏燕─氏恭─謙吉─雋八　（河内狭山藩主　北条雋八家　　　　）

（江戸幕府旗本　北条氏利家　　　　）

─氏応─氏興─氏乾─氏征　　　　　　　　　　　　（江戸幕府旗本　北条氏長家　　　　）

─義氏─氏紀─氏統─氏富　　　　　　　　　　　　（江戸幕府旗本　北条元氏家　　　　）

68. 市田氏一族分出略系図

[号市田]
貞行 ── 女子（重豪公夫人）
江州佐々木支流　　徳川12代将軍家斎御台所茂姫母
市田治部丞末葉
喜内
天明6寄合 ── 盛常 ── 義宣 ── 義近 ── 義賢 ── 義彦 ── 隼人
　　　　　　　出雲　　美作　　右近　　右近
　　　　　列一所持格　城代家老

（派生一族：市田）

（一所持格　　市田右近家　　　152）

69. 山田氏（平姓）、山田司家一族分出略系図

有國 ── [号山田] **有貫** ── **有秀**
平貞盛4男　　式部少輔
維衡8代孫　　忠久公賜
三郎左衛門尉　日置之内山田村

国恒 ── **国治** ── **有備** ── **有豊** ── **有家** ── **有康** ── **有尚** ── **國熙** ── **有朝** ── **有重**
　　　　　　　　　　　　　　　　　　　　　弥九郎　　　　　　　　　　　　　　四郎左衛門尉　和泉守
　　　　　　　　　　　　　　　　　　　　　師久公臣

有徳 ── **有信**
弥九郎　　新助
再召出　　越前守
再賜山田村　家老

有守 ══ **有貞**
弥八郎　弥七、土佐

有明 ── **有棟**
弥太郎　弥左衛門

有章 ── **有春**
雅楽　　才右衛門

有○ ── **有○** ＝
左近兵衛　十兵衛

国朝

《派生一族：山田》

```
─有俊─┬─有親
 主計助 │ 式部少輔
        │ 日新公依討殺
        │
─有栄──┬─女子────助右衛門────元右衛門─┐
 民部少輔│ 今井市兵衛  母方姓冒     小納戸  │
 昌厳   │ 兼友室                        │
 家老   │                               │
        │        慶兵衛─周右衛門────弥五右衛門  （城下士新番）  山田助右衛門家  226）
        │                            郡奉行江戸詰
        │
        ├─有季══有隆──有英──有従──有清
        │ 弥九郎  民部   新助   新助   弥九郎
        │        出水地頭        大目付
        │        ┌─有○──有○──有偵
        │        │ 松之助  弥九郎  新助
        │        │ 早世         山田伯耆有儀2男
        │        │
        │        ├══有備──有志──弥太郎──清重─┐
        │        │ 転早世  新助                    │
        │        │                                 │
        │        │              有○  （城下士寄合）  山田新助家  226）
        │        │
        │        └─有俶──有○  （城下士小番）  山田弥一郎家  226）
        │          弥一郎
        │          別立
        │
        ├─有由──三太夫──八郎兵衛────次郎右衛門  （城下士小番）  山田次郎右衛門家  226）
        │ 三太夫
        │
─有貞
 土佐、有守嗣

─有真──有秋──有方──四郎兵衛────増右衛門  （城下士小番）  山田平蔵家  226）
 主計   増右衛門 増右衛門 日当山地頭
 甑島地頭 長島地頭 高江地頭

─有相  （城下士小番）  山田吉左衛門家  226）
 初有重
 吉左衛門

─有○──有易─┬─有宥──有貞  （城下士小番）  山田四郎兵衛家  226）
 嘉兵衛      │ 弥七兵衛 弥吉左衛門
             │
             └─嘉兵衛  （出水士）  山田弥左衛門家  226）
                出水士

             （城下士）  山田歳右衛門家  226）

─有宣──有利──有常  （城下士）  山田勝右衛門家  226）
 慶兵衛  勝右衛門 弥五右衛門
 実市来二郎
 左衛門家尚2男
```

複写・複製厳禁

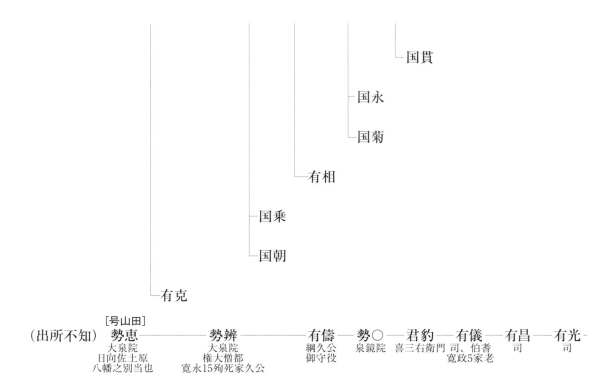

―有秀 ═有隣 ═有実 ═益彦
喜三右衛門　　司　　　　実高崎正風３男
　　　　実肝付兼両弟

（城下士寄合　　山田司家　　　　249）

70. 平田氏、寺師氏一族分出略系図

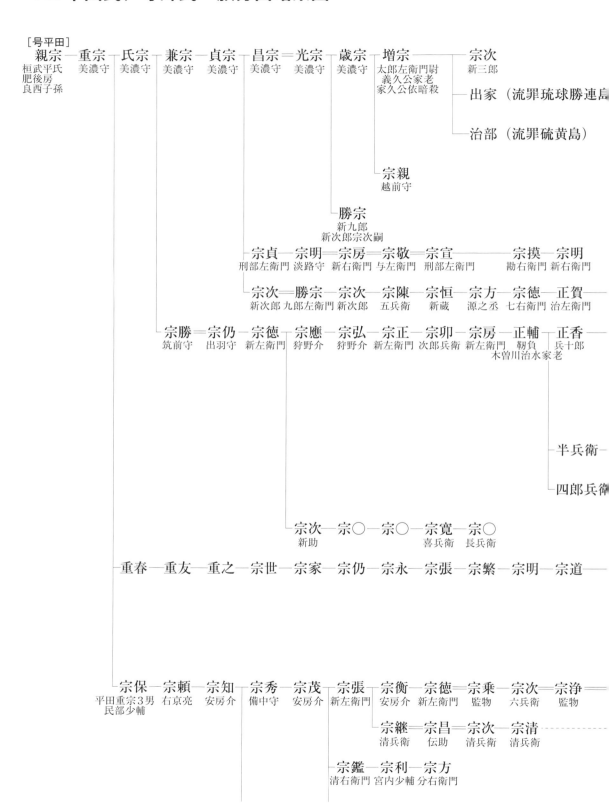

（派生一族：平田、寺師）

断絶　（平田氏嫡流　　平田美濃守家　　228）

（城下士小番　　平田新右衛門家　　228）

正秦―正備―正孝―正典―正直―正武―正吉―正竹　（城下士　　平田治左衛門家　　）
左衛門 治左衛門

正休―正純┬正徴　司
宗温正温 刑部　　正徴
左衛門 新十郎
靱負

　　　　├正智―正厚―啓助
　　　　　靱負　矢十郎早世

　　　　└正直―啓助―正風―煌二　（城下士寄合　　平田靱負家　　228）
　　　　　靱負

甚左衛門――平太―半左衛門――宗第―宗臣―宗治　（城下士　　平田半左衛門家　　）
　　　　　　　　　　　　　　　　　　谷山住 医師

次右衛門――市兵衛―光重―兼利―仲之助―光則　（川辺士　　平田次右衛門家　　）
川辺士　　　　七郎兵衛 弥左衛門

（城下士小番　　平田善太夫家　　）

宗森―宗恒―宗易―宗次―宗則―良資―良○
　　　　　　末吉士

　├良真―宗香―源兵衛―源彬―宗次―宗治　（末吉士　　平田源兵衛家　　）
　　善左衛門

　└良次―善太郎―善左衛門――宗正―宗文―宗正　（都城島津家臣　　平田善左衛門家　　）
　　都城臣

位充―位昌―位就―位叙―位仰―位兼―位中―位正　（城下士寄合　　平田平太左衛門家　　238）
平太 平太 平太 平太 郷之助 平太 正十郎 平十郎

―――――――――清右衛門――肇　（城下士　　平田清兵衛家　　238）

（鹿屋士　　平田分右衛門家　　238）

複写・複製厳禁

┌ 宗輪 ─ 宗次 ……………………………… 三五郎
│ 孫左衛門　孫右衛門
│
├ 宗吉 ┬ 宗次 ─ 宗将 ─ 宗満 ───── 宗持
│ 六郎兵衛 │ 雅楽助　六郎兵衛　四郎兵衛尉　六郎兵衛
│ 宮之城島津家臣 │
│   │ 宗昌 ─ 宗房 ─ 宗春
│   │ 長右衛門
│   │
│   └ 宗知 …………………
│   仲兵衛
│
├ 宗恒 ─ 宗堅 ………………
│ 七郎兵衛　七兵衛
│
├ 宗貞 ─ 宗祇 ─ 宗正 ┬ 宗位 ─ 宗直 ─ 宗門 ─ 宗弘
│ 民部少輔　豊前守　民部左衛門 │ 民部左衛門　民部左衛門　民部左衛門　平六
│   │
│   └ 宗如
│   家久公殉死
│   大久坊
│
└ 宗以 ─ 宗廣 ─ 宗武 ┬ 宗立 ─ 宗○ ─ 位供 ─ 歳右衛門
   喜兵衛　喜兵衛　民部左衛門 │ 正右衛門　才兵衛　才右衛門
                      │
                      └ 宗住 ─ 宗辰 ─ 位令 ─ 位常
                        重右衛門　三左衛門　仁右衛門　三左衛門

　　　　　　　　　　　　　　　　　　　　（城下士　　　　平田孫右衛門家　　238）

充紀—充邦—宗芳—宗門—宗熙—宗峻
六郎兵衛 六郎兵衛 六郎兵衛 六郎兵衛 六郎兵衛 四郎兵衛

　　　　　　　　　　宗固—忠亮—一郎—宗大　　　　宮之城島津家臣　平田六郎兵衛家　　238）
　　　　　　　　　　孫一郎　　　　　　　　　　（家老三家

　　　　　　　　　　　　　　　　　富二郎

　　　　　　　　　　　　　　　　　六郎

　　　　　　　　　　　　　　　　　博太郎

　　　　　　　　　　　　　　　　　幸太郎

　　　　　　　　　　宗二
　　　　　　　　　　八郎

（出所不知）　　伊之助--------反右衛門——浅太郎—貞雄　（宮之城臣　　　平田反右衛門家　　　）

（出所不知）　　林右衛門——林裂裟＝なを—林蔵—林　（宮之城臣　　　平田林右衛門家　　　）

　　（出所不知）　　宗八—宗助—辰次郎—辰彦—登　（宮之城臣　　　平田宗八家　　　　）

　　　　　　　　　　　　　　宗平—充福＝宗明—宗得　（宮之城臣　　　平田長右衛門家　　　）
　　　　　　　　　　　　　　長右衛門 長右衛門 六右衛門 六右衛門

　　　　　　　　　　　　充品—宗祐—宗東＝宗主—壮介　（宮之城臣　　　平田仲兵衛家　　　）
　　　　　　　　　　　　平兵衛　仲兵衛　覚太夫 八郎右衛門

　　　　　　　　　　　　充応—宗良＝宗徳＝成介—鉄夫　（宮之城臣　　　平田七兵衛家　　　）
　　　　　　　　　　　　喜右衛門 七兵衛 喜左衛門

真房＝真陳＝半五郎--------------平右衛門——平六　（城下士小番　　平田平六家　　238）

孫助　　　　　　　　　　　　　　　　　　　　（城下士小番　　平田歳右衛門家　　238）

　　　　　　　　　　　　　　　　　　　　　　（城下士　　　　平田三左衛門家　　　）

複写・複製厳禁　　　　　　　　　　　　　70. 平田氏、寺師氏一族分出略系図　　367

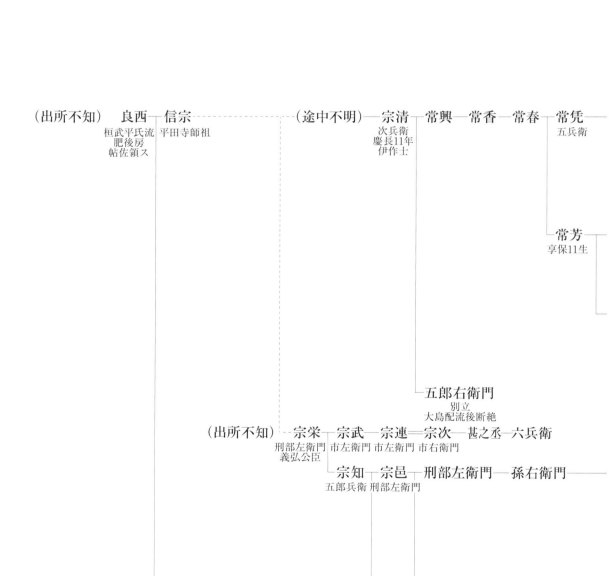

368　島津氏以外の他姓氏家臣

宗知―――――宗政―宗則―宗茂―――――宗路　　　（城下士小番　　平田藤右衛門家　　　）
二次右衛門　　　藤七兵衛　藤右衛門　五次右衛門　　　藤右衛門

　　　　　　　　　　　　　　　├宗満―藤十郎　　　　（城下士小番　　平田藤兵衛家　　　）
　　　　　　　　　　　　　　　　藤之丞

宗次―宗房―宗○　　　　　　　　　　　　　　（志布志士　　　平田万兵衛家　　　）
万兵衛　万兵衛　伴右衛門
志布志士

（出所不知）　　平田駿河―――左近

　　　　　　　　　　　　　　├主殿

　　　　　　　　　　　　　　└仁兵衛　　　　　　　（城下士　　　　平田仁兵衛家　　　）

常当―常倫―次郎助―治兵衛―甚平―広雄　　　　　（伊作士　　　　寺師次兵衛家　　　）
甚左衛門

　　　　　　　　　　　　　├仁之助-常芳―敏雄　　（伊作士　　　　寺師仁之助家　　　）

　　　　　　　　　　　　　└甚五郎-時雄―時和　　（伊作士　　　　寺師甚五郎家　　　）

常曉―常喜―甚左衛門―――次右衛門―――七之助┐
　　　　　　　　　　　　　　　　　　　　　　　│
　　　　　　　　　　　　　└市右衛門―――国繁　（伊作士　　　　寺師市郎右衛門家　　　）

常表―甚右衛門―――甚右衛門―――甚右衛門┐
甚右衛門　　　　　　　　　　　　　　　　　│
　　　　　　　　　└愛熊―景治―景一　　　（伊作士　　　　寺師甚右衛門家　　　）

　　　　　　　　　　　　　　　　　　　　　（加治木島津家臣　寺師市右衛門家　　　）

宗敦―市太夫-市之助―市郎次┐
　　　　　　　　　　　　　│
　　　　　　└孫市―孫四郎-秀雄―秀美　　　（加治木島津家臣　寺師市太夫家　　　）

　　　　　　　　　　　　├高雄―賢一　　　（加治木島津家臣　寺師高雄家　　　）

　　　　　　　　　　　　└市袈裟-市袈裟―博　（加治木島津家臣　寺師市袈裟家　　　）
　　　　　　　　　　　　　大正5分家

複写・複製厳禁

五兵衛 ― 五左衛門 ═ 甚兵衛
加治木臣
延享5別立

宗則 ― 市郎右衛門 ┬ 宗栄 ┬ 正乗
銀右衛門　　　　　　孫右衛門　正之助
　　　　　　　　　　城下士
　　　　　　　　　　　　　　└ 嘉左衛門
　　　　　　　　　　　　　　　享保6別立

甚助 ┬ 甚兵衛
加治木臣
　　　└ 嘉左衛門
　　　　享保6別立

宗増
帖佐祖

Ⓑ　盛雄 ―
五郎右衛門
宝暦11別立
加治木島津家臣

（出所不知）　平次 ┄┄┄┄ 助左衛門 ―― 助兵衛 - 助八郎 - 喜之助 - 宗重 ― 宗恒 ― 元宣 ― 元次
　　　　　　　関ケ原戦死　　知覧島津家臣　　　　　　　　　　　　　孫右衛門　　　　　　孫右衛門

五郎兵衛 ── 五右衛門 ── 甚四郎-甚之丞　　　　　（加治木島津家臣　寺師五左衛門家　　　）
　　　　　└ 盛安-甚右衛門 ── 盛保　　　　　　　（加治木島津家臣　寺師甚右衛門家　　　）

宗邑 ┬ 孫右衛門 ── 五郎兵衛 ── 重太夫-市之助　（加治木島津家臣　寺師五郎兵衛家　　　）
五郎兵衛
　　└ 五兵衛Ⓑ

伝内左衛門 ── 伝右衛門 ── 正弁-正輔
　　　　　　　　　　次郎左衛門 次右衛門
　　　└ 正和-正容-宗道-宗徳-英麿-秀郎　　　　　（城下士小姓与　寺師次右衛門家　　　）

嘉兵衛-大右衛門 ── 嘉左衛門 ── 大右衛門　　　　（城下士小姓与　寺師嘉左衛門家　　　）

金左衛門 ── 平兵衛=幸右衛門
　　　└ 甚助=金左衛門=平右衛門 ── 孫助　　　　（加治木島津家臣　寺師金右衛門家　　　）

平六=佐次右衛門=孫右衛門 ── 伊右衛門　　　　　（羽月士　　　　寺師平六家　　　　　　）
享保6別立

嘉兵衛=大右衛門 ── 嘉左衛門 ── 大右衛門
　　　└ 嘉左衛門 ── 庄右衛門　　　　　　　　　（城下士小姓与　寺師嘉左衛門家　　　）

　　　　　　　　　　　　┌ 睦宗-宏太郎　　　　　（加治木島津家臣　寺師五右衛門家　　　）
盛信-盛高-盛次-彦二-克己
右衛門 孫右衛門 孫七　　├ 孝行-守彦
　孫兵衛
　　　　　　　　　　　　└ 三千人-克也

有右衛門 ── 有右衛門 ── 孫右衛門 ── 宗元
　　　　　　　　　　　　　　　　　孫右衛門
　　　└ 宗光-宗徳-宗徳-泰徳　　　　　　　　　　（知覧島津家臣　寺師孫右衛門家　　　）
　　　　月照西郷ヲ
　　　　薩摩マデ護衛

複写・複製厳禁　　　　　　　　　　　　　　70. 平田氏、寺師氏一族分出略系図

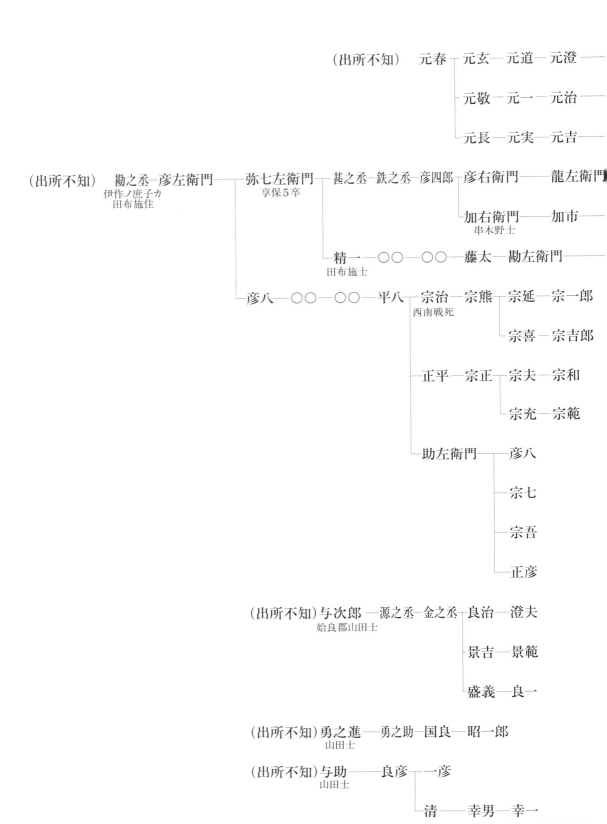

372　島津氏以外の他姓氏家臣

元成―元通―元通―元利　　　　　　　　（知覧島津家臣　寺師元春家　　　　　　）

元則―元治―元則―宗閊　　　　　　　　（知覧島津家臣　寺師元敬家　　　　　　）

宗次　　　　　　　　　　　　　　　　　（知覧島津家臣　寺師元長家　　　　　　）

藤右衛門――藤彦―卓爾　　　　　　　　（田布施士　　　寺師彦左衛門家　　　　）

勘四郎―彦市＝与之助―彦十郎―彦好―忍　（串木野士　　　寺師加右衛門家　　　　）

勘五郎―誠治―誠一　　　　　　　　　　（田布施士　　　寺師精一家　　　　　　）

　　　　　　　　　　　　　　　　　　　（田布施士　　　寺師彦八家　　　　　　）

　　　　　　　　　　　　　　　　　　　（田布施士　　　寺師宗喜家　　　　　　）

　　　　　　　　　　　　　　　　　　　（田布施士　　　寺師正平家　　　　　　）

　　　　　　　　　　　　　　　　　　　（田布施士　　　寺師宗充家　　　　　　）

　　　　　　　　　　　　　　　　　　　（田布施士　　　寺師助左衛門家　　　　）

　　　　　　　　　　　　　　　　　　　（姶良郡山田士　寺師与次郎家　　　　　）

　　　　　　　　　　　　　　　　　　　（姶良郡山田士　寺師景吉家　　　　　　）

　　　　　　　　　　　　　　　　　　　（姶良郡山田士　寺師盛義家　　　　　　）

　　　　　　　　　　　　　　　　　　　（山田士　　　　寺師勇之進家　　　　　）

　　　　　　　　　　　　　　　　　　　（山田士　　　　寺師与助家　　　　　　）

複写・複製厳禁

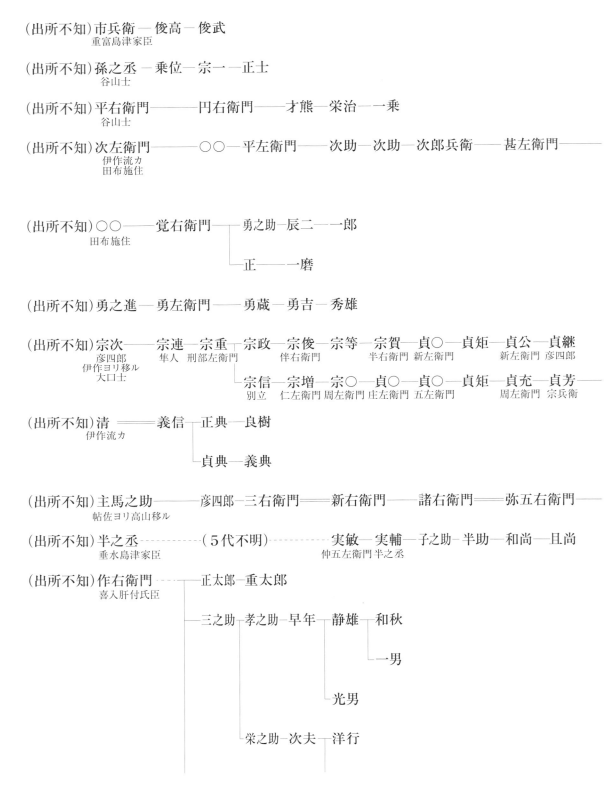

374　島津氏以外の他姓氏家臣

	（重富島津家臣　寺師市兵衛家	）
	（谷山士　　　寺師孫之丞家	）
	（谷山士　　　寺師孫之丞家	）
甚左衛門─┬栄熊─宗俊─宗孝	（田布施士　　寺師宗栄家	）
└栄造─宗栄─恒博	（田布施士　　寺師栄造家	）
	（田布施士　　寺師覚右衛門家	）
	（田布施士　　寺師正家	）
	（田布施士　　寺師覚右衛門家	）
	（大口士　　　寺師新左衛門家	）
貞恒─宗吉郎─貞美─宗徳 宗之丞	（大口士　　　寺師周左衛門家	）
	（日吉住　　　寺師清家	）
	（日吉住　　　寺師貞典家	）
常畩─仁右衛門	（高山士　　　寺師新右衛門家	）
	（垂水島津家臣　寺師半之丞家	）
	（喜入肝付氏臣　寺師作右衛門家	）
	（喜入肝付氏臣　寺師正太郎家	）
	（喜入肝付氏臣　寺師一男家	）
	（喜入肝付氏臣　寺師栄之助家	）

複写・複製厳禁

```
                                        ┌洋次
        ┌六之丞┬軍助─正己─千歳
        │      └猛──範政
        ├助之進─清造─幸造
        └郷之進┬栄二─光男
               ├竹二─政治
               ├稔──節
               └徳蔵
```

（喜入肝付氏臣　寺師洋次家　　　　　）

（喜入肝付氏臣　寺師六之丞家　　　　）

（喜入肝付氏臣　寺師猛家　　　　　　）

（喜入肝付氏臣　寺師助之進家　　　　）

（喜入肝付氏臣　寺師栄二家　　　　　）

（喜入肝付氏臣　寺師竹二家　　　　　）

（喜入肝付氏臣　寺師稔家　　　　　　）

（喜入肝付氏臣　寺師徳蔵家　　　　　）

71. 大蔵姓高橋氏一族分出略系図

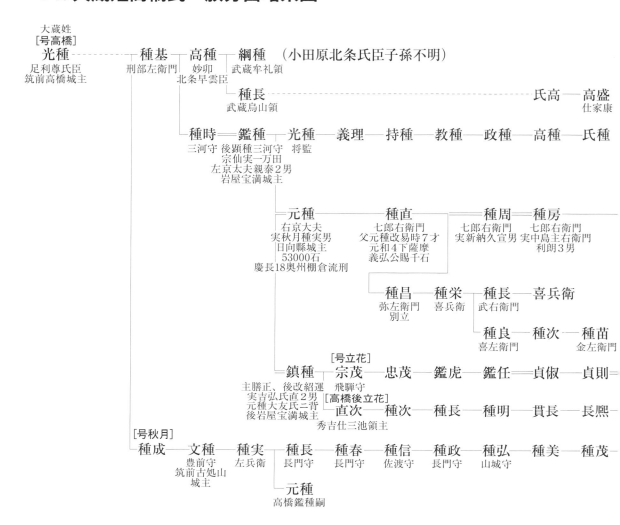

（派生一族：高橋、立花、秋月）

（幕府旗本　　　高橋氏　　　　　　　）

（　　　　　　　筑前高橋将監家　　　）

―種寿――種央―元種――種賢―種徳―
　縫殿　　縫殿　左門　　主計　縫殿

　　　　　　　　　　―種秀――七次　　（城下士寄合　　高橋縫殿家　　229）
　　　　　　　　　　　要人
　　　　　　　　　　実川上式部　　　　（城下士小番　　高橋喜兵衛家　　229）
　　　　　　　　　　久美3男
　　　　　　　　　　　　　　　　　　　（城下士新番　　高橋金左衛門家　229）

―鑑通――鑑寿――鑑賢――鑑備――鑑寛――鑑治　（柳川藩　　　立花左近将監家　　）
　　　　　　　　　　　　　　　　　　　　伯爵

―種周――種徳――種善――種温――種恭――種忠　（三池藩　　　立花出雲守家　　　）
　　　　　　　　　　　　　　　　子爵

―種徳――種任――種殷――種樹――種繁――種英　（日向高鍋藩主　秋月山城守家　　）

複写・複製厳禁　　　　　　　　　　　　　　　71. 大蔵姓高橋氏一族分出略系図　　379

72. 仁礼氏一族分出略系図

[号楡井]　　　　　　　　　　　　　　　　　　　　[号別府] [号仁礼]

頼平 —— 頼通 —— 頼元 —— 頼長 —— 頼賢 —— 頼昌 —— 頼延 —— 頼景 —— 頼充 —— 頼定 —— 頼常 ═══ 仲雄

源姓新羅三郎義光末流　　　　　　佐渡守　　土佐守　民部左衛門　隼人　　　蔵人　　　主計　民部左衛門　小吉　　　十兵衛
　主殿頼房男

（派生一族：楡井、仁礼）

—仲○ — 仲○ — 仲通 — 仲信 — 新左衛門 　　　　　　（城下士寄合　　仁礼蔵人家　　　230）
　仲左衛門　蔵人　　小吉　　蔵人

複写・複製厳禁　　　　　　　　　　　　　　　　　　　　　　72.仁礼氏一族分出略系図　381

73. 二階堂氏一族分出略系図

[号二階堂]

維遠 ― 維兼 ― 維行 ― 行遠 ― 行政 ┬ 行光 ― 行盛 ― 行綱 ― 頼綱 ― 貞綱 ― 行朝 ― 行光 ― 行永
大職冠中臣鎌足後胤　　　　　　　頼朝公政所執事

└ 行村 ┬ 元行 ― 行氏 ― 行景 ― 泰行 ― 行雄

　　　　└ 行義 ― 行有 ― 行藤 ― 時藤 ― 成藤 ― 行種

行仲 ― 直行 ― 行貞 ― 忠持 ― 忠行 ― 行次 ― 行治 ― 行存 ― 行昌 ― 定行 ― 行格
師久公臣　　　　　　　　　　　　　立久、忠昌公臣　　　　　　　　　光久、綱貴公臣

直藤 ‥‥‥‥‥‥‥‥‥‥‥‥‥‥‥ 安房 ― 孝行 ┬ 秀行 ― 与右衛門 ═ 与右衛門
師久公臣　　　　　　　　　　　　肥後湯之浦　与右衛門　城下士
　　　　　　　　　　　　　　　　地頭　　　　朝鮮戦死

　　　　　　　　　　　　　　　　　　　　　├ 行森 ═ 行基 ― 行年 ― 行佐
　　　　　　　　　　　　　　　　　　　　　　義弘公臣
　　　　　　　　　　　　　　　　　　　　　　出水士

　　　　　　　　　　　　　　　　　　　　　└ 行盛 ― 行覚 ― 行廣 ― 行安
　　　　　　　　　　　　　　　　　　　　　　高山士

行重 ―――――（6代略）――――― 行恒 ― 行広 ― 宣行 ┬ 女子
　　　　　　　　　　　　　　　　　　　　　　　　　　綱豊公母堂
　　　　　　　　　　　　　　　　　　　　　　　　　　吉貴公妾

　　　　　　　　　　　　　　　　　　　　　　　　├ 行朋 ― 行紹 ═ 行篤

　　　　　　　　　　　　　　　　　　　　　　　　├ 行孝 ― 行智 ═ 行完
　　　　　　　　　　　　　　　　　　　　　　　　　八太夫　五郎太夫　八太夫
　　　　　　　　　　　　　　　　　　　　　　　　　小番

　　　　　　　　　　　　　　　　　　　　　　　　└ 伴行 ― 行撰 ― 行○
　　　　　　　　　　　　　　　　　　　　　　　　　与右衛門　千太夫
　　　　　　　　　　　　　　　　　　　　　　　　　新番

◀（派生一族：二階堂）

	鎌倉幕府 （政所執事	二階堂氏	）
	（鎌倉御家人	二階堂左衛門尉家	）

行宅―行道＝行旦―行智―行典
吉貴公臣　安永5家老　家老
代々小番　　　寄合
行経＝行慊―埴彦―蔀――冬彦　（城下士寄合　　二階堂蔀家　　　231）

与右衛門　（城下士小番　　二階堂与右衛門家　231）

行参―行生―行察―行聡―行寛―寛　（出水士　　　二階堂八兵衛家　231）

行英―行純―行都―行昭―行徳―昇――篤志―進　（高山士　　　二階堂本覚院家　231）

―行端―行三―行平　（城下士寄合　　二階堂源太夫家　232）

―行健―行〇　（城下士寄合　　二階堂八太夫家　232）
志津馬　八太夫
寄合

―行〇＝行〇　（城下士新番　　二階堂小源太家　232）
小源太　小源太

複写・複製厳禁

74. 名越氏一族分出略系図

[号名越]

恒渡 ─┬─ 恒索 ─ 恒当 ═ 盛尚 ═ 盛胤 ─ 時敏 ─ 時成 ─ 雄介 ─ 正道
右膳　　　右源太　　左膳　　右膳　　左源太　　左源太　平馬
享保年中樹家　　　　　　　　　　　　左膳、大目付　大島遠島
妹須磨ノ方ハ
継豊公ノ母堂也
享保5家老
平姓秩父氏庶流か

　　　　└─ 郷平次 ─ 時盈 ─ 時成 ═ 龍五郎 ─ 時直
益之進　　郷十郎　善兵衛
山伏　　　　　　喜界島遠島

（派生一族：名越）

（城下士寄合　　名越佐源太家　　233）

（城下士小番　　名越郷十郎家　　233）

75. 本田氏一族分出略系図

　　　　　　　　　　　　　　　[号本田]　　　　　　　[賜藤原姓]

忠恒―恒親―恒益―恒文―親劈―恒親―親恒―貞親┬久兼―忠恒―兼久┬金童丸―兼恒┬
桓武天皇七代後胤　　　　　　　住武蔵国　仕頼朝公 島津忠久臣　　　　　　　　　庶子
　　　　　　　　　　　　　　男衾郡本田邑

　　　　　　　　　　　　　　　　　　　　　　　　　　　　　　　├親宗―宗親
　　　　　　　　　　　　　　　　　　　　　　　　　　　　　　　　嫡男　立久公臣
　　　　　　　　　　　　　　　　　　　　　　　　　　　　　　　└親信―兼恒┬

386　島津氏以外の他姓氏家臣　　　　　　　　　　　　　　　　複写・複製厳禁

（派生一族：本田、天辰、島田）

兼重―重貞―親行―親里―親房―親長―親正　　　　（城下士　　　本田民部家　　　236）
　　　（古簾）

　　　　　　　―親尚―民部少輔――親虎―親吉―親信　（高岡士　　　本田喜左衛門家　236）

　　　　　　　　　　―親貞―親孝―親正―親宣　（城下士小番　本田六左衛門家　318）
　　　　　　　　　（下野守
　　　　　　　　　義久公家老）

　　　　　　　　　―神祇―九右衛門　　　　　　（馬越士　　　本田九右衛門家　236）
　　　　　　　　　（伊豆守）（馬越士）

　　　　　　　　　―治部左衛門―親定―親良　　（加世田山田士　本田治部左衛門家　236）

　　　　　　　―慶俊―東光坊―親信―親純―親近　（伊集院士　　本田吉兵衛家　　236）

　　　　　　　―親年―親宗―親廣―親豊―親宣　（高岡士　　　本田九郎右衛門家　236）
　　　　　　　（勝久公臣 日新公臣）

　　　　　　　　　　　　　―親堅―親由　　　　（高岡士　　　本田八左衛門家　236）

　　　　　　　　　　　―親房―親良―親長　　　（城下士　　　本田仲右衛門家　236）

　　　　　　　　　　　　　―親正　　　　　　（加治木島津家臣　本田密右衛門家　236）

　　　　　　―親吉―親豊―親存―親秀―親茂　（高岡士　　　本田兵右衛門家　236）
　　　　　（四郎左衛門）

　　　　　　　　―四郎左衛門――越中守―親嗣
　　　　　　　　（島津歳久臣）（東郷士 四郎左衛門）

　　　　　　　　―親矩―親基―親則―親頼―親吉　（東郷士　　本田武左衛門家　236）
　　　　　　　（喜右衛門）

　　　　　　　　　　　　　　―親重―親直　（東郷士　　本田喜左衛門家　　）

親尚――――――親貞　　　　　　　　断絶　（薩州島津家臣　本田美作守家　　）
忠昌、勝久公臣　薩州家実久臣

親辰―為親―豊親------------親虎　　（入来院氏臣　本田伝蔵家　236）

　　　　―親資―親房―左近―左近―親次　（城下士　　本田佐左衛門家　236）

　　　―大和守―次郎左衛門―
　　　　　　　　　　　　―神右衛門――親信―親安―親貞　（城下士小番　本田甚右衛門家　236）

複写・複製厳禁

［号天辰］
興儀＝玄幡

［号島田］
興房

親保―重親―氏親―親治―元親

外記—外記—狩野介-彦左衛門——狩野—親正　　（潁娃氏臣　　　本田彦左衛門家　　　）

房親—外記＝成親—親則—親清—親倫—親喬　　（城下士　　　　本田勝右衛門家　236）

弥四郎—親綱＝親良＝親平—親元—親興　　（城下士小番　　本田新助家　　　236）
高崎播磨守嗣（復本田氏）

（城下士　　　　天辰玄幡家　　　236）

（城下士　　　　島田氏　　　　　236）

重恒＝＝＝国親—兼親
久豊、忠国公家老 忠昌公臣

親安—薫親—親兼—公親—元親—宣親＝親道　　（本田氏本家寄合　本田作左衛門家　236）
貴久公臣 義久公臣
　　　　　　　　　　　親利—親廣—親宣　　（曽於郡士　　　本田与左衛門家　236）

　　　　　　　親房—親次　　（城下士　　　　本田五右衛門家　236）

　　　親光＝親貞—親良—親興—親宣　　（高岡士　　　　本田次郎九郎家　236）

　　　親栄—讃岐守—親友—親長—親興　　（城下士　　　　本田蔵人家　　　236）

　　　　　　　　　　親宣—親次　　（城下士　　　　本田太兵衛家　236）

　　　　　　　親吉—与市左衛門　　（加世田士　　　本田勇右衛門家　236）

親貞—親知—親治—正親—親光＝友親—盛親—親○　　（城下士小番　　本田六右衛門家　236）

　　盛親—親政—親連＝親宣—親昌—親由　　（城下士小番　　本田与兵衛家　236）

　　　　親次＝親盛—親秋—親名………親徳　　（諏訪大宮司　　本田出羽守家　288）

　　　　　　　親貞—親好—親茂　　（城下士小番　　本田新右衛門家　236）

親賢—親尚—親商—親存—親能—親昌—親章　　（加治木島津家臣　本田源左衛門家　236）

[号小城]
親光

[号花棚]
親成

重恒
一時兄元親嗣
在清水城

親由―親貞―親房―親次　　　　　（城下士新番　　本田勘助家　　　236）

親豊―親次═親次═親昌―親友―親雄　（城下士小姓与　本田五兵衛家　　　）

女子　（竹田氏妻）　　　　　　　（城下士　　　　本田市右衛門家　236）

国親　（本家嗣）

親○

親次―――実親―親純
　　　　丹波守　丹波守

　　　　親替═家親―親紀―親次―親寧―親家　（城下士小番　　本田伴兵衛家　　236）

　　　　親康―久親―久盛―親昌═親貞
　　　　丹波守

　　　　　　女子―親房―為親―親賢―親次　（永吉島津家臣　本田善左衛門家　536）
　　　　島津貴久公妾中務家久母

　　　　　　越前―次郎右衛門―四郎兵衛　（永吉2男家　　本田哲郎家　　　536）

　　　　　　　九左衛門―城之助　　　　　（高岡士　　　　本田九郎左衛門家　536）

仲兵衛―仲兵衛―親鑑―親歳

　　　　　　親貞―親正―親長―親全―親豊―親胤　（城下士小番　本田助之丞家　　236）

　　　　　　　親次―親秀═久馬助―治左衛門　（阿久根士　　本田治左衛門家　236）

　　　　　　親長―親俊―親良―親苗―親通　（高岡士筆頭嚶　本田宗左衛門家　236）

　　　　　　　　　　　　　　　親商　　（高岡士　　　本田甚左衛門家　　　）

　　　　　　　　　　　　親房―親貞　　（高岡士　　　本田十郎左衛門家　236）

　　　　　　　　　　　　　親康　　　（高岡士　　　本田半左衛門家　　　）

　　　　　　　　　　（出所不知）　　（出水士　　　本田万右衛門家　　　）

複写・複製厳禁　　　　他に種子島、国分、上甑等に本田氏あり

76. 相良氏一族分出略系図

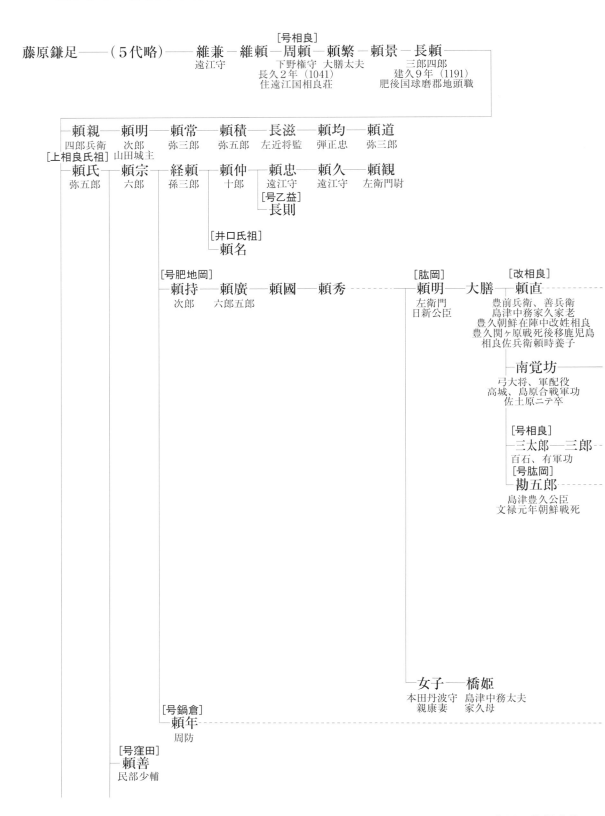

〘派生一族：相良、犬童、肱岡、稲留、中神、瀬之口、蓑田〙

	（子孫	永留氏、山田氏	）
	（	上相良氏	）

------(7代略)-------------------伊平次　　（城下士　　相良善兵衛家　　　　）
　　　　　　　　　　　　　　　　文政4万調

[号相良]
──覚右衛門　　　　　　　　　　　　　　（加治木島津家臣　相良覚右衛門家　　　）
　　軍配役50石
　　義弘公隠居時移加治木

-----------------------------諸右衛門　（永吉島津家臣　相良諸右衛門家　　　）

───勘左衛門───愛之進─愛之─猛　（永吉島津家臣　肱岡勘左衛門家　　　）
　　　弘化3生　　　　　　　　　宮崎県高鍋町
　　　　　　　　─勘次郎─俊明─┬俊紀　（相模原市　　肱岡俊明家　　　　）
　　　　　　　　　　　　　　　└義人　（拓大教授　　肱岡義人家　　　　）

　　　　　　　　─俊行（調布市）

　　　　　　　　─貞夫（伊集院町）

────────────────頼○
　　　　　　　　　　　　　　伊賀守
　　　　　　　　　　　島津中務家久・豊久臣

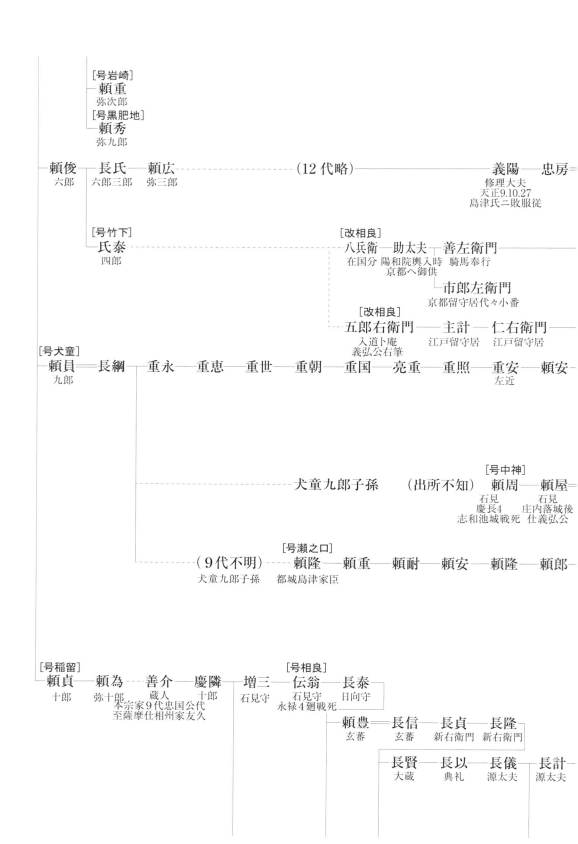

長毎 ― 頼寛 ― 頼喬 ― 頼福 ― 長興 ― 長在　　　（人吉藩主　　相良遠江守家　　　）
四郎次郎　壱岐守　遠江守　志摩守　近江守　遠江守
天正15　徳川家康臣
秀吉賜人吉　人吉藩主

四郎兵衛 ―― 助太夫 ― 四郎兵衛　　　（城下士新番　　相良助太夫家　　　）
　町奉行　　　江戸詰新番
　敷根地頭

　　　　　　　　　　　　　　　　　　　（城下士小番　　相良市郎左衛門家　　　）

仁右衛門 ―― 十郎太夫 ―― 源蔵 ― 仁右衛門　　　（城下士小番　　相良仁右衛門家　　　）
　側用人地頭　　馬廻　　　実八弟　明和2御目見

頼兄 ┬ 頼章 ―― 頼安 ― 頼庸　　　（城下士小番　　相良源五右衛門家　　　）
兵部清兵衛嫡家　内蔵丞父共一揆　源五左衛門　清兵衛
相良頼房代家老　連座後許至薩摩　実東郷内蔵助男
犬童伴兵衛一揆　寛永20年光久公臣
連座津軽家預
　　│
　　└ 頼長 ― 頼真　　　（城下士小番　　相良作平次家　　　）
　　　　左京　作平次
　　　兄共下薩摩

頼増 ―― 頼○ ―― 頼常 ┄ 長純 ― 長甫　　　（城下士小番　　中神与五左衛門家　　　）
内蔵丞　　内蔵丞　　七右衛門　与五左衛門
中原藤左衛門男　喜助、忠右衛門　与五左衛門
物奉行御使番　舟奉行大坂蔵奉行　実八弟勘定奉行
　　　　　　　谷山水引等地頭

頼稜 ― 頼利 ┬ 隆喜 ― 隆昌 ― 隆章 ― 隆春
　　　　医家 │
　　　　　　├ 隆敬 ― 周作 ― 敬介　　　（都城島津家臣　　瀬之口敬介家　　　）
　　　　　　│　　　　　　　　　　　　　　（医家）
　　　　　　└ 隆兼

長包 ― 長昭 ― 長登 ― 長洪 ― 長発 ― 五郎　　　（寄合　　相良典礼家　　237）
新助　　典礼　　典礼　　典礼　　治部
│
└ 新平　　　（城下士小番　　相良新平家　　237）
　別立

複写・複製厳禁

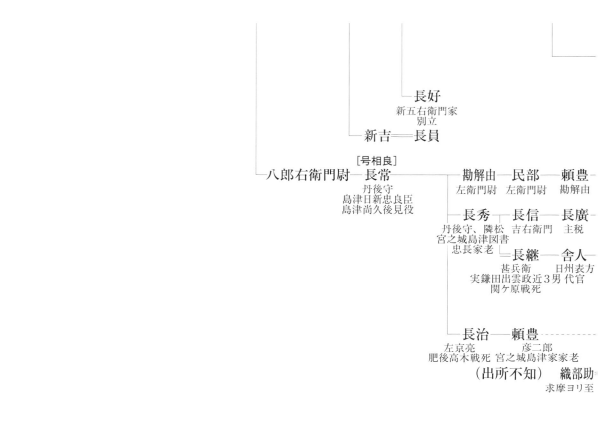

―― 与左衛門 ―――― 善左衛門 　　　　　　　　（城下士小番　　相良善左衛門家　　237）
　　　　別立

　　　　　　　　　　　　　　　　　　　　　　　　　（城下士小番　　相良新五右衛門家　237）

―― 頼員 ―― 頼元 ―― 頼常 ―― 頼英 ―― 伝八　　（城下士小番　　相良権兵衛家　　　237）
　　権兵衛　　土佐　　民部　　権兵衛
　　　　　　　　　　坊津地頭
―― 長清 ―― 権太夫 ―― 主左衛門 ―――― 権太夫　（城下士小番　　相良権太夫家　　　237）
　　主税
―― 甚左衛門 ―――― 甚五右衛門　　　　　　（城下士小番　　相良甚五右衛門家　237）
　　日州表方　　　実町田甚五右衛門男
　　　代官

‑ ‑ ‑ ‑ ‑ ‑ ‑ ‑ ‑ ‑ ‑ ‑ ‑ ‑ ‑ ‑ ‑ ‑ 権之丞 ― 長祥　（宮之城島津家臣　相良次太夫家　237）
　　　　　　　　　　　　　　　　　　　次太夫
―― 半右衛門 ―――― 十左衛門 ―――― 休右衛門　（城下士　　　　相良弥一兵衛家　　　）
　　満右衛門　　　　　覚助
実平田安房2男物奉行　実毛利肥前男勘定奉行

　　　　　　　　　　　　　　　　　　　　　　　　　（高山士　　　　蓑田新右衛門家　　　　）

―― 寿右衛門 ―――― 甚次郎　　　　　　　　（高山士　　　　蓑田寿右衛門家　　　　）

77. 堀氏一族分出略家系図

[号堀]

七郎 ─（2代略）───── 興○ ── 興親 ── 興延 ── 興勝 ═══ 興喜 ═══ 興昌 ── 興○ ── 興貞 ── 興長

上世木灰家之従臣	丹後守	弥右衛門	四郎左衛門	孫左衛門	甚左衛門	四郎太	四郎左衛門	四郎太夫	四郎太夫
大友豊後守政親	義久公臣	家久公臣			光久公臣	家老	不継家督		
女嫁忠昌公時	領大崎郷永吉村	久志地頭				実八弟	実本田与兵衛		
来薩州為家臣							親昌2男		

398　島津氏以外の他姓氏家臣

（派生一族：堀）

```
―興志―┬起敬―起哉―甚五郎                （城下士寄合    堀四郎左衛門家    239）
 甚左衛門 │四郎左衛門 弥八郎
          │
          ├起○―起○―翁之助              （城下士小番    堀翁之助家        239）
          │ 小番
          │ 別立
          │
          └基――健
```

複写・複製厳禁   77.堀氏一族分出略家系図　399

78. 小笠原氏一族分出略系図

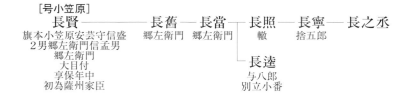

（派生一族：小笠原）

（城下士寄合　　小笠原郷左衛門家　　240）

（城下士小番　　小笠原与八郎家　　240）

複写・複製厳禁

79. 市来氏一族分出略系図

[惟宗姓]
醍醐天皇第五皇子
惟宗新皇裔知國4世

康友 ──────── 康村 ── 康兼 ── 重友 ── 友里 ── 友雄 ── 友躬 ── 友令 ── 康秀 ── 友秀 ── 康高 ── 康船
右馬允　　　　[号執印]
大夫判官　　　新田宮
　　　　　　　執印職

── 友久 ── 友成 ── 友員 ── 友賢 ── 友貞 ── 友重 ┐
[号國分]　周防守　備後守
右近将監
國分寺留守職
併天満宮別当

　　　　　　　　　　└── 友豊 ── 友俊 ── 孝友 ── 朗友 ── 規友 ── 朝友 ── 隆友 ── 定友

　　　　　　　　　　　　　　　　　　　　　　　　　　　　└── 友知
　　　　　　　　　　　　　　　　　　　　　　　　　　　　　　　十右衛門
　　　　　　　　　　　　　　　　　　　　　　　　　　　　　　　移鹿児島
　　　　　　　　　　　　　　　　　　　　　　　　　　　　　　　小番

　　　　　　　　　　　　　　　　[号羽島]
　　　　　└── 久成 ── 友広 ── 友平 ── 友康 ── 正友 ── 友真 ── 友員 ── 友道
　　　　　　　　豊後守　　　　　豊後守
　　　　　　　　伊久公臣　　　[号永利]
　　　　　　　　　　　　　　　宗友 ── 家友 ── 友延 ── 友親 ┄┄┄┄
　　　　　　　　　　　　　　　長門守
　　　　　　　　　　　　　　　[号向井]
　　　　　　　　　　　　　　　友愛 ── 忠親
　　　　　　　　　　　　　　　又二郎

　　　　　[号市来]
Ⓐ── 政家Ⓐ
　　　太郎
　　　[号川上]
　── 友光 ── 家忠 ── 家光 ── 家久 ── 家治 ── 家長 ── 家富 ── 家里 ── 守家
　　　次郎

　　　　　　　　　　　　　　　　　　　　　　── 年家
　　　　　　　　　　　　　　　　　　　　　　　　次郎左衛門

　　　　　　　　　　　　　　　　　　　　　　── 丹波

　── 橋口氏

　── 河原氏

　── 志茂氏

　── 兼対氏

　[号角]
　── 七郎 ── 家定 ── 家信 ── 家國 ── 家常 ── 家実 ── 家満 ┄┄┄┄
　　　　　　　　　　　　　　　　　　　　　宗左衛門　七郎左衛門

（派生一族：市来、執印、國分、羽島、永利、向井、川上、志茂、角、吉永、平野、
　五代、馬場、山野田、植松、田口、厚地、川俣）

```
──良友──友則─友春──友慶──友幸────────────┐
                           城下士              │
              ┌──友張──友為──友中──友宗──友賢     （城下士新番　　執印仁右衛門家　　　　　）
              │  仁右衛門 休左衛門 仁右衛門      吉左衛門


──友積────────┐
              │
┌─友相──友清─友治═友昌─友章──友晴═友宇     （城下士小番　　國分次郎右衛門家　　　　）
│  　次郎右衛門 平八郎 十右衛門
│
└─友輝──友政──友昌═友良                     （城下士小姓与　國分半右衛門家　　　　）
 半右衛門別立 三右衛門 十右衛門 平右衛門

                                           （末吉郷士　　　羽島新左衛門家　　　　　）

┈┈┈┈┈┈┈┈┈┈┈┈┈┈┈┈┈┈┈┈┈友秀     （入来院氏臣　　永利長門守家　　　　　）

                                           （城下士小番　　向井十郎太夫家　　　　）


──家政──家林────────────┐
  次郎左衛門                │
──包家──忠宅──忠辰┬久堅─家寛═家通─政補     （高岡士　　　　川上次郎左衛門家　　　）
                  │
                  └久全─家豊─家晃─家明     （高岡士　　　　川上賀左衛門家　　　　）

──忠家──久重──元柄──久品                   （高岡士　　　　川上仲右衛門家　　　　）



                                           （水引士　　　　志茂納右衛門家　　　　）



┈┈┈┈┈┈┈┈┈┈┈┈┈┈┈┈┈┈家吉─家政     （水引士　　　　角善右衛門家　　　　　）
                              勝右衛門尉
```

複写・複製厳禁

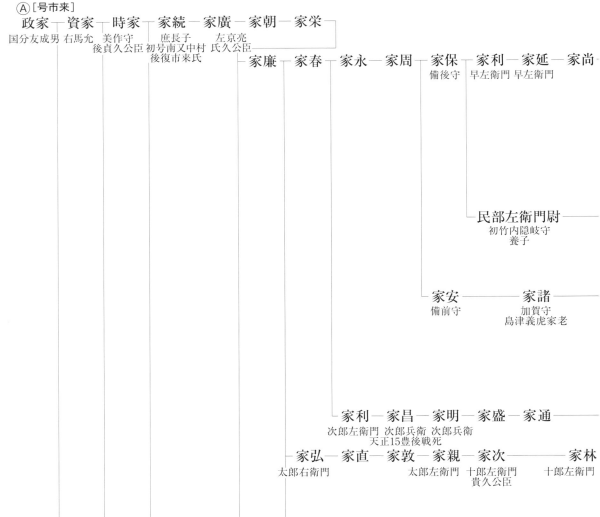

（出水士　　　　　吉永午之助家　　　　）

------------友知―友種―友将―友貞―友益　（城下士小番　平野六兵衛家　　　）

―友親―友秋―友平―友康―

―忠友―友綱―助友―友慶―友泰―友貞―友光　（城下士小番　五代周右衛門家　　　）
　　　　　　義弘公臣　城下士　　　　　仲兵衛

（出所不知）　友厚＝竜作―友邦―友烱　（城下士　　　五代友厚家　　　）

―家豊―家親―政香―政武―政晨＝政陽　（城下士小番　市来早左衛門家　243）
早右衛門　　　　早左衛門　早左衛門
　　　　　　　　　　　　　小番
―家幸―政英―政幸------------六左衛門
半右衛門　六右衛門　半右衛門

　　　　　―政直―政敏―政武　（城下士小姓与　市来六左衛門家　　　）
　　　　　宗介
　　　　　―政方―政雄

[復市来]
―家政―家方＝家賀―政芳―広命
備後守　助左衛門　次十郎　初家賢　初政方
　　　　　　　　　　　　　列寄合　左平
　　　　　―広容＝広明―広業―広備　（城下士寄合　市来次十郎家　243）
　　　　　初政為　次郎九郎　次十郎　蔀
　　　　　次郎左衛門　実島津兵庫
　　　　　　　　　　久照3男

―家成―家親―家陳―家重
清兵衛尉　伝右衛門　兵右衛門　新介（医師）
島津忠辰家老
　　　　（出所不知）　家守―家満―家繁―宗友　（城下士小番　市来八左衛門家　　　）
　　　　　　　　　美作守　軍介　八左衛門　八左衛門
　　　　　　　　　　　　　　伊作地頭　蒲生地頭

―家運―家佳―家治―民部左衛門―権三郎　（国分士　　市来権三郎家　　　）
因幡守　為右衛門

―次郎兵衛　（加世田士　市来次郎兵衛家　　　）

―家尚------------家昌―家張―家的―家貞
太郎左衛門　　　物奉行小番　七左衛門

　　　　　―家重---政方―政順＝政以　（城下士小番　市来十郎右衛門家　　　）
　　　　　　　　十郎右衛門

家城 ― 家武 ― 家利 ― 家矩
又七　　　　　源五兵衛　蔵兵衛

家清 ― 家貞 ― 家邦 ― 家重 ― 家貫 ― 家近
次郎太郎　　　次郎太郎　　　　　次郎右衛門

氏家 ― 忠家 ― 家親 ― 久家 ― 忠家
美作守　筑前守　備後守　筑前守　太郎左衛門
　　　　氏久公臣　元久公　背忠国公
　　　　　　　　久豊公臣

家喜 ― 家清 ― 家猶 ― 家良 ― 家続 ― 家矩
次郎左衛門　　　　　　　　　　　　喜右衛門
3男

家猶 ― 家則 ― 家玉 ― 家助 ― 家全
　　　　　　　六郎四郎

家直 ―

[号養母]
家豊
肥前守

家正 ― 家広 ― 久家 ― 久継 ― 忠友 ― 家正 ― 家政
太郎左衛門 二郎左衛門 太郎左衛門 二郎左衛門　　　太郎左衛門
　　　　　　　　　　　　　　　　　　　　　　　日新公臣

家國 ― 家直 ― 家通 ― 家元 ― 家充 ― 家正

家広 ― 家実 ― 家根

家定 ― 家本 ― 家光 ― 家房 ― 家次 ― 家祐
　　　　　　　平左衛門

[号馬場]
有家 ― 大和守 - 讃岐守 - 家昌 ― 家俊 ― 家宜 ― 家則
美濃守

[号山野田]
家至 ― 刑部 ― 刑部 ------

　　　　　家豊―家良―家貫┬家教　　　　（城下士小番　　市来権兵衛家　　　　　）
　　　　　宗兵衛　宇兵衛　　　権兵衛
　　　　　　　　　　　　　　└善八　　　　（城下士小姓与　市来勘兵衛家　　　　　）

　　　　　　　　　　　　　　　　　　　　　（宮之城島津家　市来源五兵衛家　　　　）

　　　　　　　　　　　　　　　　　　　　　（長島士　　　　市来次郎右衛門家　　　）

　　　　　　　　　　　　断絶

―家増　　　　　　　　　　　　　　　　　（宮之城島津家臣　市来八郎左衛門家　　）
　喜右衛門
―家綱―家恒―家弘―家伸―家道―家城┐
　　　　　　太郎右衛門
―家敦―家親―家重―家則┬家良―家親┐
　　　　　　　　　　　　　　　豹右衛門
　　　　　　　　　　　　　　　高麗有功
　　　　　　　　　　　└家利―家秀―家貞　（鶴田士　　　　市来伊兵衛家　　　　　）
　　　　　　　　　　　　主水佑　　伊兵衛

―家朗―家親―家治―家延―家永　　　　（城下士小番　　市来小四郎家　　　　　）
　小四郎
┌家豊―家重―典広―十郎兵衛　　　　　（高山士　　　　市来太郎左衛門家　　　　）

└法家―政延―政治―政俊―政朗＝政明┐
　　　　　　　　　└政致＝政芳―政武―武彦　（高山士　　　市来孫之進家　　　　　）

＝政邑―政紀＝喜三右衛門┐
　　　　└源次郎＝八之進―五郎右衛門＝曽之助　（高山士　市来五郎右衛門家　　　）

―家善―家幸―家秀―権右衛門――宗右衛門　（国分士　　市来宗右衛門家　　　　）

　　　　　　　　　　　　　　　　　　　　　（　　　　　馬場美濃守家　　　　　　）

--------政近―政安―政道―政富―政矩　　（城下士小姓与　山野田嘉兵衛家　　　）

複写・複製厳禁　　　　　　　　　　79.市来氏一族分出略系図　407

［号植松］
若狭守　　　　　　　　　　　　　　　　家賢 ― 家定
　　　　　　　　　　　　　　　　　　　出羽守

［号田口］
左近将監

厚地氏

重信氏 ― 家実 ― ○○ ― 家兼 ― 家資 ― 友家 ― 家重 ― ○○ ― 家住 ― 実友 ― 実政
　　　　　　　　　　　　　弥三郎

　　　　　　　　　　　　　　　　　　　孫兵衛 ＝ 佐左衛門 ＝

川俣氏

　　　　　　　［号市来］
　　　　　　　家栄 ― 為家 ― 家則 ― 家厚 ― 家頼 ― 家親 ― 家意
　　　　　　　式部

　　　　　　　　　　　　（出所不知）　家通 ― 家堅
　　　　　　　　　　　　　　　　　　義弘公臣　高岡士

（出所不知）出羽 ―― 家綱 ― 家正 ― 家利 ― 家親 ― 家税 ― 政奥 ― 正志 ― 正典 ― 政家 ― 政和
　　　　　　　　　清十郎　　　　　十左衛門　　　　　　　清十郎　清十郎　清十郎　誠十郎
　　　　　　　　　義弘公臣

（出所不知）清左衛門 ――――― 清右衛門 ―― 盛左衛門
　　　　　　　高岡士　　　　　　　　　　　　郡見廻

──家親─家香─家長┬忠家 平右衛門	（宮之城求名村	植松平兵衛家	）
└家正─家実─家行─家治 万兵衛	（佐司大園門	植松伊兵衛家	）
家邦 　　　　　　　　　　　清兵衛	（日州高原士	田口四郎兵衛家	）
［号田口］ ─家利─家次─家長─家昌 又五郎　　丹波守　満右衛門尉	（薩州山田士	田口兵右衛門家	）
政興─政重─政盛	（垂水島津家臣	厚地仁左衛門家	）
政成─政継	（福山士	厚地諸兵衛家	）
──家親‥‥‥‥‥太郎右衛門			
═武左衛門──岩右衛門──九兵衛─岩右衛門	（東郷士	市来岩右衛門家	）
家実─家昌 　　　　　　　　　三左衛門　好右衛門	（宮之城島津家臣	川俣太郎左衛門家	）
──家益─家興─家昌─与市左衛門──市郎右衛門	（大村士	市来与一左衛門家	）
──家善─政信─政盛─政方	（高岡士	市来宗兵衛家	）
──誠介─精一──一郎	（姶良士	市来清十郎家	）
	（高岡士	市来清左衛門家	）

80. 河野氏一族分出略系図

[号越智]

通重 ── 通照 ── 通賀 ── 通次 ── 通○ ── 通興 ══ 通古 ── 高獲 ── 高紀 ── 高○

通重	通照	通賀	通次	通○	通興	通古	高獲	高紀	高○
一王伊右衛門	伊兵衛	彦右衛門	弥太夫	藤蔵	八郎右衛門	外記	外記	雅楽	外記
通貞3男					元文2	若年寄			
湖雪斎					若年寄	実川上一字			
高山士						久東2男			
河野氏嗣									

（派生一族：河野）

（城下士寄合　　河野外記家　　　244）

複写・複製厳禁

81. 赤松氏一族分出略系図

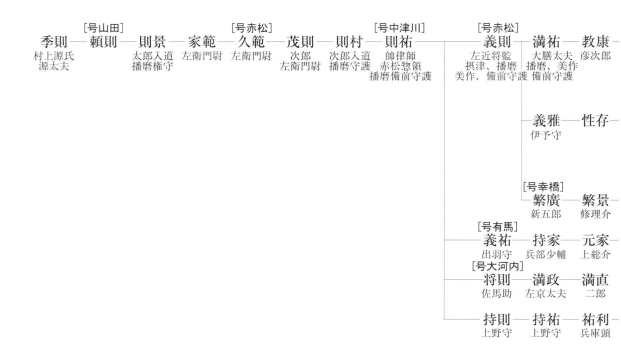

（派生一族：赤松、有馬）

```
―則秀═則重―義季―義隣―則春―則茂―
　肥前守　肥前守　肥前守　宮内左衛門　新之丞　甚右衛門

―則正―則方―則敏―則甫―則傚―則誠　　（城下士寄合　赤松造酒家　　245）
　造酒　　市正　　造酒　　主水　　主水
［号石野］
―政則―義村―晴政―義祐―則房―八太夫
　次郎　　兵部少輔　左京太夫　上総介　上総介　幕府旗本
　　　　　　　　　　　　　　　　　　　　　　　幕府旗本海軍
　　　　　　　　　　　　　―三次郎―筑前　　　（奉行　　石野八太夫家　245）
　　　　　　　　　　　　　　　　　筑前
```

```
　　　　　　　　　　　　　　　　　　　　　　　幕府旗本海軍
　　　　　　　　［号赤松］　　　　　　　　　　（少将　　赤松則良家　　　）
―義政―政頼―季光―秀将―則良
　和泉守　孫太郎　修理介　新五郎
　　　　　　［号有馬］　　　　　　　　　　　　筑後久留米
―則秀―澄則―則景―則頼―豊氏―忠頼　　　　（藩主　　有馬中務少輔家　）
　出羽守　刑部少輔　与次郎　中務少輔　玄番　中務少輔
　　　　　　　　　　　　　筑後久留米藩主
```

```
［号神吉］
―則実―則民
　民部少輔　民部少輔
```

複写・複製厳禁

82. 渋谷氏、東郷氏一族分出略系図

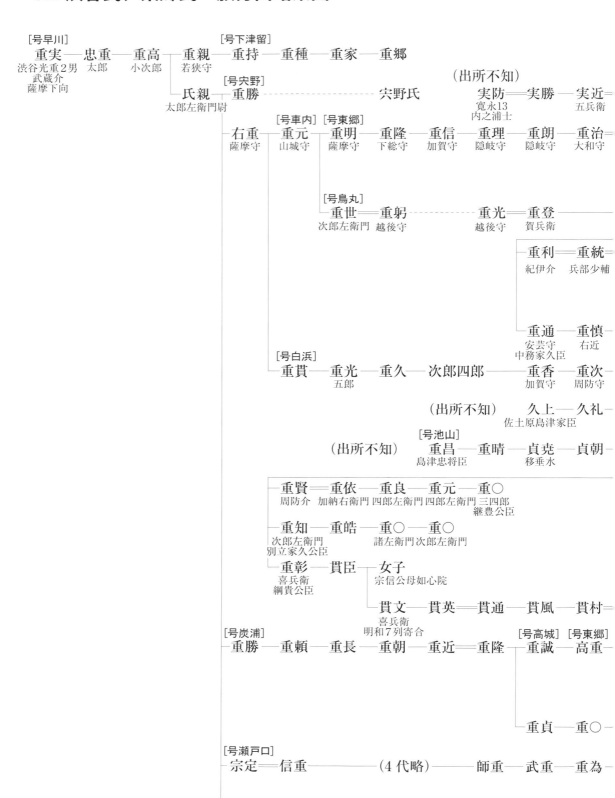

（派生一族：渋谷、東郷、烏丸、池山、白浜、瀬戸口）

| | | | | | | （宮之城島津家臣 | 東郷氏 | ） |

─実明─実方─実廣─実昆─実本─実賢　　（内之浦士　　　東郷五郎右衛門家　　）
　五郎兵衛　　　　　　　　　　　　五郎右衛門

─重尚─重虎─重経─利重─
　大和守　大和守　九右衛門　市左衛門
　　　　─重元─重商─重興┄┄┄┄実美　　（城下士小番　　東郷惣左衛門家　351）
　　　　　源七郎　市左衛門　惣左衛門　　　源四郎

─（2、3代不明）─

─兵右衛門────重伝─六右衛門┄┄実起　　（城下士　　　　烏丸次右衛門家　537）
　　　　　　　六弥太　　　　　次右衛門
　　　　　　　　　　　　　　└六左衛門　　（加治木島津家臣　烏丸六左衛門家　537）

　　　　　　　　　　　　　　※
─重秋─重知─重成─重良┄┄┄┄政實　　（永吉島津家臣　烏丸五左衛門家　537）
　五左衛門　三左衛門　庄左衛門　慶左衛門　　　五左衛門

─重政─重治─重将─
　周防守　次郎左衛門　四郎左衛門
　中務家久臣
─久慶─久命─久庸─久福　　（佐土原島津家臣　渋谷直記家　）

─重序─重興─貞実─時春─貞篤─貞順　　（垂水島津家臣　池山九右衛門家　）

（城下士小番　　東郷四郎左衛門家　314）

（城下士小番　　渋谷次郎左衛門家　314）

─貫峯─貫珍─貫尊　　（城下士寄合　渋谷喜三左衛門家　246）

─重且─重広─重盈─重珊─重寅─実明─
─実淋─実辰─兵右衛門────実治─正豊　　（入来院氏臣　東郷兵右衛門家　）

［号東郷］
─重定┄┄┄┄┄子孫入来院氏臣、日置島津家臣

［号東郷］
─重信

実昉 ── 実乙 ──┬─ 実位
藤右衛門　藤兵衛　　　弥十郎
　　　　　　　　　　└─ 実守
　　　　　　　　　　　　小藤
　　　　　　　　　　　　別立

[号白男川]
─重頼

[号野久尾]
─重賢

[号二渡]
─正重

[号糠毛田]
─重隆

[号川原]
─実久

[号石坂]
─右次

洋画家　東郷青児一流
（出所不知）　東郷実欽 ──── 実光

（出所不知）　[号瀬戸口]
　　　　　　　重勝 ── 重治 ＝ 重昌 ── 重年 ── 重治 ── 重氏 ── 矩副 ── 矩紀 ── 矩長 ── 栄武
　　　　　　　八郎右衛門　弥七
　　　　　　　木崎原戦功

※[号鳥丸]
　重良 ── 政叟 ── 政表 ── 政永 ＝ 政昌
　慶左衛門　庶子　都城臣　政悦　惣助

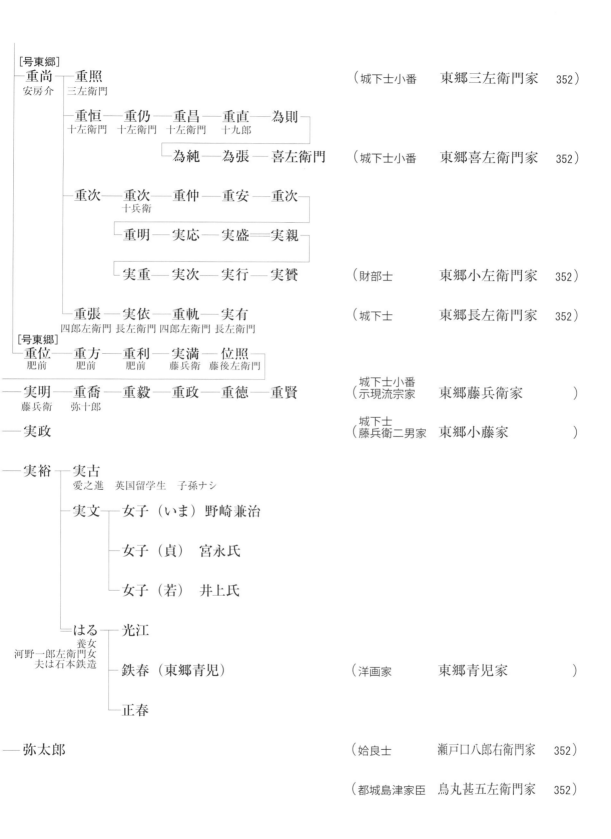

83. 宮之原氏一族分出略系図

[号宮之原]

重氏	重尚	重陳	通貫	通興	通直	通古	通温	通救
畠山重忠３男重俊苗裔	筑兵衛	筑兵衛	初重行甚太夫	初重治甚五兵衛	主膳	甚五兵衛	小膳	小膳
伝左衛門	実高山士福山氏男	綱貫公臣	実田布施士江田	野田、大根占	安永７大目付	実桂久中２男	早世	実島津才記
日州宮之原	綱久公近習		五兵衛國重３男	頴娃等地頭	列寄合			
下向仍以邑名為家号			綱貫公近習	寺社奉行	天明２家老			
			代々小番山川地頭					
			勘定奉行					

（派生一族：宮之原）

――通誼――通哲――通〇 　　　　　（城下士寄合　　宮之原小膳家　　　247）
　式部早世　主計実ハ弟　小膳

84. 関山氏一族分出略系図

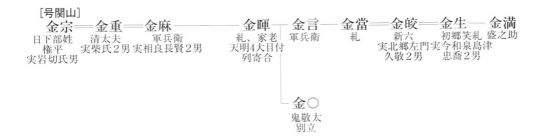

（派生一族：関山）

（城下士寄合　　関山糺家　　　　248）

（城下士小番　　関山鬼敬太家　　248）

複写・複製厳禁　　　　　　　　　　　　　　84. 関山氏一族分出略系図　421

85. 岩下氏一族分出略系図

[号岩下]

方○──方○──方○──家方──方房──方峯──方泰──道格──道朗──方平──長十郎─家一─

藤原姓出所不知	与右衛門	長左衛門	長右衛門	佐治右衛門	佐治右衛門	佐治右衛門	典膳	亘、早世	初道弘	早世
藤七兵衛	初出鹿児島		郡奉行			御用人	文化4大目付	大目付	不為家督	佐次右衛門
義弘公仕							列寄合	田布施地頭		家老明治20子爵
住田布施										
後住加治木										

422　島津氏以外の他姓氏家臣

（派生一族：岩下）

——方夫
　　千葉県住

（城下士寄合　　岩下佐次右衛門家　　250）

複写・複製厳禁

86. 上野氏一族分出略系図

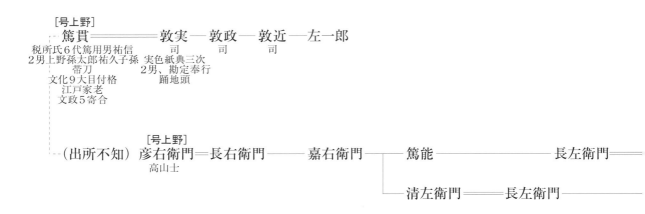

424 島津氏以外の他姓氏家臣

（派生一族：上野）

（城下士寄合　　上野司家　　　251）

──喜助─小平次＝敦貫─敦言＝喜兵衛─長兵衛　　（高山士　　　上野長左衛門家　251）

──清右衛門───喜兵衛─喜左衛門───彦四郎　　（高山士　　　上野清右衛門家　251）

複写・複製厳禁

87. 猪飼氏一族分出略系図

（派生一族：猪飼）

（江戸幕府旗本　猪飼半左衛門家　　　）

（一橋徳川家臣　猪飼茂左衛門家　　　）

┬正通
│鎌次郎
│
└尚敏──尚香═尚○　　　　　　（城下士寄合　猪飼央家　　252）
　2男　　央　　鋤太郎
島津斎興公仕 野田地頭 実都城島津豊後
政11江戸家老　　　久本5男
■□地頭列寄合　　　後川上藤十郎嗣　　（一橋家臣　　猪飼正表家　　　　）

複写・複製厳禁　　　　　　　　　　　87. 猪飼氏一族分出略系図　427

88. 調所氏一族分出略系図

　　[号稲富]

恒親─恒定─恒範─季恒─恒貞─恒賢─正恒─恒宗─恒用─恒久─祐恒─恒幸＝

右大臣藤原師輔曽孫

　　　　　　　　　　　　　　　　　　　　┌貞恒┬忠恒─恒最─序恒＝

　　　　　　　　　　　　　　　　　　　　│

　　　　　　　　　　　　　　　　　　　　└恒堯─恒縄─恒豊─

　　　　　　┌廣正─廣理─廣方＝廣待─廣帝─恒充＝恒通─廣保─

　　　　　　│

　　　　　　└恒○＝恒武┬武清─武茂┬恒孟┬恒茂─恒門─恒次＝

　　　　　　　　　　　　│　　　　　│　　│

　　　　　　　　　　　　│　　　　　│　　└新五左衛門─恒曹＝

　　　　　　　　　　　　│　　　　　│

　　　　　　　　　　　　│　　　　　└恒○─恒好─恒仲

　　　　　　　　　　　　│

　　　　　　　　　　　　└善右衛門──清左衛門──善右衛門─

（派生一族：調所）

［号調所］
＝敦恒
徳治2（1307）家督

＝恒房―恒慶―恒○―恒治＝恒○‥‥覚左衛門　　（佐土原島津家臣　調所覚左衛門家　　253）
　　　　　　島津忠将臣

　　　　　├廣栄―栄周
　　　　　　関白近衛前久
　　　　　　公より廣栄の名賜る
　　　　　　　　　├栄秀　（子孫不詳）

　　　　　　　　　└栄雪　（子孫不詳）

―恒久―恒盈　（子孫不詳）　　　　　　　　　（豊州島津家臣　調所等拙家　　253）

　　　└恒良　（子孫不詳）

―勘左衛門――美好―廣人―保平―克之　　　　調所氏本家
　　　　　　　　　　　　　　　　　　　　（栗野郷神職　調所勘左衛門家　　253）

　　　　　　　　　　　　└典子

　　　　　　　　　　［号調所］
　　　　　　　　　　ちょうしょ
＝恒曹―恒順―廣容＝廣丈―恒徳
　　　　　　　　　貴族院議員
　　　　　　　　　　　　　　　　　　　　２男家
　　　　　　　└一郎―啓秀―廣貴　　　　（城下士小番　調所藤内左衛門家　　253）

＝恒當―恒敦　　　　　　　　　　　　　　（城下士　　調所八左衛門家　　253）

　　　└恒中―恒奥―恒千　　　　　　　　（城下士　　調所佐悦家　　253）

―次郎左衛門　　　　　　　　　　　　　　（城下士　　調所次郎左衛門家　　253）

　　　　　　　　　　［号稲富］
―清悦―清悦＝廣郷―廣時
　　　　　　笑左衛門
　　［復調所］
　　├廣智―祥邦―廣光―廣之―宏繁　　　（城下士　　調所善右衛門家　　253）

　　　　　　　└廣良―廣志―一郎　　　城下士寄合
　　　　　　　　　　　　　　　　　（祭祀継承　調所笑左衛門家　　253）

　　　　　　　　　　　　└謙一　　　（廣志2男家　調所謙一家　　253）

　　└廣孝―廣胖―正廣　　　　　　　　（城下士小番　調所安之進家　　253）
　　　別立

　　　└健吉‥‥‥‥‥‥子孫大牟田　（廣孝2男家　調所健吉家　　253）

複写・複製厳禁

89. 宇多源氏西氏一族分出略系図

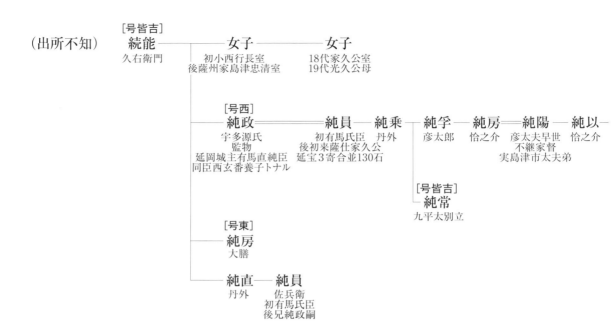

（派生一族：西、皆吉）

―― 純平 ―― 純束
　　　恰之介　　左一郎

（城下士寄合並　　西恰之介家　　　287）

（城下士小番　　皆吉九平太家　　　287）

複写・複製厳禁

90. 井上氏一族分出略系図

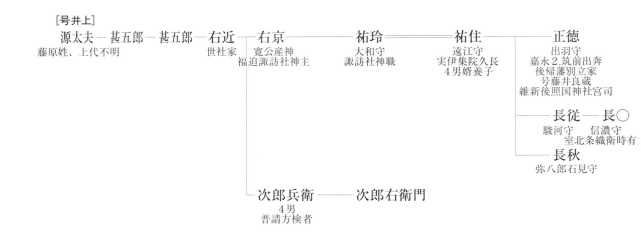

（派生一族：井上、藤井）

（照国神社宮司　藤井良蔵家　　　289）

（城下士寄合並
　花尾大宮司　　井上駿河守家　　289）

（城下士　　　　井上次郎兵衛家　289）

複写・複製厳禁

91. 面高氏一族分出略系図

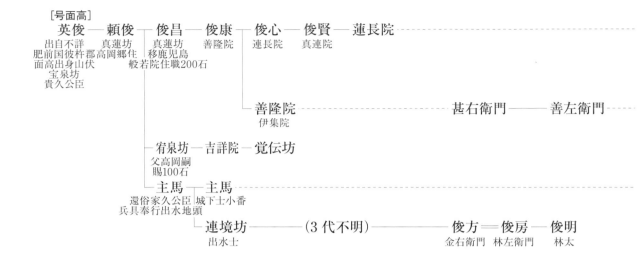

（派生一族：面高）

中性院 ― 眞七郎 ― 眞彦　　　　　（城下士寄合並　　面高蓮長院家　　290）
般若院住職
嘉永5年

善兵衛　　　　　　　　　（伊集院士　　　面高善左衛門家　　290）

（日州高岡士　　面高宥泉坊家　　290）

英常 ― 俊常　　　　　（城下士小番　　面高善右衛門家　　290）
善右衛門　　善右衛門
郡奉行45石 享和2山川地頭

（出水士　　　面高林左衛門家　　290）

（出所不知）彦右衛門　　　　　　　　　　　（加世田士　　面高彦右衛門家　　290）

複写・複製厳禁

92. 土持氏一族分出略系図

[号田部]
宿禰直彦 ── 馬養吾津麿 ─ 連国 ─ 連景 ─ 景文 ─ 信連 ─ 信増 ─ 信春 ─ 信行 ─ 信勝 ─ 信親
19代反正天皇男　　　　　　　　　宇佐大領

[号土持]
妙綱 ─ 宣綱 ┬ 景綱 ─ 秀綱 ─ 時綱 ─ 直綱 ─ 維綱 ─ 長綱 ─ 國栄 ─ 貞綱
　　　　　　左衛門尉　三郎太郎　三郎　財部　親左衛門尉　次郎左衛門尉
　　　　　　　　　　　　　　　　　　　　土持祖　北条氏臣

　　　　　　　　　　　　　　　　　　　　親綱 ─ 朝綱 ─ 貞綱 ─ 金綱
　　　　　　　　　　　　　　　　　　　　財部土持

　　　　　　　[号岡富]
　　　　├ 道綱 ─ 惟綱 ─ 政綱 ─ 国綱
　　　　│　　　　新左衛門　　　　刑部

　　　　│├ 宣栄 ─ 頼宣 ─ 宣弘 ─ 秋綱 ─ 全綱 ┬ 宣綱 ─ 全繁
　　　　││　佐兵衛尉　遠江守　下野守　豊前守　下野守　左衛門尉　五郎太郎
　　　　││　曽井城主　県城主
　　　　││
　　　　││　　　　　　　　　　　　　　　　　 └ 久種 ─ 信全
　　　　││　　　　　　　　　　　　　　　　　　　弾右衛門　城之助
　　　　││
　　　　│├ 諸綱 ─ 重綱 ─ 次綱 ─ 信綱 ─ 吉綱 ─ 久綱 ─ 友綱
　　　　││　三郎　左衛門　二郎太郎右衛門与三右衛門　九郎太郎　三郎太郎
　　　　││　　　　　　　　　　　　　　　　[号清水]
　　　　│└ 宣栄 ─ 時栄 ─ 治栄 ─ 頼綱 ─ 任綱 ─ 貴綱 ─ 喜綱
　　　　│　　新兵衛尉　八郎　右近将監　四郎左衛門　五郎左衛門　主水助
　　　　│　　建武２年　　　伊東祐尭トノ
　　　　│　　宮崎大塚　　　合戦ニ敗レ
　　　　│　　蓬莱山城主　児湯郡清水村ニ落去

　　　　　　　[号富高]
　　　　└ 弘綱 ─ 重綱 ─ 重長（子孫　中津藩士富高氏
　　　　　　永禄年中　　　　　　　　　岩戸村庄屋富高氏）
　　　　　　仕三田井氏
　　　　　　岩戸城主

（出所不知）政綱 ── ○綱 ┬ 利綱 ─ ○綱 ─ 親綱 ═ 守綱
　　　　　　　伊豆　若狭守　治部左衛門　佐左衛門　彦右衛門
　　　　　　　勝久公家老　貴久公臣
　　　　　　　　　　　　泊地頭
　　　　　　　　　　　├ 昌綱 ─ 照綱 ─ 貞綱 ─ 安綱 ‑‑‑‑‑‑
　　　　　　　　　　　宮之城島津
　　　　　　　　　　　忠長臣
　　　　　　　　　　　└ 右衛門 ─ 綱昌 ─ 綱里 ─ 政統 ─ 政方 ‑‑‑‑‑
　　　　　　　　　　　　加世田士

　　　　　　　田部姓土持庶流　　　　　　　　　　　　　　　　　[号土持]
（出所不知）海江田主殿 ─────── 外記 ‑‑‑‑‑‑‑‑‑‑‑‑‑‑‑‑‑‑‑‑‑‑ 綱家 ═ 綱○
　　　　　　　　　　　　　　　　　　　　　　　　　　　　　　大膳　大膳
　　　　　　　　　　　　　　　　　　　　　　　　　　　　　　　　　実海江田氏
　　　　　　　　　　　　　　　　　　　　　　　　　　　　　　　　　男後帰家

（派生一族：土持、富高、岡富、清水）

```
                    ［号宇佐］
─信蔵─信郷─信満┬信氏─信賢─信時
                    ［号富高］
                  └信村─則綱─宗綱
                    臼杵庄司
                    日向国富高住
```

　　　　　　　　　　　　　　　　　　　　　　　　都城島津家臣
　　　　　　　　　　　　　　　　　　　　　　　（御座列　　　　土持摂之助家　　313）

```
─（2代不明）─奥綱─頼綱─良綱┬重綱─貞綱
              備後守 摂津介 摂津介  摂津介 権之助
              北郷忠相家老      北郷時久臣 北郷忠能臣
                            └吉綱━次綱
```

　　　　　　　　　　　　　　　　　　　　　　　　（都城島津家臣
　　　　　　　　　　　└季綱─広綱　　　　　　　　土持造右衛門家　313）

─高綱─是綱　　　　　　　　　　　　　　　　　　　（末吉士　　　　土持氏　　　313）

```
─常綱─親佐═親成═久綱─盈信┐
 左衛門太夫 日向守 相模守  弾正忠  左馬権頭│
 実八弟         義久公臣─賜500石┘
─信秋─信貞─信由─栄丘┬栄長┬栄住─義瀧─義○
 次郎九郎 惣十郎十郎右衛門 新八 権之允 宗之進早世 孫兵衛  拾之助
```

　　　　　　　　　　　　　　　　　　　　　　　（城下士小番　　土持権之允家　313）

```
─忠綱─栄綱─賢綱（以後不明）└綱政─政照─綱義
 郎左衛門 新次郎  清兵衛            沖永良部住
─邦綱─秀綱─季綱─兼綱─重興─重賢（以後不明）
                        天正年中
                        佐土原島津中務家久臣
```
　　　　　　　　　　　　　　　　　　　　　　　（沖永良部　　　土持政照家　313）

　　　　　　　　　　　　　　　　　　　　　　　（城下士小番　　土持彦右衛門家　313）

　　　　　　　　　　安縄─政博　（宮之城島津家臣　土持五右衛門家　313）

　　　　　　　　　　太左衛門　　（加世田士　　　土持太左衛門家　313）

```
─綱慶┬綱平──綱周──綱致
 半右衛門 大右衛門 半右衛門 助右衛門
 実綱辰嫡男     早世不継 実五代助太夫
 兵具奉行              友保3男
 始良地頭              御馬廻江戸詰
      └綱英
        平右衛門
        2男家綱直嗣
```

　　　　　　　　　　　　　　　　　　　　　　　（城下士小番　　土持半右衛門家　313）

複写・複製厳禁　　　　　　　　　　　　　92.土持氏一族分出略系図　437

[号土持]
綱○ ——— 綱辰
平右衛門　　平右衛門
山川地頭　　御船奉行
　　　　　　馬関田
　　　　　　大根占地頭

―綱慶
　半右衛門嫡家嗣

―綱直―――――綱英―――――綱○―――――平右衛門　　　　（城下士小番　　土持平右衛門家　　313）
　六之助　　　　平右衛門　　　平右衛門
　病不継　　　　綱慶2男　　　納戸奉行

複写・複製厳禁　　　　　　　　　　　　　　　　　92.土持氏一族分出略系図　439

93. 高崎氏一族分出略系図

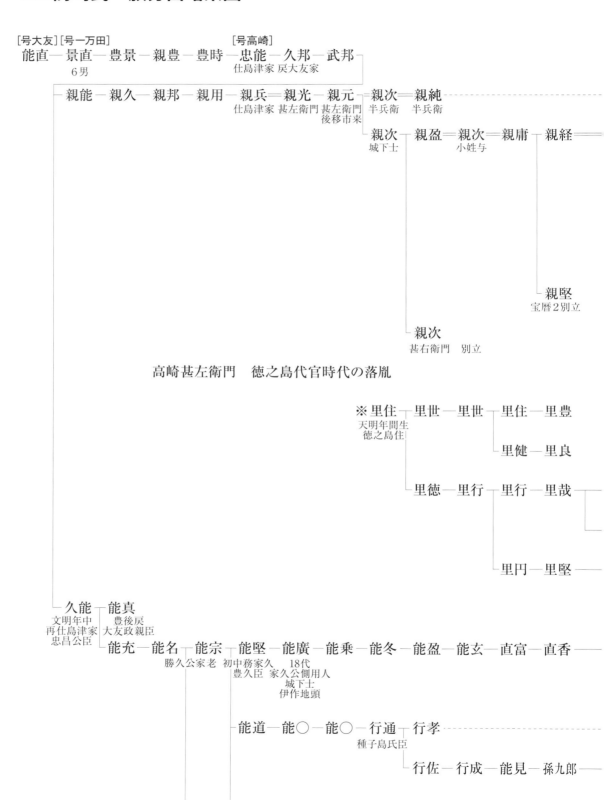

（派生一族：高崎）

```
                              ┌─ 親広 ─ 親章 ─ 親輝 ─ 晃昇   （市来士        高崎平右衛門家   319）
─────────────────────┘
─ 親胤 ─┬─ 親勝 ─┬─ 温恭 ─┬─ 正風 ─ 元彦 ─ 正光 ─ 正人 ─ 正彦  城下士小姓与    高崎甚左衛門家   319）
  甚左衛門│        │  初親恭  男爵                              〈明治男爵〉
        │        │  高崎崩れ切腹  └─ 茂雄             （正風2男家      高崎茂雄家     319）
        │        │
        │        └─ 友道 ─ 友愛 ─ 安彦 ─ 弓彦 ─ 秀博 ─ 秀彦  城下士小姓与    高崎善兵衛家    319）
        │             東京府知事                              〈明治男爵〉
        │             男爵
        ├─ 親次 ─ 親広 ─ 親章 ─ 親輝 ─ 晃昇        （城下士        高崎九郎左衛門家  319）
        │
        └─ 里住※                                （城下士        高崎嘉平次家       ）

                                               （城下士        高崎甚右衛門家      ）


                                               （徳之島阿権     高崎阿権家         ）


─ 善蔵 ─ 保蔵 ─ 幸司

─ 典雄 ─ 真一

─ 里満
                                               （大友氏臣       高崎主膳正家        ）
─ 直孝                                         （城下士小番     高崎惣右衛門家    319）


─────────────────────── 道博     （種子島氏臣     高崎一右衛門家    319）

─ 吉十郎 ─ 能容 ─ 能行                          （種子島氏臣     高崎孫兵衛家        ）
```

```
        ┌─ 能雄
        ├─ 能有
能時 ─┬─ 能行 ─ 能承 ─ 能根 ─ 能孝 ─ 能香 ─┬─ 能元 - - - - - - - - -
初島津義弘臣 │ 島津豊久家老                      │
後佐土原  │    庄内戦死                       └─ 能享 ─ 能前 ─ 能治 ──
島津中務  │
家久、豊久臣 └─ 能虎
```

442　島津氏以外の他姓氏家臣

-------- （3代不明） ------------------ 六郎右衛門 　　　　　（永吉島津家臣　　　高崎六郎右衛門家　　319）
　　　　　　　　　　　　　　　　　　　　　　　　　　　家老

―能之―能幹―能聖―能彦―若子　　　　　（永吉島津家臣　高崎十右衛門家　　319）
十右衛門

複写・複製厳禁　　　　　　　　　　　　　　　　　93. 高崎氏一族分出略系図　443

94. 志岐氏一族分出略系図

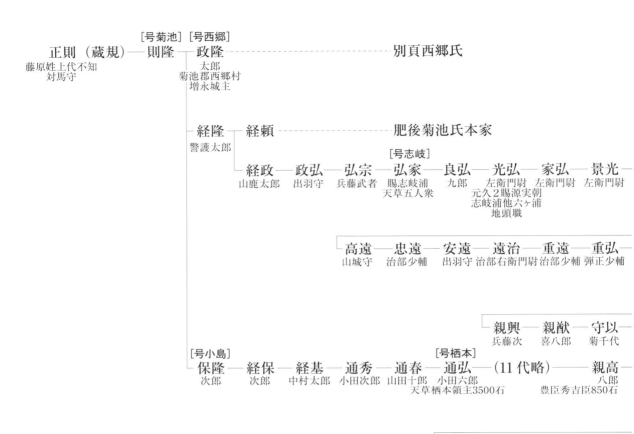

（派生一族：志岐、菊池、西郷、栖本、猪原）

―― 景弘 ―― 光弘 ―― 光景 ―― 隆弘 ―― 経弘 ―― 知遠
　　左衛門尉　　兵藤次　　　　　　　太郎　　　　　　　　山城守
　　　　　　　　　　　　　　　貞和5足利直冬安堵状
　　　　　　　　　　　　　　　正平8菊池武光軍忠状

―― 鎮経 ―― 諸経 ―― 親昌 ―― 守親 ―― 親名 ―― 親斎
　　豊前守　　藤右衛門尉　小左衛門尉　藤左衛門　藤左衛門　藤右衛門
　　大友宗麟臣　　　　　志岐浦退去　　　　　　江戸勤　　江戸詰
　　　　　　　　　　　　寛永10光久公臣
　　　　　　　　　　　　300石

―― 守厚 ―― 守行 ―― 守治 ―― 守國 ―― 守約 ―― 昭学　　（城下士小番　　志岐藤左衛門家　　325）
　　小左衛門　　　　菊千代
　　　　　　　　　陸軍中将

―― 通隆 ―┬― 鎮弘 ―― 通次 ―― 通安 ―― 安光
　　甚右衛門　　又七郎　　又七郎　　甚右衛門　又七郎
　栖本領主 熊本藩士200石　[号猪原]　　　　　　　　　　　　　　　　　　　　熊本藩士
　　　　　　└― 又助 ―― 与三兵衛 ===== 助兵衛　　　　　　（栖本2男家　　猪原助兵衛家　　　）
　　　　　　　　150石　　　　　　　　　　帰農

―― 通銃 ―― 通睦 ―┬― 富一郎
　　富太　　　助七
　　　　　　　　　　└― 義雄 ―― 貞人 ―― 松雄 ―― 真理子　　（熊本藩士　　栖本又七郎家　　325）

複写・複製厳禁　　　　　　　　　　　　　　　　94.志岐氏一族分出略系図　445

95. 田尻氏一族分出略系図

[号田尻]

種範 ― 種重 ― 種長 ― 種秀 ― 種顕 ― 種茂 ― 恒種 ― 種久 ― 治種 ― 親隆 ―――― 鑑種

大蔵姓　　三郎　　三郎次郎　　　　　　　　属大友氏　左衛門大夫　中務大夫　遠江守　伯耆守　　永禄10侍島合戦

大蔵家16代孫　　　弘安9年父功賜　　　　　　　　　　　　　　　　　　領筑前国　大友家臣　　大友方敗北

孫三郎　　　　　　薩摩掛持地頭　　　　　　　　　　　　　　　　　　　怡土郡　　領柳川鷹　　属龍造寺氏

　　　　　　　　　　　　　　　　　　　　　　　　　　　　　　　　　　　　　　尾城6万石　　後鍋島氏臣

　　領鷹尾城

―種昌―

十郎右衛門

実新納隼見

久陣3男

（派生一族：田尻）

春種━━昌種━━宗種━━興種　　　　　　　（佐賀小城藩家老　田尻監物家　　　326）
監物　　　　　　　宮内
鍋島家臣
統種━━種〇━━種房━━種〇━━種〇
嘉兵衛　　八兵衛　金右衛門 八郎右衛門 嘉三次
初龍造寺氏人質 口事奉行 御船奉行　郡奉行
後島津家久公臣　馬廻　　山奉行　　船奉行
150石移鹿児島

種盈━━種賢━┳種直━━種徳━━種芳━━大作　　（城下士小番　田尻八郎右衛門家　326）
仲之丞　　務　吉次郎
　　　　　　実日置島津 実日置島津
　　　　　　久風4男 久徴2男
　　　　　　霧島神宮初代宮司
　　　　　┗種英━━種〇━━〇〇━━真彬

複写・複製厳禁　　　　　　　　　　　　　　　　95. 田尻氏一族分出略系図　447

96. 中西氏一族分出略系図

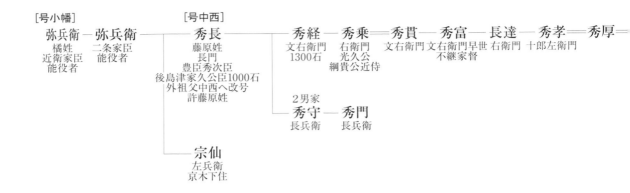

（派生一族：中西）

―秀知―秀寿―秀美―厳　　　　　（城下士小番　　中西文右衛門家　　327）
平田藤五郎２男

　　　　　　　　　　　　　　　　（城下士小姓与　中西長兵衛家　　　　）

　　　　　　　　　　　　　　　　（京木下住　　　中西宗仙家　　　　　）

97. 吉田氏一族分出略系図

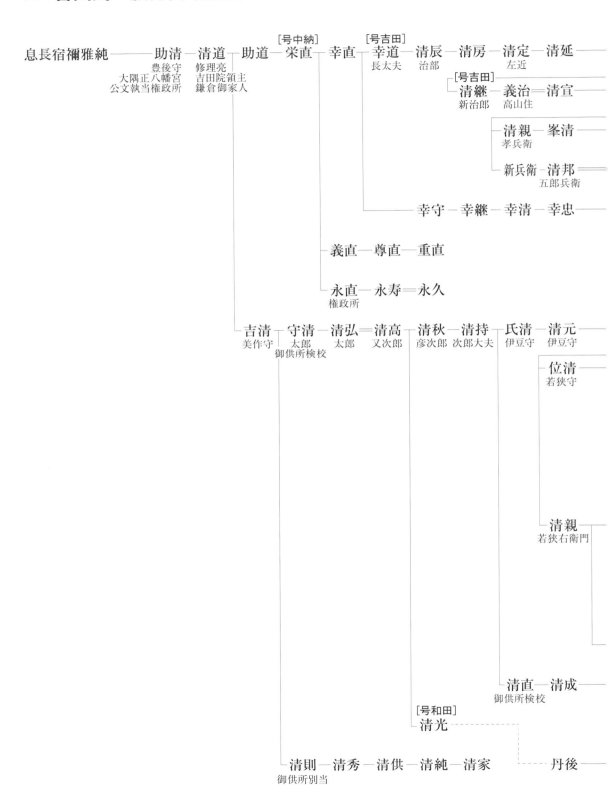

（派生一族：吉田、吉川、和田）

[号吉川]
－清成－清泰－清興－清盈－清次－清〇
　　　　　　丹波守　丹波守　治部左衛門

－清良－清茂

－清易＝藤兵衛－助右衛門──以清－清人－治一郎　（高山士　　　吉田助左衛門家　350）
三左衛門　　　　　　　　　　納助　秀助

－清軌－清位＝清応－清安－耕造　（高山士　　　吉田新兵衛家　350）
　　　三五郎

－為幸－善友－清泰－清次－弥右衛門──仁兵衛　（志布志士　　吉川甚兵衛家　350）
　　　志布志住

　　　　　　　　　　　　　　　大隅正八幡宮（執印　　　吉田重直家　350）

　　　　　　　　　　　　　　　大隅正八幡宮（権政所　吉田永久家　350）

－清正－兼清－泰清－孝清
弾正　次郎史郎　心門　三河守

－宗清┬朝清－康清－為清－納右衛門──次郎兵衛　（城下士小番　吉田次郎兵衛家　350）
若狭　│若狭　次郎兵衛　次郎兵衛
　　　└清孝＝清久＝康清　（城下士宗清（2男家　吉田清孝家　350）
　　　　美作守　治部左衛門　次郎兵衛

（上代不明）　仲右衛門──源右衛門──清成
　　　　　　　　　　　　　　　　駐米大使
　　　　　　　　　　　　　　　└清風－清重　（城下士　　　吉田仲右衛門家　350）

－清長┬清存--------清尊－清名＝清品－清武－清基　（城下士　　　吉田清存家　350）
右衛門佐
　　　└清盛＝清貞－清房－清方－清兼
　　　　大蔵　貞左衛門　久兵衛　伝右衛門　右衛門次郎
　　　　　　　六郎右衛門--------清逸　（城下士小番　吉田六郎右衛門家　350）
　　　　　　　　　　　　　六郎右衛門

－六郎右衛門--------六郎右衛門

－清名－公清－清善－清莫－清正－清秀
　　　　　　　　　　　　義久公臣　新左衛門
　　　　　　　　　　　　└清次－新左衛門　（城下士小姓与　吉田新左衛門家　350）

－右京--------平右衛門　（城下士　　　和田平右衛門家　350）

98. 伊東氏一族分出略系図

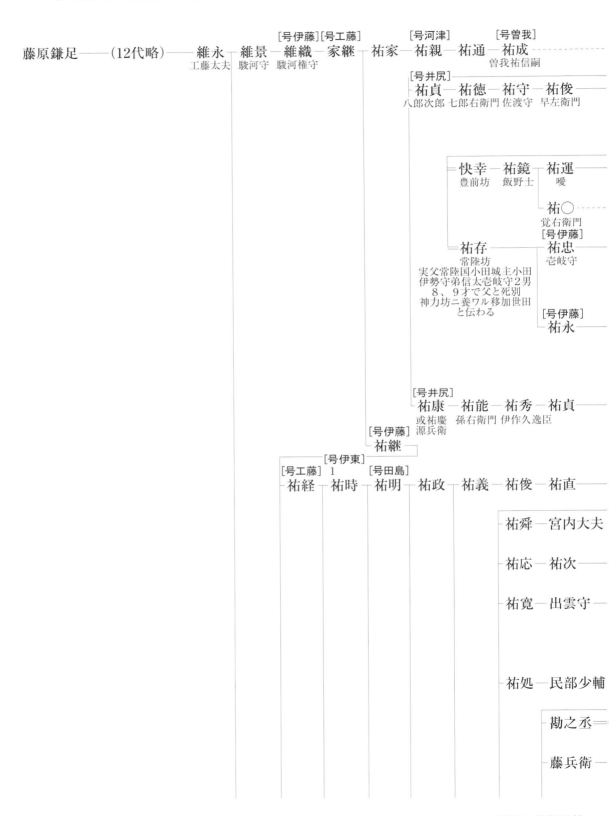

（派生一族：伊東、伊藤、井尻、曽我、佐土原、田島、堤、長倉、木脇、唐鎌、長野、松形）

```
        ［号曽我］［号井尻］
        祐清 ─ 祐泰
        兵部   2男
              十郎次郎

  祐元 ─────── 祐宗 ─────── 祐雪 ─ 祐保                  （城下士    伊東相左衛門家        ）
  佐渡守       九郎次郎、佐渡守   相左衛門 八兵衛  ［号伊東］
  日新公臣      日新・貴久公臣
              宗憲
              2男
              神力坊 日新公臣

  祐覚 ─ 祐永 ─ 祐寿 ─ 祐暉 ─ 祐将 ─ 祐里 ─ 祐明 ─ 祐之     （飯野士    井尻神力坊家        ）
  瞹     瞹    瞹    郷土年寄 郷土年寄

                                  武左衛門                （飯野士    井尻武左衛門家        ）

  祐興 ─ 祐貞 ─ 祐秀 ─ 祐吉 ─ 祐雪 ─ 祐順 ─ 弥一郎 ─ 政雄    （出水士    伊藤権左衛門家      404）

       祐音                                             （出水士    伊藤兵右衛門家      404）
       別立

  祐昌 ─ 祐富 ─ 祐雪 ─ 祐貞 ─ 祐良 ─ 祐珍 ─ 祐輝

       祐之 ─ 祐徳 ─ 祐祥 ─ 信夫 ─ 祐輔 ─ 祐一郎           （出水士    伊藤四郎左衛門家    404）
             四郎左衛門      日置流
             ［号伊東］      腰矢師範

  祐盛 ─ 祐盈 ─ 祐幾                                      （城下士    伊東作太夫家        ）
             祐義
             実喜入休右衛門
             3男

             ［号佐土原］
  祐武 ─ 祐世 ─ 祐里 ─ 祐賀
             休祐

  四郎三郎              （出所不知）休左衛門              （出水士    佐土原休左衛門家    539）

  五郎兵衛              （出所不知）祐康                  （国分士    佐土原源五兵衛家    539）

  祐章 ──────── （出所不知）甚右衛門                     （指宿士    佐土原甚右衛門家    539）


              （出所不知）
  内蔵丞 ──────── 勘十郎（断絶）──────── （再興）親房
              島津中務家久・豊久臣        永吉島津家臣
              関ヶ原戦死
  治左衛門 ─── 親則 ─ 親志 ─ 親臣        （永吉島津家臣  佐土原勘十郎家    539）

  藤太郎 ─ 藤市 ─ 直熊 ─ 連太郎          （永吉島津家臣  佐土原藤兵衛家    539）
```

複写・複製厳禁

藤内——

源左衛門—

祐職—兵部少輔—

祐倶—祐吉——

祐義——
弥左衛門

祐晃==
杢兵衛

[号堤]
祐信—祐政—祐元—祐良

[号長倉]
祐氏—祐演—祐隆—祐保—祐春——

```
            藤八─ 親雄─ 博親              （永吉島津家臣  佐土原藤八家      539）

 親愛┬ 親光─ 耕一─ 利之                  （永吉島津家臣  佐土原藤内家      539）
    │                                              佐土原藤内
    └ 親房─ 拓也─ 健治                  （永吉島津家臣  ２男家          539）

 源次郎┬ 藤五郎                          （永吉島津家臣  佐土原源左衛門家  539）
      │                                            佐土原源次郎
      ├ 勘袈裟─ 親正                    （永吉島津家臣  ２男家          539）
      │                                            佐土原源次郎
      └ 伸也┬ 真司                      （永吉島津家臣  ３男家          539）

 新左衛門─ 寛之    ┄┄（出所不知）春右衛門  （羽月士      佐土原春右衛門家    ）

 俊尭─ 祐職┬ 祐次─ 祐岡─ 祐三═ 祐行═ 祐矩─ 祐睦  （飫肥藩士  佐土原九左衛門家  539）
 伊東義祐臣 └ 祐共─ 祐員─ 祐正─ 祐次          （飫肥藩士  佐土原六兵衛家    539）

 祐晴─ 祐寛─ 祐敏═ 祐永─ 祐紀─ 祐光─ 蒔之丞  （東郷士      田島弥左衛門家      ）

 祐慶─ 祐秀─ 祐延═ 祐次─ 六之進          （東郷士      田島六右衛門家      ）

 祐利─ 祐長┬ 祐道─ 祐寛─ 祐客─ 祐貞─ 祐実┐
          │      ［復伊東］              │
          ├ 祐次─ 祐暁 ┄┄┄┄┄┄┄┄ 三郎  （佐土原島津家臣  伊東六郎左衛門家  ）
          │   善五郎
          └ 祐明─ 祐憲─ 正祐─ 祐直      （佐土原島津家臣  堤伝左衛門家      ）

 祐定┬ 祐有─ 祐次─ 祐公─ 祐氏─ 祐信      （飫肥藩士      長倉四郎兵衛家      ）
    └ 祐永─ 祐元─ 祐普─ 祐厚─ 祐行─ 祐友┐
          三位義祐臣 島津歳久臣              │
          └ 祐春─ 祐真─ 祐重┐

 祐以─ 武右衛門── 兵太─ 吉十郎┬ 藤右衛門── 祐直  （東郷士  長倉藤右衛門家  ）
                            └ 祐相─ 祐長          （東郷士  長倉与右衛門家  ）
```

複写・複製厳禁

祐栄

2 [号伊東] 4　　5　　6　　7
祐光—祐宗—貞祐—祐持—氏祐
　　　　　　　　　築都於都城

祐守—祐凞
※初代は祐光父祐時。
※3代は祐光弟祐頼。
※祐凞を7代、祐安を8代
　とする説もある。

-曽右衛門──武兵衛-祐良─祐慶─祐常─祐永　　　　　（東郷士　　　　　長倉曽右衛門家　　　　）

-祐次─祐種─祐武─祐豊┄┄┄┄┄┄┄┄┄┄藤之丞-祐言　（佐土原島津家臣　長倉洞雲家　　　　　）

-祐宗─祐昌─祐元─祐運─祐位─祐里─祐英　　　　　（都城島津家臣　長倉嘉右衛門家　　　）

孫六
8　　　　　9　　　　10　　　11　　　12
-祐重─祐安─祐立─祐尭─祐国┐

-13──14
-尹祐─義祐┄┄┄┄┄以下飫肥藩伊東家　伊東氏へ

-祐梁─祐松─祐梁┬祐信
　　　　　　　　　新次郎
　　　　　　　　　木崎原戦死
　　　　　　　　└祐辰
　　　　　　　　　助右衛門

　　　　　├祐○─女子
　　　　　常陸守　伊東駿河守祐豊妻

　　　　　└祐氏
　　　　　平右衛門
　　　　　伊東加賀守祐安跡嗣

-祐武─祐○─祐○┄┄┄┄祐○┐
武蔵守　左衛門佐　尾張守　不明　平右衛門
　　　　　　　　　伊作住　　　義弘公飯野
　　　　　　　　　日新公臣　　在城時任
　　　　　　　　　　　　　　慶長12移加治木

　　　　祐○─祐○┄┄┄祐○─祐良　（城下士　　　伊東平左衛門家　　　）
　　　　九兵衛　平右衛門　新四郎　平左衛門
　　　　城下士
　　　　129石

　　　　正祐═吉久─祐智─金祐┐
　　　　清右衛門　清右衛門　嘉右衛門　嘉右衛門
　　　　天正12生
　　　　復高山移

　　　　祐積─祐衷─祐伴┐
　　　　嘉左衛門　嘉右衛門　佳太郎

　　　　祐春─祐祥─祐隆┐
　　　　嘉平太、医師　嘉平太　嘉左衛門
　　　　郷士年寄　　　　　　　高山村長
　　　　└豊志─道郎　（高山士　　　伊東嘉左衛門家　　　）
　　　　　高山町長
　　　　├尚文

　　　　├芳成

458　島津氏以外の他姓氏家臣

司郎

祐治＝嘉平次　　　　　（高山士　　　伊東嘉平次家　　　　　　）
別立　　柳悦
佳納次
医師

祐○ ─ 祐○ ─ 祐光
新右衛門　新左衛門　茂左衛門
寛永10.10.22分知　伊東次郎右衛門　初新納氏臣
移鹿児島　　祐之与カトシテ　住大口
　　　　　　従江戸

祐長 ─ 祐輝 ─ 祐可 ─ 祐之 ─ 祐章 ─ 正吉　（城下士小姓与　伊東新之丞家　　　）
茂右衛門　茂右衛門　新之丞　新十郎　海軍大佐　早世
新之丞　　新之丞
　　　　　　　　　　　　　　　　祐実
　　　　　　　　　　　　　　　　猛助

祐昌 ─ 祐勝 ─ 祐信 ─ 祐有 ─ 祐武
別立　　新左衛門　新右衛門　新之助
新右衛門
元文4別立
韃靼鏨住
　　　　　　　　　　　　武一 ─ 元　（城下士小姓与　伊東新右衛門家　　）

祐延 ─ 祐○ ─ 祐貞 ─ 祐○ ─ 祐○
右衛門佐　喜左衛門　肥前守260石　左兵衛　源右衛門
馬越地頭　　　　　　坊津等地頭　　　　　一代小番
　　　　　庄内戦死　慶長4
　　　　　　　　　　　　　　祐○ ── 次郎太　（城下士小番　伊東源右衛門家　　）
　　　　　　　　　　　　　源右衛門
　　　　　　　　　　　　　代々新番

祐将 ─ 祐忠　　　　　（飫肥藩士　　伊東直記家　　　　　　　）

祐明 ─ 祐○ ─ 祐種 ─ 祐啓 ─ 祐房
初祐審　七右衛門　源右衛門　源右衛門　久兵衛
大炊助　関ヶ原戦死　七郎兵衛　休兵衛
島津歳久臣
　　　　　　　　　　　祐文 ─ 祐近 ─ 祐流　（東郷士　　伊東休兵衛家　　　　　）
　　　　　　　　　　　休兵衛　伊之助　休兵衛

　　　　　　　　　　　祐芳 ─ 祐清 ─ 祐規　（東郷士　　伊東休右衛門家　　　　）
　　　　　　　　　　　休右衛門　休右衛門　休右衛門
　　　　　　　　　　　　　　　享保7別立

女子　祐紀妻

祐紀 ─ 祐清 ─ 祐季 ─ 祐年
雅楽助　七郎兵衛　歳之助　次郎右衛門
東郷士
　　　　　　　　　祐秋 ─ 祐春 ─ 祐昌 ─ 祐之　（東郷士　　伊東与三右衛門家　　）
　　　　　　　　　与三右衛門　次右衛門　与三右衛門

　　　　　　　　　祐喜 ─ 祐久 ─ 祐重　（東郷士　　伊東庄兵衛家　　　　　）
　　　　　　　　　喜助　庄兵衛

460　島津氏以外の他姓氏家臣

├祐正―祐友　　　　　　　　（東郷士　　　　伊東仁右衛門家　　　　）

└祐尹―祐近　　　　　　　　（東郷士　　　　伊東十助家　　　　）

（出所不知）　祐積―祐衷―祐伴―祐治　（東郷士　　　　伊東嘉左衛門家　　　　）

┌祐安―祐○
　加賀守　源四郎
　崎原戦死　木崎原戦死

└祐氏――――祐豊―祐秀―祐平―祐○―祐○　（城下士　　　　伊東九兵衛家　　　　）
　平右衛門　　駿河守　九左衛門 刑部左衛門 次郎兵衛 九左衛門
　実同氏常陸房男　実川崎駿河守
　慶長3南郷戦死　祐長2男
　　　　　　　　　　　　　└祐○―祐○―祐○　（城下士　　　　伊東仲右衛門家　　　　）
　　　　　　　　　　　　　　松右衛門　杢兵衛　仲右衛門

　　　　　└祐富
　　　　　　内膳正、京都住

┌祐審―祐○―祐知―祐正―祐屯―女子（松井）
　右衛門佐 五郎兵衛 仙右衛門 仙右衛門 仙右衛門 奥方勤
　　　　　　　　　　　　　一代小番

　　　　　　　　└祐央―祐養　（城下士小番　　伊東仙右衛門家　369）
　　　　　　　　　仙右衛門　仙右衛門
　　　　　　　　　新番　　代々小番
　　　　　　　　　　└祐清
　　　　　　　　　　　別立正助

　　　　　　└祐友　（城下士小姓与　伊東用右衛門家　369）
　　　　　　　別立用右衛門

　　　　　　└祐之―祐時（罪有断絶）　断絶　（城下士小姓与　伊東新助家　369）
　　　　　　　別立新助　新助

　　　└祐○―祐○　（城下士小姓与　伊東曽兵衛家　369）
　　　　別立曽兵衛　曽兵衛

┌祐臣―祐利―祐典―祐敬―祐之―祐基―祐員　（城下士　　　　伊東仙兵衛家　369）
　仙兵衛　仙兵衛　仙兵衛　仙兵衛　東太郎
　　　　　　　　　　　　海軍大技師
　　　　　　　　　　　　　└祐貞

　　　　　　　　　　　　　└祐弘

　　　└祐麿―二郎麿-英麿　（城下士　　仙兵衛2男家 伊東次右衛門家　369）
　　　　別立次右衛門
　　　　海軍中将
　　　　　子爵

　　　└祐亨―瑞祐―達祐　（城下士　　仙兵衛3男家 伊東四郎家　369）
　　　　四郎左衛門 東京興業社長
　　　　四郎
　　　　海軍大将元帥
　　　　伯爵

複写・複製厳禁

[号木脇]
3
祐頼 ― 祐継 ― 祐顕 ― 祐為 ― 祐朝 ------
刑部左衛門 六郎左衛門 八郎左衛門 刑部左衛門

祐賢 ―
河内守

[号伊東]　　　　　　　　　　　　[号江口]
祐栄 ― 祐光 ― 祐堯 ― 祐能 ― 祐綱 ― 祐廣
左馬権頭　左京太夫　民部大輔　三郎左衛門　丹後守　源兵衛
　　　　　　　　　　　　　　　[号唐鎌] 居摂津国
祐乗 ― 祐幸 ― 祐継 ― 祐豊 ― 祐秀 ―
主水左衛門　和泉守　但馬守　源五郎　掃部介

└祐道　　　　　　　　　　　　　　　（城下士）　　仙兵衛４男家
　八二、海軍少尉　　　　　　　　　　　　　　　伊東八二家　　　369）

[号右松]
─祐宗─祐者─祐宣

─祐利─祐定─祐昌─祐吉─祐為
　刑部左衛門 伊左衛門 刑部左衛門 三右衛門 三右衛門
　貴久公臣

　　　　　　　　祐業─祐充─祐之　（城下士小番）　木脇三右衛門家　　）

　　　　　　祐秀─祐貞　（城下士）　　　　　　木脇休右衛門家　　）
　　　　　　刑部左衛門 休右衛門
　　　　　　関ヶ原出陣
　　　　　　義弘殉死

　　　　　祐春─祐充─────伝五左衛門
　　　　　民部丞 東郷士
　　　　　歳久殉死
　　　　　　　　　　　一丸─久智　（東郷士）　　木脇伝五左衛門家　　）

　　─主悦介─祐兄─祐光
　　尹祐女忠治公 大炊介 若狭守
　　嫁時従仕 貴久公臣 移鹿児島
　　本宗家臣

[号伊東]
─祐辰─祐昌─次郎右衛門＝仁右衛門──次郎右衛門　（城下士小番）　木脇八郎右衛門家　　）
　肥後 仁右衛門 側用人
　　　肥後
　　　江戸詰小番
　　　綱久公臣

　　　　　　　　　[号木脇]
　　　　六右衛門──六右衛門──六郎左衛門　（城下士小番）　木脇六右衛門家　　）
　　　　納戸奉行、山田 馬廻 表小姓
　　　　吉松、山崎等地頭 江戸詰 喜界島代官
　　　祐広＝弥五右衛門＝半右衛門──四郎左衛門　（城下士新番）　木脇助次郎家　　）
　　　三左衛門 喜入五郎兵衛３男 物頭 新番、江戸詰
　　　御用人 馬廻
　　　地頭

─祐豊─祐昌─祐武　　　　　　　　　　（飫肥藩士）　木脇藤左衛門家　　）
　伊勢守 河内守 越前守
[号湯路]　　　　　　　　　　　[号唐鎌]
─祐延─祐久─祐宗─祐延─祐國─祐継─祐盛
　三河守 尾張守 権太夫 三河守 太郎 摂津介 丹後守

─祐國─祐匡
　郡兵衛 但馬守、戸次川合戦ヨリ薩摩方加勢

　　─祐茂─祐實─祐等　　　　　　　　（百引士）　唐鎌佐左衛門家　　）

複写・複製厳禁

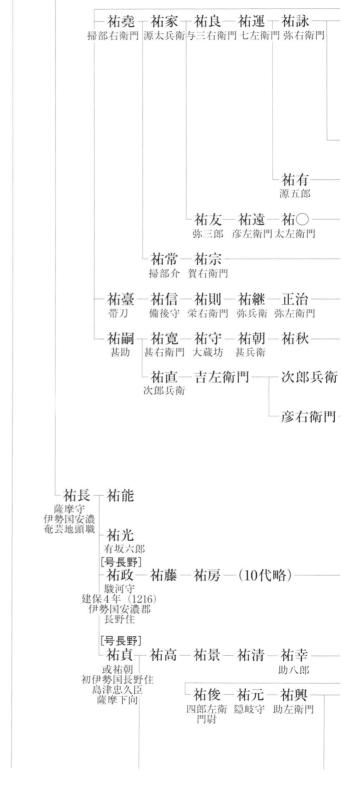

祐○─祐浄─祐寿─祐次─祐安┬祐七　　　　　　　（百引士　　　唐鎌仲右衛門家　　　）
仲右衛門 源太左衛門 仲右衛門│
　　　　　　　　　　　　　　├篤太郎-祐一郎─
　　　　　　　　　　　　　　└祐祥─祐太郎　　（百引士　　　唐鎌篤太郎家　　　　）

祐○─祐郷　　　　　　　　　　　　　　　　　（百引士　　　唐鎌弥右衛門家　　　）
与三右衛門 弥右衛門

祐○─祐名─祐平　　　　　　　　　　　　　　（百引士　　　唐鎌五郎右衛門家　　）
五左衛門 五郎右衛門 駒右衛門

祐相─祐有─祐○─祐○　　　　　　　　　　　（百引士　　　唐鎌彦左衛門家　　　）
清兵衛 彦左衛門 彦兵衛 彦左衛門

祐平（依科市来江被召移）　　　　　　　　　（市来士　　　唐鎌源七右衛門家　　）
源七右衛門

祐風─祐在─祐内─兼助　　　　　　　　　　　（百引士　　　唐鎌弥左衛門家　　　）
喜三右衛門

祐貞　　　　　　　　　　　　　　　　　　　（百引士　　　唐鎌甚兵衛家　　　　）

次郎兵衛──次郎兵衛──仲太夫-仲太郎-次右衛門　（百引士　　　唐鎌次郎兵衛家　　）

清右衛門──源太郎-次郎右衛門─清左衛門─
　　　　　次郎右衛門─武兵衛-武兵衛-清左衛門　（百引士　　　唐鎌甚清左衛門家　）

藤定　（長野氏本家、伊勢長野城主、北畠氏家）
　　　（臣、天正4.正.8織田信長に滅ぼされる）
源次郎

祐房─祐兼─祐實─祐矩─
右衛門尉 新右衛門尉 助五郎右衛門 兵衛尉

祐行───────祐武─千七兵衛
隠岐守　　　　　助七郎
島津歳久臣　　島津中務家久臣
豊後庄内戦死

複写・複製厳禁

（出所不知）　祐栄──
東郷よりの分家か

（出所不知）
祐為──祐誉─祐縁──
仲左衛門　仲左衛門　式部少輔
島津義弘臣
飯野住

祐円─祐○──
勘左衛門　勘左衛門

（出所不知）
頼祐--------(14代略)
島津忠久従
薩摩下向軍奉行

（出所不知）　祐善──

（出所不知）祐房──
備後守
喜入氏2代頼久
臣住指宿

─祐廣═祐吉═祐安┬祐貞─祐央─祐応─祐将─祐利　（東郷士　　　　長野助八郎家　　　　　）
縫殿介　壱岐守　治左衛門 治左衛門 治兵衛 要四郎 要四郎 助八郎
島津蔵久臣 実祐行2男 実ハ孫
□後矢崎戦死　東郷士
　　　　　　　　└祐有─祐奥─祐○─祐○
　　　　　　　　　新兵衛 彦右衛門 治右衛門 三之丞
　　　　　　　　　　　　　┌祐清─祐○─祐章　（東郷士　　　　長野新兵衛家　　　　　）
　　　　　　　　　　　　　新兵衛 幸兵衛 助七
　　　　　　　　　　　　　└祐吉─祐○　（東郷士　　　　長野治兵衛家　　　　　）
　　　　　　　　　　　　　治右衛門 治兵衛

─祐之─祐栄─祐伝─祐賢═祐善═祐則　（山崎士　　　　長野祐之家　　　　　）

─祐遠 --------------------- 祐照─祐徳　（出水士　　　　長野助作家　　　　　）

（出所不知）　（野田士　　　　長野家　　　　　）

─祐○─前祐┬祐貞─祐智─祐郡─祐則┐
五次右衛門　　└祐之═祐治═祐明─直臣─直樹　（長島士　　　　長野勘左衛門家　　　　　）
　　　　　　└祐秋═祐範═祐常═祐福═祐盛┐
　　　　　　　　　　　　└祐洋─春海　（長島士　　　　長野祐秋家　　　　　）
　　　　　└与右衛門──仁兵衛-勘兵衛-親右衛門　（長島士　　　　長野与右衛門家　　　　　）

─祐通 ----------- 祐兼─祐時─祐泰─善蔵─祐通─武熊　（谷山士　　　　長野善蔵家　　　　　）
島津義弘臣

─祐幸┬祐次═祐暉─祐善┬祐清─祐包　（溝辺士　　　　長野祐幸家　　　　　）
島津義弘臣　　溝辺士　　　└祐条─祐胤═庄之助┐
　　　　　　　　　　　　　└長兵衛-光男─万里　（溝辺士　　　　長野祐条家　　　　　）
　　　（出所不知）
　　　----------- 祐則─祐度─祐信─半次郎　（財部士　　　　長野半次郎家　　　　　）

─祐住┬祐方────祐康 ---------- 祐昌─吉左衛門┐
兵部少輔　五左衛門　吉左衛門尉　喜兵衛
喜入忠誉　根白坂戦死　関ヶ原出陣
忠俊役人　　　　　　　慶長9年島津忠栄臣
　　　　　　　　　　　移永吉
　　　　　　　　　　　　　└祐憲─喜一郎　（永吉島津家臣　長野吉左衛門家　　　　　）

複写・複製厳禁

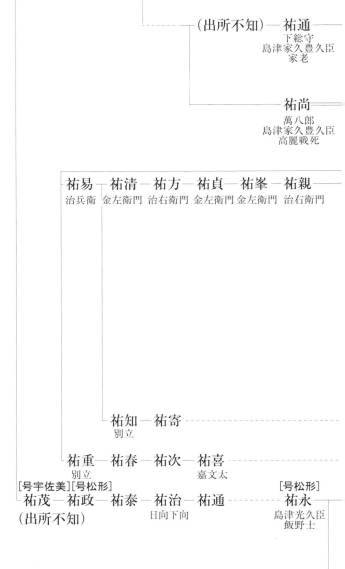

468　島津氏以外の他姓氏家臣

吉二

六右衛門 ── 次左衛門　　　　（鹿籠喜入氏臣　長野次左衛門家　　　　）

祐之 ┬ 祐重 ── 祐正　　　　　（鹿籠喜入氏臣　長野六左衛門家　　　　）
帯刀　　主殿助　勘兵衛
喜入季久役人　喜入久道臣
　　　└ 祐次　　　　　　　　　（永吉島津家臣　長野銀左衛門家　　　　）
　　　　島津忠栄臣

祐晴 ── 祐國 ┄┄┄┄┄┄ 藤左衛門 ── 祐三　（永吉島津家臣　長野十郎兵衛家　）
与兵衛　少左衛門
　　　　　　　　　　　　　　└ 祐保

祐盛 ── 祐高
金兵衛　與右衛門

祐容 ── 祐友 ── 祐次 ＝ 祐富 ── 長吉
春右衛門　　　　金左衛門　金左衛門
　　　　　　　　　└ 祐寛 ┬ 祐俊 ── 彰彦 ── 亜理紗　（永吉島津家臣　長野金左衛門家　）
　　　　　　　　　　　　　　　　大阪住
　　　　　　　　　　　└ 郁夫
　　　　　　　　　　├ 祐孝
　　　　　　　　　　├ 祐光
　　　　　　　　　　└ 祐信

次郎太　　　　（永吉島津家臣　長野武左衛門家　　　　）

與右衛門 ── 與平次 ┄┄┄ 勘右衛門 ┄┄┄ 勝悟　（永吉島津家臣　長野勘左衛門家　）

祐有 ── 祐位 ── 祐○ ── 祐○ ── ○○ ── 祐次
正次郎　正左衛門　　　　休六　　　　　　正右衛門
　　　　　　　　　　　　　└ ○○ ＝ 祐○ ── 祐高 ── 祐朝 ── 祐嗣　（飯野士　松形正右衛門家　）
　　　　　　　　　　　　　　　助六　四郎左衛門　良八　　友千代

祐員
休左衛門

［号曽我］
　└ 維信─────（4代略）═══祐信
　　　曽我祖

├祐友
　太郎左衛門

複写・複製厳禁　　　　　　　　　　　　　　98.伊東氏一族分出略系図　471

99. 日向飫肥藩伊東氏一族分出略系図

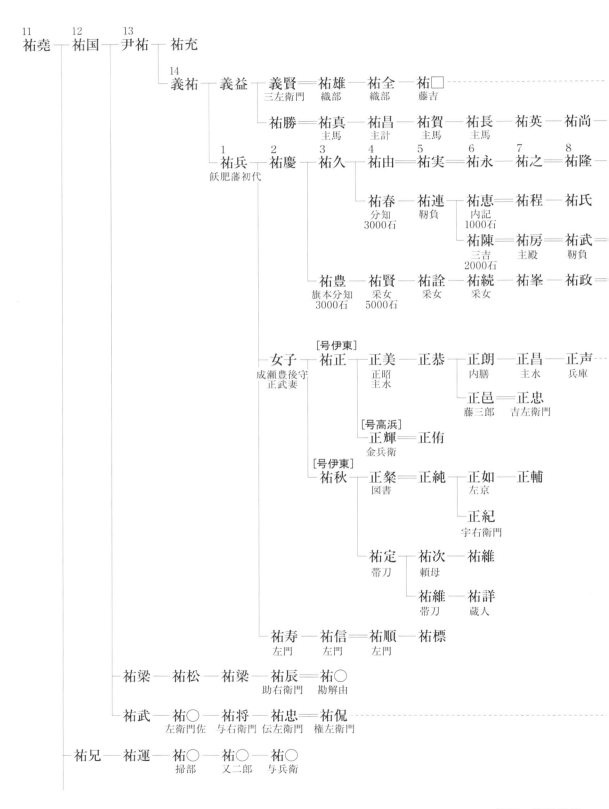

472　島津氏以外の他姓氏家臣

（派生一族：伊東、高浜）

```
------------------------------------------------ 俊太郎    （飫肥藩士      伊東織部家        ）

── 祐平                                              （飫肥藩士      伊東主馬家        ）
    9      10     11     12     13     14
── 祐福 ─ 祐鐘 ─ 祐民 ─ 祐丕 ─ 祐相 ─ 祐帰          （飫肥藩主      伊東修理大夫家      ）

                                                    （旗本        伊東監物家        ）

══ 祐昌 ─ 祐寿 ─ 祐承 ─ 祐溥 ─ 祐膺 ─ 鑑之助          （旗本        伊東靱負家        ）

══ 祐真                                              （旗本        伊東采女家        ）


------------------------------------------------ 畷次郎    （飫肥藩一門家   伊東主水家        ）

                                                    （飫肥藩士      伊東吉左衛門家      ）

                                                    （飫肥藩士      高浜金兵衛家       ）

                                                    （飫肥藩一門家   伊東図書家        ）

                                                    （飫肥藩士      伊東宇右衛門家      ）

                                                    （飫肥藩士      伊東頼母家        ）

                                                    （飫肥藩士      伊東蔵人家        ）

                                                    （飫肥藩一門家   伊東左門家        ）

                                                    （飫肥藩士      伊東勘解由家       ）

------------------ 友水 ─ 直記 ─ 祐平 ─ 祐直          （飫肥藩士      伊東直記家        ）

                                                    （飫肥藩士      伊東与兵衛家       ）
```

複写・複製厳禁

```
┌─祐岑──祐生──祐位──祐青─┬─祐益（マンショ）
│                        │
│                        └─祐平┈┈┈┈┈┈┈┈┈┈┈┈┈勝左衛門
│
└─祐運──祐久──祐春──祐有─┬─祐秀──祐実──祐寛─┬─祐元──祐時
  祐雪                    │                  │
                          │                  └─祐良──祐基──祐昌
                          │
                          └─祐邑──祐定
```

（飫肥藩士　　　伊東勝左衛門家　　　　　）

（黒生野住　　　伊東四良左衛門家　　　　）

（黒生野住　　　伊東源左衛門家　　　　　）

（穂北住　　　　伊東刑部家　　　　　　　）

100. 岩山氏一族分出略系図

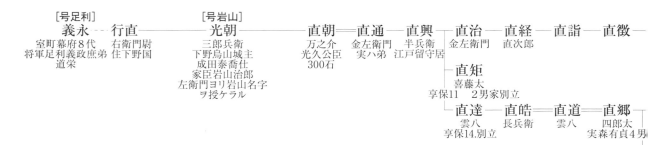

（派生一族：岩山）

——直敬——直道——直隆——義雄　　　　　　（城下士小番　　岩山半兵衛家　　370）

　　　　　　　　　　　　　　　　　　　　　（城下士小姓与　岩山喜藤太家　　370）

——直克——敬義——敬直——嘉和子＝敬助——敬朗　　（城下士小姓与　岩山郷兵衛家　　370）
　　郷兵衛　　壮八郎

——直温——直方——直養——安隆┬仁　　　　（城下士小姓与　岩山八郎太家　　370）
　　八郎太　　長右衛門　　　　　　│
　　別立　　　　　　　　　　　　　└秀隆——宏　　（　　　　　　若松宏家　　　　　）
　　　　　　　　　　　　　　　妻若松信子
　　　　　　　　　　　　　　　婿養子

複写・複製厳禁

101. 伊地知氏一族分出略系図

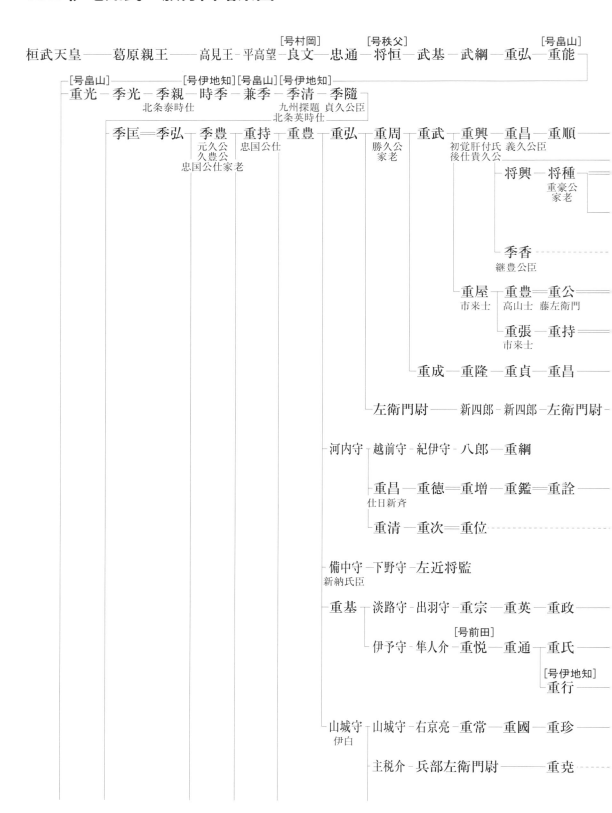

478　島津氏以外の他姓氏家臣

（派生一族：秩父、伊地知、前田、日高、福崎、渕之上）

　　　　　　　［号秩父］
─重治─信季─重直─
　　　　　　光久公臣　吉貴公臣

＝季保─道之助　　　　　　　　　　　断絶　　　（城下士寄合　　秩父太郎兵衛家　　　　）
　斉信公家老

─季言─重斉─季俊─重照─重俊─靖臣─綱彦─健　　（城下士　　　　伊地知季言家　　　　　）

　────────────────────十兵衛　（城下士小番　　伊地知十兵衛家　　　　）

＝季寧＝並季＝季勝─金太郎-季長─季信─重春　　（高山士　　　　伊地知藤左衛門家　　　）
　　　藤左衛門

＝重通─重賢　　　　　　　　　　　善六　　　（市来士　　　　伊地知善六家　　　　　）

─重徳＝重記─重次　　　　　　　　　　　　　（城下士　　　　伊地知筑右衛門家　　　）

─重辰─重賢─重商─重昌─重定─新四郎　　　（城下士小番　　伊地知十左衛門家　　　）

　　　　　　　　　　　　　　断絶

─重恒─重待─太郎次郎　　　　　　　　　　（城下士　　　　伊地知紋右衛門家　　　）

　────────────────────重頼　（城下士　　　　伊地知彦右衛門家　　　）

　　　　　　　　　　　　　　　　　　　　　（新納氏臣　　　伊地知左近将監家　　　）

─重次＝重張＝重倫─重意────────長左衛門　（城下士小番　　伊地知八右衛門家　　　）

─武兵衛──────────────萬右衛門　（城下士　　　　前田仲右衛門家　　　　）

─元重─重慶─季定　　　　　　　　　　　　（城下士小番　　伊地知才右衛門家　　　）

─重武─重長─長十郎　　　　　　　　　　　（城下士　　　　伊地知九右衛門家　　　）

　──────────猪兵衛-猪兵衛-猪兵衛　　　（城下士　　　　伊地知猪兵衛家　　　　）

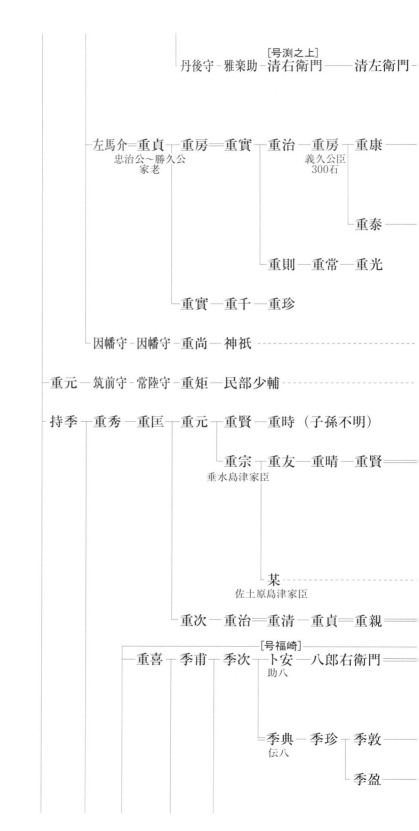

480　島津氏以外の他姓氏家臣

―真学―只右衛門―┬―季庸―季朗＝季昭―季哲　　　（城下士　　　　　渕之上清右衛門家　　　　　）
　　　　　　　　[号渕之上]
　　　　　　　└―季近―季○　　　　　　　　　（城下士　　　　　渕之上岩右衛門　　　　　　）

―重利―重昌―重澄―┬―重記―季徴　　　　　　　（城下士小番　　　伊地知越右衛門家　　　　　）
　　　　　　　　　└―季周＝季武―新太夫　　　（城下士小番　　　伊地知新太夫家　　　　　　）

―重増　　　　　　　　　　　　　　　　　　　　（城下士　　　　　伊地知彦三郎家　　　　　　）

　　　　　　　　　　　　　　　　　　　　　　　（城下士　　　　　伊地知利兵衛家　　　　　　）

　　　　　　　　　　　　　　　　　　　　　　　（城下士　　　　　伊地知助九郎家　　　　　　）

--------------------------------太郎右衛門　（城下士　　　　　伊地知太郎右衛門家　　　　）

―刑部左衛門-------------------------喜三次　　（城下士　　　　　伊地知喜三次家　　　　　　）

　　　　　　　　　　　　　　　　　　　　　　　（城下士　　　　　伊地知又八家　　　　　　　）

―重尅―季道―┬―季田―季保―季顕＝季虔＝季休―季遠　（垂水島津家臣　伊地知貞右衛門家　　　　　）
　　　　　　└―季昵―┬―季虔＝季寛　　　　　（垂水島津家臣　　伊地知武左衛門家　　　　　）
　　　　　　　　　　└―季翹＝季信―季雄　　　（垂水島津家臣　　伊地知七之丞家　　　　　　）

　　　　　　　　　　　　　　　　　　　権左衛門　（佐土原島津家臣　伊地知権左衛門家　　　　）

　　　　　　　　　　[号福崎]
―重詮―┬―（出所不知）季次――藤左衛門　　　（蒲生士　　　　　福崎藤太郎家　　　　　　　）
　　　　　　　　　　助左衛門
　　　　　　　　　　蒲生士
　　　└―季郡―季方―季方―季脩
　　　　　助八　八郎次　助七　助八
　　　　　　　└―季通＝季連―瑞彦―春樹―雄太郎　（城下士小番　福崎助八家　　　371）

―季雄―竹哉―季雄　　　　　　　　　　　　　　（城下士　　　　　伊地知清右衛門家　　　　　）

―季直―文夫　　　　　　　　　　　　　　　　　（城下士　　　　　伊地知三左衛門家　　　　　）

└ 季長 ― 季富 ― 季永

└ 重治 ― 伝兵衛 = 伝兵衛 - 伝蔵 ― 彦左衛門

└ 季年 ― 季儔 = 季敦 = 季賢 ― 季雅 ― 藤八

└ 重親 ― 重成 ― 重昌 ― 重氏 ― 重隆 ― 重賢 ― 重広 ―

[号小牟田]
小三郎 ┬ 右衛門四郎 ― 弥六左衛門尉 ―　[号伊地知]
　　　　　　　　　　　　　　　　　　　　　　重久 ― 重倫
　　　　　　　　　　　　　　　　　　　　　　　　義久公臣

　　[号小牟田]
　　　某 ------
　　北郷氏臣
　　[号日高]
└ 九郎
　母　日高土佐守女

├ 左馬介 = 重常 ― 重時 ― 重高 ― 重頼 ― 重貞 ― 重勝 ┬ 重賢 ― 重範 ―
　　　　　　　　　　　　　　　　　　　　　　　　　　　└ 重年
　　　　　　　　　　　　　　　　　　　　　　　　　　　　飯野士

　　[号松元]　　　　　　　　　　　[号伊地知]
├ 重真 ― 重之 ― 重照 ― 重辰 ― 重常 ― 重康 ― 重堅 ― 重政 = 重頼 =
　　　　　　姫木松元賜

├ 重春 -- 軍右衛門
　出水士

[号島津田島]　　　　　　　　　　　　[号伊地知]
正貞 = 忠通 ― 重直 ― 重頼 ― 久純 ― 又八郎 ― 重秀 ― 重元 ― 重信 ┬ 重昶 ― 重張 =
賜日州田島
　　　　　　　　　　　　　　　　　　　　　　　　　　　　　　　　├ 重寛 ― 角右衛門
　　　　　　　　　　　　　　　　　　　　　　　　　　　　　　　　　　鹿屋工
　　　　　　　　　　　　　　　　　　　　　　　　　　　　　　　　└ 隼人佐 - 平次郎 = 重相 ― 重照 ―

（城下士　　　伊地知嘉左衛門家　　）

（城下士　　　伊地知伝兵衛家　　）

（城下士　　　伊地知藤左衛門家　　）

—重朝—重頼—重明—重勝—季平　　　（城下士　　　伊地知作左衛門家　　）

—重高┬重伝—重頼　　　　　　　　　（城下士　　　伊地知休左衛門家　　）

　　　└重堅—重記—松助　　　　　　（城下士小番　伊地知八右衛門家　　）

【号小牟田】［号伊地知］
—重長—重住—重次—蔵右衛門——季盤—季智—季貞　（都城島津家臣　伊地知蔵右衛門家　）
　　　　　　百松

　　　　　　　　　　　　　　　　　（城下士　　　日高九郎家　　）

—則武—重存—重安‥‥‥‥‥‥‥‥‥‥半助　（城下士　　　伊地知半助家　　）

　　　　　　　　　　　　　　　　　（飯野士　　　伊地知重年家　　）

—重倫—季富—季方＝季伴＝季安
　　　　　　　　　　　├季通—季清—庸——清隆　（城下士小番　伊地知杢右衛門家
　　　　　　　　　　　　　　　　　　　　　　　 記録奉行　　伊地知季安家　　）
　　　　　　　　　　　└季敦—季珍—重徳　（季安二男家　伊地知季敦家　　）

‥‥‥‥‥‥‥‥‥‥‥‥‥‥‥‥‥軍弥　（出水士　　　伊地知軍右衛門家　　）

—重格—重記—季傍—季甫—季美—季平┬季染┬隆清　（城下士小姓与　伊地知権左衛門家　）
　　　　　　　　　　　　　　　　　　　└精　（季染二男家　伊地知精家　　）
　　　　　　　　　　　　　　　　　└季靖—正一郎　（城下士小姓与　伊地知龍右衛門家　）
　　　　　　　　　　　　　　　　　　正治

—半右衛門——季重　　　　　　　　　（鹿屋工　　　伊地知半右衛門家　　）

—重勝┬重根—季討—季珍＝季張　　　（城下士小番　伊地知五兵衛家　　）

複写・複製厳禁

重利—重○‥‥季文—休右衛門—
　　　　　　蒲生士

新兵衛-新兵衛-助市—重行—重時—重信—重良—新太郎

　　　　　　　　重道—重次—藤左衛門——藤兵衛—

覚道‥‥‥‥‥‥‥‥‥季堯—重政—重角—重利
　　　　　　　　　　吉田士

[号簑輪]　　　　　　　　　　　　　　　　　　　　　[復号伊地知]
季繞—季縄—季政—重村—重房—重基—重連—重親—重澄—重長
狩野介　　　　　高岡士

　　　　　　　　[号中島]　　　　[号伊地知]※
　　　（出所不知）重好—重常—清左衛門——重矩
　　　　　　　　高岡士　倉岡士　　　　　　高山士

　　　　　　　　　　　[号伊地知]
重時‥‥‥‥‥‥‥都仁—重政—重村—重房—重基—重連
十郎　　　　　　　　　　　伊東氏臣　三郎四郎

　　　　　　　　※
　　　　　　　清左衛門——重得—季継
　　　　　　　　　　　清左衛門庶長子
　　　　　　　　　　　倉岡士
　　　　　　　　　　重満—重正—重行

　　　　　　[号緒方]　[号伊地知]
（出所不知）正良—正幸—正國=正良—季則—純一
　　　　　　城下士

（出所不知）直右衛門——幸介—精——正直—大輔
　　　　　　　　　　　男爵

（出所不知）季昌—季寿

（出所不知）優鳳—弥五兵衛——茂七
　　　　　　平佐臣

（出所不知）季喜‥‥‥‥‥‥‥季○—季治—四郎
　　　　　　谷山士　　　　　　　谷山村長

（出所不知）林左衛門——主税助-季宝—季陣—季次—源五左衛門—季父—休右衛門—
　　　　　　帖佐士

（出所不知）季治
　　　　　　重富島津家臣

（出所不知）季信—季包=季為—季隆
　　　　　　覚右衛門
　　　　　　蒲生士

重定＝季置－季慶　　　　　　　　　　　　　　　　　（城下士小番　　伊地知千左衛門家　　）

－勘太郎-新助－太郎右衛門－新太郎-季明－季吉　　（蒲生士　　　　伊地知源五右衛門家　）

　　　　　　　　　　　　　　　　　　　　　　　　（城下士　　　　伊地知新兵衛家　　　）

－藤左衛門──季富　　　　　　　　　　　　　　　（踊士　　　　　伊地知藤左衛門家　　）

－藤兵衛-季斯　　　　　　　　　　　　　　　　　（踊士　　　　　伊地知助右衛門家　　）

－季典－惟季－成季－季址－季敏－季広──徳之助-久男　（吉田士　　伊地知季堯家　　　）

----------------------狩野介-舎人佐－次郎兵衛　　（高岡士　　　　伊地知次郎兵衛家　　）

－八郎右衛門－十助－清太郎-清兵衛-○○＝盛演＝伝助　（高山士　　　伊地知清兵衛家　　）

－重貞－重広－重○－重真－重良－重頼－重孝－重貞　　（飫肥藩士　　伊地知千右衛門家　　）

－季喜　　　　　　　　　　　　　　　　　　　　（日州倉岡士　　伊地知清左衛門家　　）

－重冬-元右衛門──辰蔵－重達－重良－重行－重基　（飫肥藩士　　　伊地知元右衛門家　　）

　　　　　　　　　　　　　　　　　　　　　　　（城下士　　　　伊地知正良家　　　　）

　　　　　　　　　　　　　　　　　　　　　　　（城下士　　　　伊地知直右衛門家　　）

　　　　　　　　　　　　　　　　　　　　　　　（城下士　　　　伊地知季昌家　　　　）

　　　　　　　　　　　　　　　　　　　　　　　（平佐北郷氏臣　伊地知弥五兵衛家　　）

　　　　　　　　　　　　　　　　　　　　　　　（谷山士　　　　伊地知季喜家　　　　）

－新助－季次－季明－季吉－市二－博──幸男　　　（帖佐士　　　　伊地知林左衛門家　　）

----------------------季友－季康－季輝　　　　　（重富島津家臣　伊地知季治家　　　　）

　　　　　　　　　　　　　　　　　　　　　　　（蒲生士　　　　伊地知孫四郎家　　　）

102. 西郷氏一族分出略系図

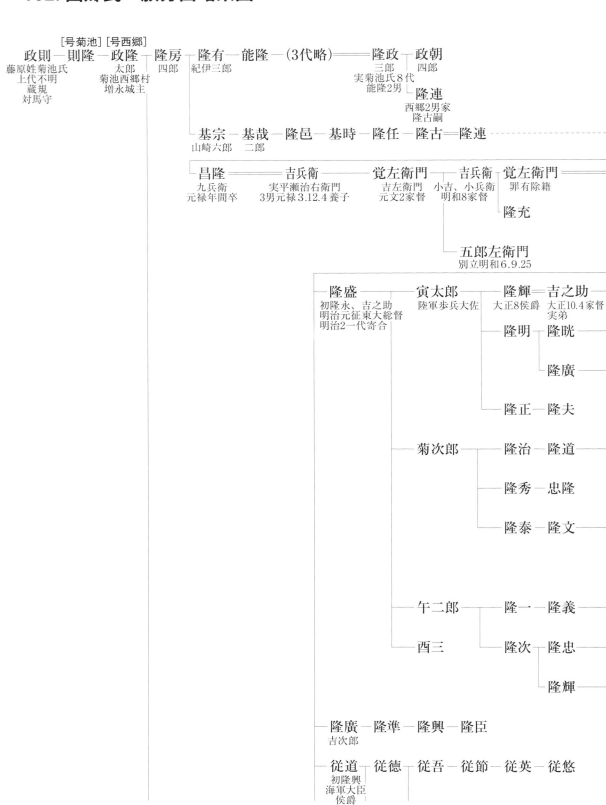

（派生一族：西郷、奥松、真方）

（　　　　　　　　肥後西郷氏嫡家　　　　）

┈（途中不明12、13代）

━隆充━隆盛
竜右衛門　吉兵衛
享和3家督　弘化2家督

（城下士小姓与　西郷五郎左衛門家　　　）

━吉太郎━━━隆太郎　　　（城下士小姓与　西郷吉之助家　　382）

━隆志━隆成　　　　　　　（　　　　　　西郷寅太郎2男家　382）

━隆仁　　　　　　　　　　（　　　　　　西郷隆明2男家　382）

（　　　　　　西郷寅太郎3男家　382）

━隆晃　　　　　　　　　　（　　　　　　西郷菊次郎家　382）

（　　　　　　西郷菊次郎2男家　382）

━清子┬宣隆　　　　　　　（　　　　　　西郷菊次郎3男家　382）
　　　└誠隆

━隆宏　　　　　　　　　　（　　　　　　西郷午次郎家　382）

━隆信━隆之亮　　　　　　（　　　　　　西郷午次郎2男家　382）

━隆治　　　　　　　　　　（　　　　　　西郷隆次2男家　382）

（　　　　　　西郷吉次郎家　382）

（　　　　　　西郷従道家　382）

複写・複製厳禁

```
                                                    ┌ 従宏 ─ 宗巍 ─ 宗範
                                            ┌ 豊彦 ┤ 武彦 ─ 正博 ─ 海
                                            │      │ 光彦 ┬ 和義 ─ 貴彦
                                            │      │      └ 和寿 ─ 力丸
                                            │      └ 正彦 ─ 正道
                                            ├ 従親 ─ 道親 ─ 秀道
                                            └ 豊二 ─ 道泰 ─ 泰之 ─ 道俊
                                 ┌ 隆武 ─ 幸吉
                                 │  小兵衛

 [号奥松]                              ┌ 秀世 ┬[号真方][号西郷]
  隆秀 ─ 兼秀 ─ 宗秀 ─ 武秀 ┤        貞秀 ─ 経秀 ─ 忠秀 ─ 為秀 ─ 成秀 ─
  菊池郡                                │       小林郷
  奥松城主                              │[号西郷] 真方村住
                                     └ 季範
                                       薩摩へ移
```

（　　　　　　西郷従徳２男家　　382）

（　　　　　　西郷従道３男家　　382）

（　　　　　　西郷豊彦２男家　　382）

（　　　　　　西郷光彦２男家　　382）

（　　　　　　西郷豊彦３男家　　382）

（　　　　　　西郷従道５男家　　382）

（　　　　　　西郷従道６男家　　382）

（　　　　　　西郷小兵衛家　　382）

―政秀―則秀―持秀―秀清―秀兼―秀元　　　　（帖佐士　　西郷秀元家　　382）
　　　　　　　　　　　移帖佐郷

（出所不知）　孝右衛門　　（加世田士　　西郷孝右衛門家　　382）

103. 大久保氏一族分出略系図

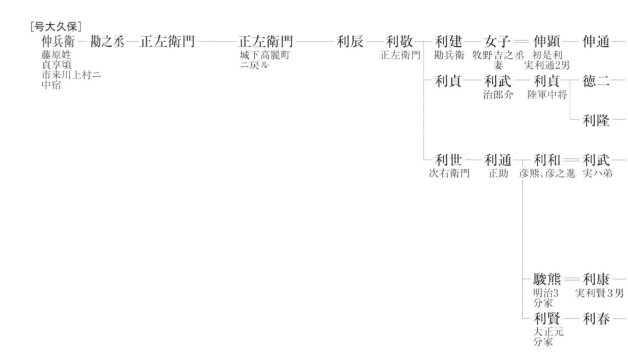

（派生一族：大久保、牧野）

――伸和――邦子 （城下士小姓与　牧野吉之丞家　　383）

――利光 （城下士小姓与　大久保正左衛門家　383）

――利宏 （　　　　　　　大久保正左衛門
　　　　　　　　　　　　　２男家　　　　383）

┬利謙――利恭――洋子 （城下士小姓与　大久保利通家　　383）

└通忠┬利晃――利忠 （　　　　　　　大久保利武２男家　383）

　　　└靖夫――靖忠 （　　　　　　　大久保通忠２男家　383）

――利宗――利洋 （　　　　　　　大久保駿熊家　　383）

┬利斉――スコット （　　　　　　　大久保利賢家　　383）

└利恒

複写・複製厳禁　　　　　　　　　　　　103. 大久保氏一族分出略系図　491

104. 桑波田氏一族分出略系図

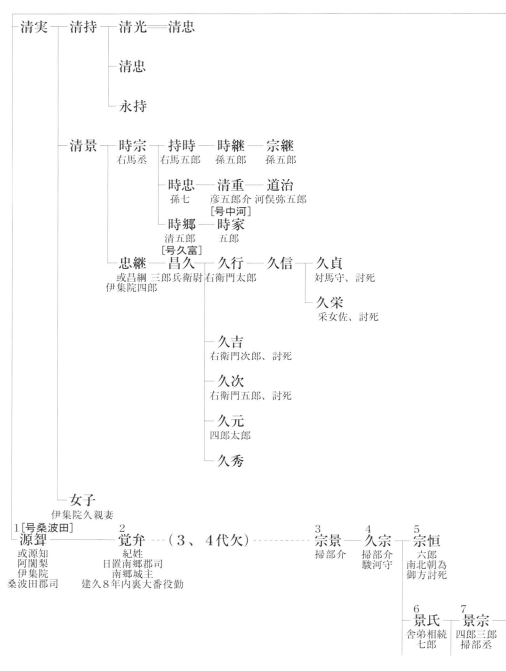

（派生一族：桑波田）

```
―時清
  四郎
```

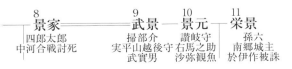

```
 8       9      10    11
┌景家───┬武景─┬景元─栄景
│四郎太郎│掃部介│讃岐守│孫六
│中河合戦討死│実平山越後守│右馬之助│南郷城主
│        │武實男│沙弥観魚│於伊作被誅
```

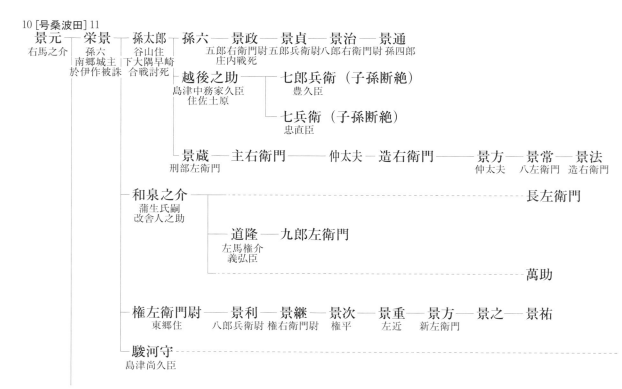

494　島津氏以外の他姓氏家臣

※
左近
島津忠将臣
廻戦死

河内守
南郷城討死

式部少輔
南郷城討死

女子
武景妻

久兼
左京進
大重氏嗣

景次
三郎

	（谷山士	桑波田五郎右衛門家　412）
断絶	（永吉島津家臣	桑波田七郎兵衛家　412）
断絶	（永吉島津家臣	桑波田七兵衛家　412）
	（蘭牟田樺山氏臣	桑波田造右衛門家　412）
	（蒲生士	桑波田長左衛門家　412）
	（加治木島津家臣	桑波田九郎左衛門家　412）
	（出水士	桑波田萬助家　412）
	（東郷士	桑波田新左衛門家　412）

吉之助 — 虎雄 — 景紀
漢学者　宮之城町長　宮之城町議会議員
（宮之城島津家臣　桑波田勘左衛門家　412）

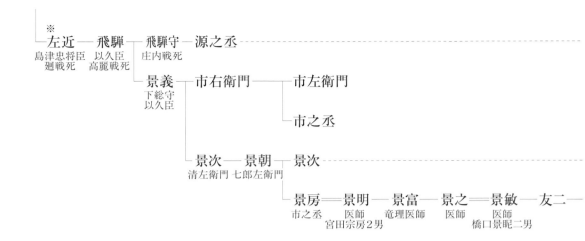

── 貞蔵　　　（佐土原島津家臣　　桑波田貞蔵家　　　　）

　　　　　　　　　　　　　　　　　　　　　　　（新城島津家臣　　　桑波田市左衛門家　　　）

　　　　　　　　　　　　　　　　　　　　　　　（鹿屋士　　　　　　桑波田市之丞家　　　　）

────────────────────────────── 景良　　　（垂水島津家臣　　　桑波田市右衛門家　　　）
　　　　　　　　　　　　　　　　　　　　市右衛門
──嘉吉─秀　　　　　　　　　　　　　　　　　　　（垂水島津家医師　　桑波田竜沢家　　　　　）
　慈恵医大卒
　1876 ～ 1953
　肝付郡医師会長
　県医師会副会長

複写・複製厳禁　　　　　　　　　　　　　　　　104. 桑波田氏一族分出略系図　497

第3部　島津家家臣以外他国の島津一族

105. 三州（薩隅日）以外の他国の島津氏一族分出略系図

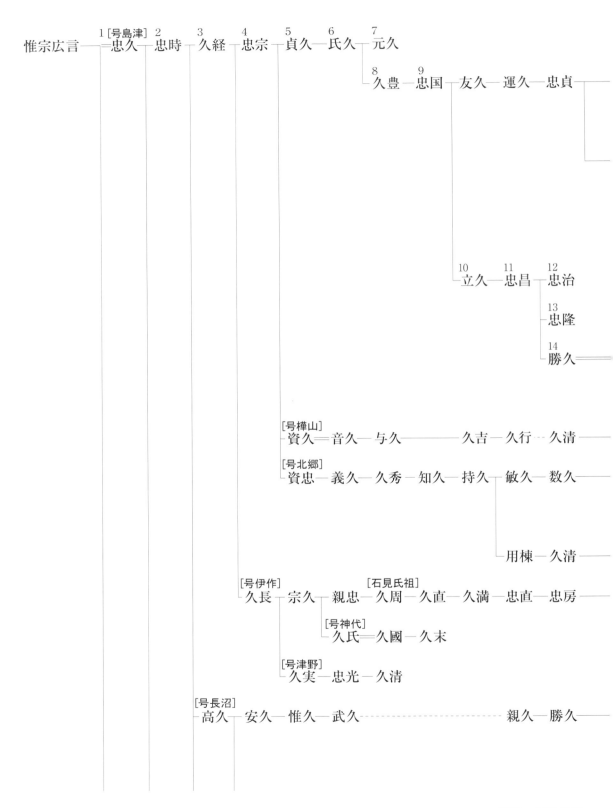

（派生一族：島津、後藤、藤島、吉本、北郷、伊作、樺山、神代、津野、野々山、
小曾戸、梅沢、三和、三方、山岸、加藤）

─永久─主水正┬左京太夫　　　　　　　　　　　遠山左衛門尉（家臣）　島津左京太夫家　102）
　　　　　　└吉次─甚兵衛　　　　　　断絶　（幕府旗本）　　　　後藤甚兵衛家　　102）

[号後藤]　　　　　　　　　[復島津姓]　　　　　　　　　[復後藤]
─忠正┬忠直＝吉勝─久利┬久周─久荏┬久武─行朋　（幕府旗本）　後藤清三郎家　102）
　　　　　　　　　　　　│　　　　　[号藤島]
　　　　　　　　　　　　└久賢　　　　　　　　　　　　（相模国處士）　藤島外記家　102）
　　　└益勝────────────────行且　（幕府旗本）　後藤縫殿助家　　）

15　　16
＝貴久┬義久
　　　│17　　18　　19　　　20
　　　└義弘─家久─光久─綱久─綱貴　（島津本宗家）　薩摩藩主島津家　100b）

─久次─忠栄─忠見─忠次─忠由─忠宣─忠蔵　日向飫肥（伊東藩家臣）　樺山新之丞家　124）

　　　　　　　　　　　　　　　　[号吉本]
─忠相─忠孝─忠増─久延─忠治┬籾右衛門　武蔵忍藩（松平下総守家臣）　吉本籾右衛門家　113）
　　　　　　　　　　　　　　└重右衛門　武蔵忍藩（松平下総守家臣）　北郷所右衛門家　113）

─久堯─久吉─源左衛門　摂津尼崎藩（松平遠江守家臣）　北郷源左衛門尉家　113）

　　　　　　　　[号伊作]
─久國─忠常─久侶＝久林─久重────────四郎兵衛　肥後人吉藩（相良家臣）　伊作四郎兵衛家　101）
　佐土原臣　　　相良臣

　　　　　　　　　　　　　　　　　　　　　　（信州太田庄）　神代大炊助家　101）

　　　　　　　　　　　　　　　　　　　　　　（信州太田庄）　津野二郎三郎家　101）

─規久─矩久─万右衛門──大進┬小吉─与右衛門　（信州小布施町住）　島津甚左衛門家　100b）
　　　　　　　　　　　　　　└平兵衛-平内　（松代藩士）　島津平内家　100b）

貞久 ‥‥‥

忠祐 ― 盛忠 ― 忠氏 ― 忠政 ― 宗忠 ― 左近将監 ―― 隼人 ― 太郎 ［号梅沢］

　　　　　　　　　　　　　　└ 佐忠 ― 政忠 ― 直忠 ［号小曾戸］ ‥‥‥‥ （3代略）

　　　　　└ 頼祐 ― 孫三郎 ‥‥‥‥‥‥‥ 孫助 ― 孫市

忠綱 ― 忠氏 ― 忠光 ― 忠信 ― 忠晴 ［号三和］ ― 忠長

　　　└ 忠行 ― 行景 ― 忠政 ― 忠乾 ― 忠藤 ― 忠兼 ― 忠親 ― 範忠 ― 忠遺

　　　　　　　　　　　　　　 忠持 ― 忠長 ― 忠之 ― 義弘 ― 忠遠 ― 忠範
　　　　　　　　　　　　　　　　　　　　　　　　　 政之 ― 忠儀
　　　　　　　　　　　　　　　　　　　　　　　　　　　　 義綱

　　　　　　　　　　　　　　　　　　　　　　　 忠之 ― 忠倶 ― 忠親

　　　└ 忠景 ― 忠宗 ― 忠秀 ― 忠継 ‥‥‥‥‥ 忠国 ― 朝国 ‥‥‥

　　　└ 忠頼 Ⓐ　次頁

　　 忠直 ― 泰忠 ― 時忠 ― 光忠 ― 忠連 ― 忠春 ― 氏忠 ― 国忠 ― 朝忠 ― 信忠

―――――――（出所不知）　忠広―忠政―忠兼―政晴　［号野々山］（幕府旗本　　野々山新兵衛家　　）

―忠○―忠親┬正親―正光―正頼―正勝　　（出羽山形藩　（水野家臣）　梅沢春之進家　100b）

　　　　　└正安＝義久＝正善―帯刀　　（下野国　（梅沢村庄屋）　梅沢才部衛家　　）

―＝親治┬泰忠―丹後守‐直営‐（7代略）‐‐‐‐忠和　［号島津］　（備後福山藩　（阿部家臣）　島津好母家　100b）

　　　　└丹後―図書―図書―庄太夫‐家方　　（下野国　（鍋山村庄屋）　小曾戸庄太夫家　　）

―――――小左衛門┬理左衛門‐‐‐‐‐‐元雄―貴久　　（信州浅野村庄屋　島津理左衛門家　100b）

　　　　　　　　 └豊次―篤義―忠義―知義　　（信州飯山藩庄屋　島津金四郎家　　）

（4代忠信まで　越前守護代家　104）

―忠秀―忠光―忠勝┐

―忠國　　（播州下揖保庄　（野田郷長）　島津吉左衛門家　104）

―忠英　　（播州上揖保庄　（今宿郷長）　島津次郎右衛門家　104）

―忠長―忠以┬忠義＝義久―義景＝忠信―義清┬義重　　（播磨島津嫡家　（下揖保庄上村郷長）　島津佐吾治家　104）

　　　　　　　　　　　　　　　　　　　　 └義信　　（播州分家　島津伍三郎家　104）

　　　　　　└忠則―忠○　　（播州分家　島津権兵衛家　104）

　　　　　└忠徳―忠道　　（播州分家　島津又四郎家　104）

―忠長　　（播州佐用郡　（細月郷長）　島津三郎兵衛家　104）

―――――忠吉―泰忠―忠陰―忠政―忠恒―昌忠―春忠　　（出羽米沢藩　（上杉家臣）　島津孫五郎家　　）

―清忠―貞忠―長忠―忠直―義忠　　（出羽米沢藩　（上杉家家老）　島津左京亮家　100b）

Ⓐ[号山岸]

　　　　　　忠光—四郎—定光 ‑‑‑‑‑‑‑‑‑‑‑‑‑‑‑‑‑‑ 定国—定一

　　　　　　忠村—景村—景○ ‑‑‑‑‑‑‑‑‑‑‑‑‑‑‑‑‑‑

　　　　　　　　　　　　　　　　　　　[号島津][号三方]　　[復島津]
　　　　　　忠季—忠清—忠兼—季兼—忠光—忠之—季村—範忠—忠治—忠望—頼重——

忠頼┬頼矩—頼周—忠光—忠長————（8代略）————且氏—忠武＝忠智—忠厚—忠通
　　　　　　　　　　　　　　　　鳥取池田家臣

　　└頼昌 ‑‑‑‑‑‑‑‑‑‑‑‑‑‑‑‑‑‑‑‑‑‑‑‑‑ 弥次—弥次兵衛
　　　近江島津家祖

　　　　　　　　　　　　　　　　　　　　　家重—善可——

⎯⎯⎯⎯⎯⎯⎯⎯⎯⎯ （出所不知）鴨左衛門 ─────── 鴨左衛門　　（出羽米沢藩庄屋　　島津鴨左衛門家　100b）

　　　　　　　　　　　　　　　　　　 └ 忠預　　　（出羽米沢藩　　　 島津五右衛門家　100b）
　　　　　　　　　　　　　　　　　　　　　　　　　　　庄屋分家

⎯⎯⎯⎯⎯⎯⎯⎯⎯ 景秀　　　　　　　　　断絶　　（信濃国牟礼村　　　島津権六郎家　　110b）
　　　　　　　　│　　　　　　　　　　　　　　　　　矢筒城主

　　　　　　　　└ 景久（信濃国牟礼村普光寺住持）

─ 義忠─義張　　　　　　　　　　　　　　　　　　（阿波国住　　　　　 島津峯山家　　　100b）

─ 忠貴─忠益　　　　　　　　　　　　　　　　　　（鳥取藩池田家臣　　加藤金右衛門家　104）

　　　　　　　　　　　　　　　　　　　　　　　　（膳々藩本多家　　　四検校島津家　　　）
　　　　　　　　　　　　　　　　　　　　　　　　　庄屋

─ 正円─円空─円旭─円静─円頓─正定坊─円応─義道（京都六条　　　　島津琳明寺家　　　）

複写・複製厳禁

106. 信濃国関係島津氏一族分出略系図

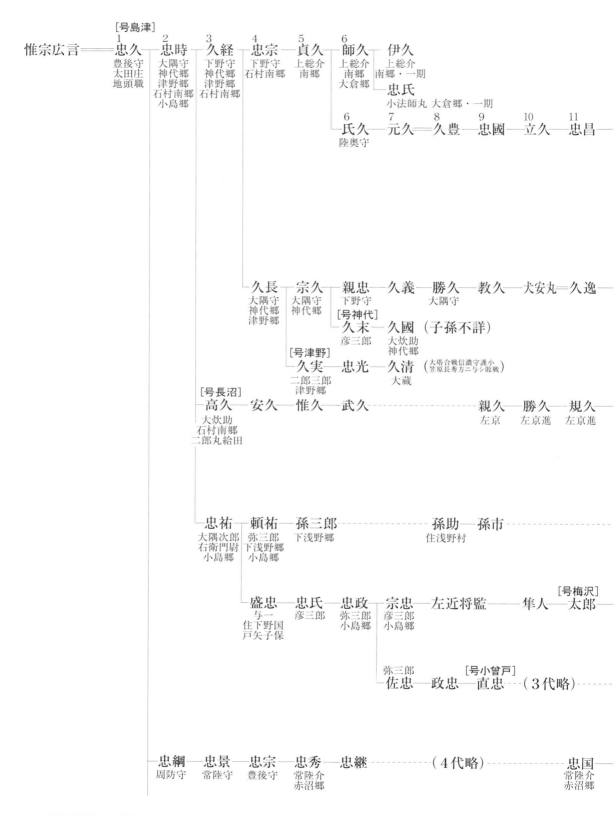

506　島津家家臣以外他国の島津一族　　　　　　　　　　　　　　　　複写・複製厳禁

（派生一族：島津、神代、津野、梅沢、小曾戸）

断絶　　（総州家島津家　　　　　　　　　　　）

12
忠治

13
忠隆

14　　15　　16
勝久—貴久—義久
陸奥守

　　　　17　　18　　19
　　　　義弘—家久—光久　　　（島津本宗家　　島津薩摩守家　　100b）

——善久—忠良　　　　　　　　（伊作島津家　　島津大隅守家　　101）
　　相州家嗣

　　　　　　　　　　　　　　（神代郷地頭　　神代大炊助家　　101）

　　　　　　　　　　　　　　（津野郷地頭　　島津大蔵家　　　101）

——矩久—万右衛門——大進—小吉—与右衛門　（小布施町住　島津甚左衛門家　100b）
　　修理進

　　　　　　　　　　　—平兵衛—平内　（松代藩士　　島津平内家　　　）

　　　　　　　　　　　　　久蔵　断絶　（松代藩士　　島津六弥家　　　）

----小左衛門——理左衛門————元雄—貴久　（浅野村庄屋　島津理左衛門家　100b）

　　　　　　　—豊次—篤義—忠義—知義　（飯山藩庄屋　島津金四郎家　　　）

——忠次—忠親—正親—正光—正頼—正勝　（山形藩士　　梅沢春之進家　　　）

　　　　　—正安—義久—正善—帯刀　（下野国庄屋　梅沢才兵衛家　　　）

　　　　　　　—親治—泰忠—丹後—直営　（備後福山阿部家臣　島津好母家　　　）

　　　　　　　　　—丹後—図書—図書　（下野国鍋山村庄屋　小曾戸庄太夫家　100b）

——朝国—忠吉—泰忠—忠陰—忠政—忠恒—昌忠　（出羽米沢藩上杉家臣　島津孫五郎家　　　）
　常陸守　　常陸介
　赤沼郷　　長沼廻

複写・複製厳禁

―忠直―泰忠―時忠―光忠―忠連―忠春―氏忠―国忠―朝忠―信忠―
　六郎左衛門尉　　　　　　左京亮　　　　　　　　　　　　　　　兵庫介
　下長沼郷　　　　　　　　長沼郷　　　　　　　　　　　　　　　長沼郷

―忠光―四郎入道――定光 --------（7代略）-------- 定国 --------
　九郎蔵人　　　　　　五郎太郎　　　　　　　　　　　与四郎
　上浅野郷　　　　　　上浅野郷　　　　　　　　　　　三水村倉井

―忠村―景村―景○
十郎左衛門尉 三郎右衛門尉　孫三郎
　　今井郷

―女子―式部丞―式部三郎太郎
　　林局
三浦又太郎妻
　上長沼郷

―女子―孫三郎
大隅次郎右衛門尉　下浅野郷
　入道頼佐妻
　　下浅野郷

———清忠———貞忠—長忠—忠直—義忠　　　　　　　　　　出羽米沢藩
　　　薩摩守　　　　　　淡路守　左京亮　　　　（上杉家家老　　島津左京亮家　　　　）
　　　長沼郷　　　　　　長沼城主

------定一———（出所不知）鴨左衛門———鴨左衛門　　　出羽米沢藩
　　　与四郎　　　　　　　　　　　　　　　　　　（庄屋　　　　島津鴨左衛門家　　　）

　　　　　　　　　　　　　　　　　└忠預　　　　出羽米沢藩
　　　　　　　　　　　　　　　　　　　　　　　（庄屋分家　　島津五右衛門家　　　）

------　　　　　　　景秀（矢筒山城主・天文22　　　断絶　　（信濃矢筒山城主　島津権六郎家　　　　）
　　　　　　　　　　　権六郎 年村上氏に滅ぼさる）

　　　　　　　　　　└景久（信濃国牟礼村普光寺住持）

複写・複製厳禁

107. 信濃国浅野村島津氏一族分出略系図

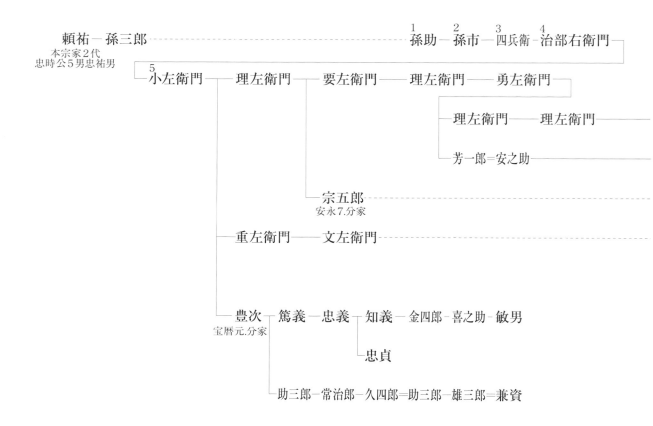

（派生一族：島津）

―芳一―理左衛門――矩一―安之助―貞造―元雄―貴久　（浅野本家　　　島津理左衛門家　　　）

―矩一（本家嗣断絶）　　　　　　　　　　　断絶　（勇左衛門分家　島津芳一郎家　　　　）

　　　　　　　　　　　　　　　　　　　　一利　（中野市住　　　島津宗五郎家　　　　）

　　　　　　　　　　　　　　　　　　　　芳夫　（豊野町住　　　島津重左衛門家　　　）

　　　　　　　　　　　　　常三郎―竹男―輝夫　（豊野町住　　　島津常三郎家　　　　）

　　　　　　　　　　　　　　　　　　　　　　　（飯山藩庄屋　　島津金四郎家　　　　）

　　　　　　　　　　　　　　　　　　　　断絶　（金四郎分家　　島津忠貞家　　　　　）

　　　　　　　　　　　　　　　　　　　　　　　（金四郎分家　　島津助三郎家　　　　）

108. 松代藩島津佐織家一族分出略系図

島津高久 ------ 親久 ― 勝久 ― 規久 ― 矩久 ― 万右衛門 ―― 大進 ―
本宗家2代
忠時公庶子

― 小吉 ― 与右衛門 ―― 左右衛門 ―― 甚左衛門 ―― 杢右衛門 ―― 六郎次＝権左衛門 ――

［初号大島
後号島津］［号大島］
― 平兵衛 ― 平内 ― 弥兵次 ― 善八郎＝盛峯 ― 政長 ― 政峯（故有絶家）（再興）＝ 久光 ― 久忠 ＝
松代藩
真田家臣　［号島津］
└ 権六 ― 権六 ＝ 六弥（故有断絶）

（派生一族：島津）

```
──勝三郎‐甚左衛門──┬─権之助─┬─忠夫─孝人        （須坂市        島津孝人家        ）
                  │        │
                  │        ├─義一─┬─義忠──忠昭    （小布施町      島津義一家        ）
                  │        │      │
                  │        │      ├─義貞        （相模原市      島津義貞家        ）
                  │        │      │
                  │        │      └─義広        （更埴市        島津義広家        ）
                  │        │
                  │        └─忠二─優          （小布施町      島津忠二家        ）
                  │
                  ├─友作─進──則彦              （小布施町大島  島津友作家        ）
                  │
                  └─和男─久男                  （小布施町      島津和男家        ）

［復島津］
══久任──久衛                                    （松代藩真田家臣  島津左織家        ）

                                    断絶        （松代藩真田家臣  島津権六家        ）

（出所不知）角弥─┬─慎之介─千和亀─千幸亀      長野市
大進の一族か？    │                            （若穂保科住    島津千和亀家      ）
                  │
                  └─為之助─正義──政光          長野市
                                              （若穂保科住    島津正義家        ）
```

複写・複製厳禁

109. 松本藩家老野々山氏一族分出略系図

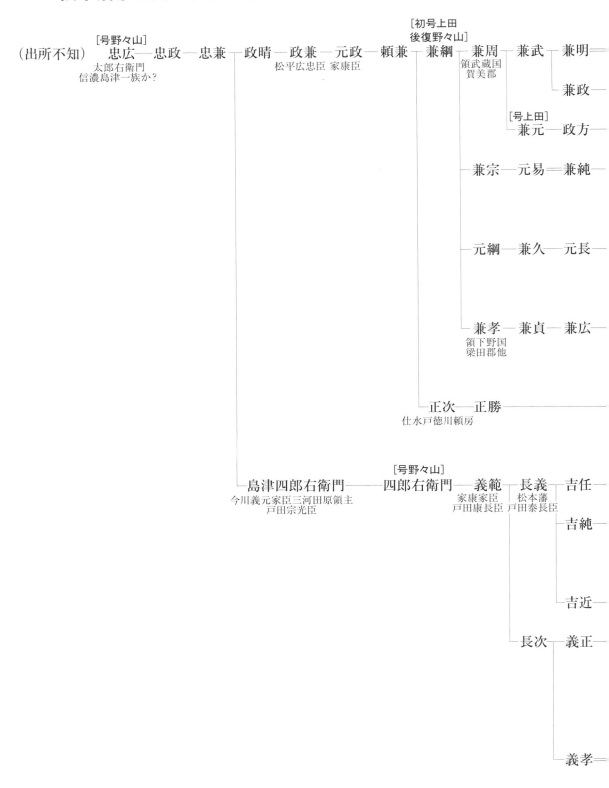

（派生一族：野々山、上田）

——兼脩——政氏——兼達——兼蔚——兼充　　　　（旗本　　　　野々山新兵衛家　　　）

——兼隆——兼栄——兼之——兼豊——兼亮　　　　（旗本　　　　野々山数馬家　　　）

——政辰——政喜——政高　　　　　　　　　　　（旗本　　　　上田新四郎家　　　）

┬兼起——兼義——兼守　　　　　　　　　　　　（旗本　　　　野々山弾右衛門家　　　）

└兼驍　　　　　　　　　　　　　　　　　一橋家
　刑部卿宗尹臣　　　　　　　　　　　（徳川宗尹家臣　野々山市郎右衛門家　　　）

┬兼有——兼扶——兼宜　　　　　　　　　　　　（旗本　　　　野々山弥十郎家　　　）

└兼命　　　　　　　　　　　　　　　　　一橋家
　刑部卿宗尹臣　　　　　　　　　　　（徳川宗尹家臣　野々山弥市郎家　　　）

┬兼張——兼之——兼好——兼続——兼儔　　　　（旗本　　　　野々山左源太家　　　）

└兼章——兼昵——兼明——兼賢　　　　　　　　（旗本　　　　野々山彦右衛門家　　　）
　領上野国山田郡

┬正長（嗣ナシ断絶）　　　　　　　　断絶　　（水戸徳川家臣　野々山藤兵衛家　　　）

└正徳——正矩——正誠——正吉——正次——正路　（水戸徳川家臣　野々山喜代之介家　　　）

——義貴——通義——雄義——和義——悌義——行義——壮義　松本藩戸田家臣
　　　　　　　　　　　　　　　　　　　　　　（家老　　　　野々山内匠家　　　）

┬敏久——義繁——義陣——知義——義以——義方　（松本藩戸田家臣　野々山惣右衛門家　　　）

└義延——義兼——義見——義尉　　　　　　　　（松本藩戸田家臣　野々山羽右衛門家　　　）

——義章——義如——義英　　　　　　　　　　　（松本藩戸田家臣　野々山九兵衛家　　　）

┬義淳——義辰┬義苗——義瀧——義陽——義順——与九郎　（松本藩戸田家臣　野々山四郎左衛門家　　　）
　　　　　　│
　　　　　　└義市——義隣——伴左衛門　　　　（松本藩戸田家臣　野々山伴左衛門家　　　）

├義敏——義衛——義鎮——義林——義久——兵馬　（松本藩戸田家臣　野々山忠太夫家　　　）

——義方——義郡——方義——義依　　　　　　　（松本藩戸田家臣　野々山多仲家　　　）

複写・複製厳禁

110. 米沢島津氏一族分出略系図

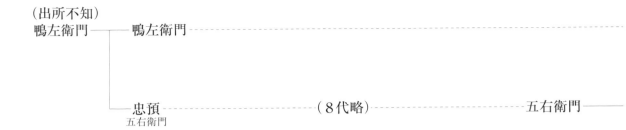

（派生一族：島津）

源吉─義一─正義　（置賜郡高畠町住　島津正義家　　　　　　）
　　　　　　　　　（島津鴨左衛門家

　　　　六郎兵衛───郷太　（鴨左衛門分家　島津郷太家　　　　　　）

五右衛門───五右衛門───忠利─忠勝　（高原町二井宿住　島津五右衛門家　　）

　　　　忠預─悟　（五右衛門2男家　島津悟家　　　　　　）

　　　　大助─秀道　（五右衛門3男家　島津秀道家　　　　　）

為吉─島吉─精一　（五右衛門分家　島津精一家　　　　　）

複写・複製厳禁　　　　　　　　　　　　　　　　110. 米沢島津氏一族分出略系図　517

111. 下野国島津氏一族分出略系図

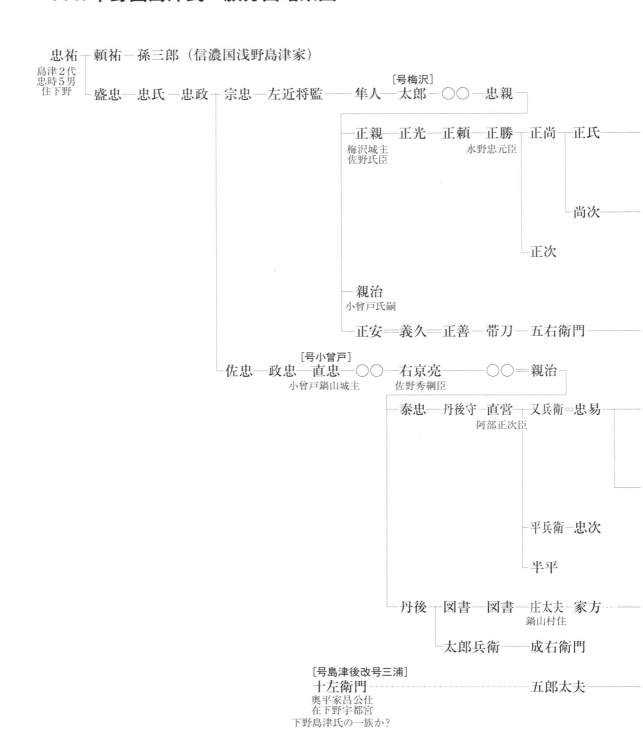

（派生一族：島津、梅沢、木村、小曾戸）

―伴正―泰正―時正┬正盛―正久　　　　　　　　　（山形藩水野家臣　梅沢九郎左衛門家　　　）

　　　　　　　　└正治―正次（出奔断絶）　断絶　（山形藩水野家臣　梅沢権之介家　　　　）

[号木村]
―尚勝―尚章―尚与―尚儀　　　　　　　　　　　　（山形藩水野家臣　木村伝蔵家　　　　　　）

　　　　　　　　　　　　　　　　　　　　　　　（松本藩戸田家臣　梅沢久左衛門家　　　　）

―吉次―吉政　　　　　　　　　　　　　　　　　　（下野梅沢村住　　梅沢才兵衛家　　　　　）

　　　　　　　　　　　　[復島津]
―安左衛門――直周―直徳―直堅―忠貞―忠和┬忠國　（福山藩阿部家臣　島津好母家　　　　　　）

　　　　　　　　　　　　　　　　　　　　└忠休　（忠和2男家　　　島津忠休家　　　　　　）

―忠舗　　　　　　　　　　　　　　　　　　　　（福山藩阿部家臣　小曾戸幸右衛門家　　　）

　　　　　　　　　　　　　　　　　　　断絶　　（福山藩阿部家臣　小曾戸平兵衛家　　　　）

　　　　　　　　　　　　　　　　　　　断絶　　（福山藩阿部家臣　小曾戸半平家　　　　　）

―藤左衛門――藤一郎＝宗三郎―武┬晶―林太　　　（下野鍋山村住　　小曾戸弥市郎家　　　　）
　　　　　　　　宇都宮
　　　　　　　　遠山氏男　　　　└哲―龍太　　　（武2男家　　　　小曾戸龍太家　　　　　）

　　　　　　　　　　[号島津]
―五郎太夫┬十左衛門――五郎太夫――五郎太夫　　（中津藩奥平家臣　島津五郎太夫家　　　　）

　　　　　　　[号島津]
　　　　　├定澄―定森―定典―定恒―渉　　　　　（中津藩奥平家臣　島津渉家　　　　　　　）

　　　　　　　[号島津]
　　　　　└幸兵衛―定常―定一―萬次郎　　　　　（中津藩奥平家臣　島津祐太郎家　　　　　）

複写・複製厳禁

[小曾戸]
（出所不知）　伊右衛門――津右衛門――宮郎―三吾―冨弥

銀蔵―新兵衛‐新吉―貞治

（越前鯖江藩士　小曾戸伊右衛門家　　　）

（越前鯖江藩士　小曾戸銀蔵家　　　　　）

112. 越前鯖江藩島津家他出所不知島津氏一族分出略系図

●越前鯖江藩　島津波守一流

[号島津]
波守 ― 栄蔵 ― 源馬
寛政10　文化10　安政3
勘定奉行15人扶持　御金奉行

●丹波与謝郡伊根城主　島津伊織一流

忠直 ― 泰忠 ― 時忠 ― 光忠 ― 忠連 ┄┄┄┄┄
島津初代　　　　住丹後　　　　　　下野守
忠久公4男　　　　　　　　　　　　貞和年中
住甲斐国　　　　　　　　　　　　　丹波国
　　　　　　　　　　　　　　　　加佐郡ニ住

●越後新発田藩溝口家御用山守　島津九右衛門一流

詰俊 ― 詰広 ┄┄┄┄┄┄┄┄┄┄ 昭二
島津九右衛門　九右衛門

●備後国芦品郡新市町住　島津長次郎一流

島津長次郎 ― 治右衛門 ── 利政
先祖安芸武田信武ニ　　商人
従ヒ備後国ニ住ス　　　屋号武田屋
忠直流か

●京都島津源蔵一流（島津製作所創業）

[賜島津]
源頼信 ― 井上頼秀 ┄┄┄┄┄┄ 惣兵衛
　　　　　3男　　　　　　　　茂一
　　　　　　　　　　　　播磨黒田家臣
　　　　　　　　　　　　後住筑前

●島津市之助一流

島津市之助 ┬ 喜人 ─ 正利
山口県生　│
　　　　　└ 一男

●富山県島津清次郎一流

島津清次郎 ┬ 信一 ─ 清信
　　　　　 │
　　　　　 ├ 芳弘 ─ 喜芳
　　　　　 │
　　　　　 ├ 三郎
　　　　　 │
　　　　　 └ 安雄

（派生一族：島津）

越前鯖江藩
（大野家臣　　島津源馬家　　　　　）

………………………（出所不知）　藤兵衛−伊織　断絶　（丹波伊根城主　島津伊織家　　　　　）
　　　　　　　　　　　　　　　　　　　　　　伊根城主　天正10.9滅亡

新発田藩
（御用山守　　島津九右衛門家　　　）

備後国芦品郡
（新市町住　　島津治右衛門家　　　）

—義秀

（7代略）………太七—利作—某………………豊造　島津人形店
　　　　　　　　住京都　長男　　　　　　　　（京都）　　島津豊造家　　　　　）

　　　　　　　　　　島津清兵衛
　　　　　　　　　　　京都住
　　　　　　　　　　　仏具職人

　　　　　　　　　　┌源蔵—源蔵　　　（島津製作所一族　島津源蔵家　　　　　）
　　　　　　　　　　　島津製作所
　　　　　　　　　　　創業

　　　　　　　　　　├源吉—一郎　（源蔵2男家　島津源吉家　　　　　）

　　　　　　　　　　└常三郎┬新一　（源蔵3男家　　島津常三郎家　　　　　）

　　　　　　　　　　　　　└洋二　（常三郎2男家　島津洋二家　　　　　）

山口県下関市住
（島津海運㈱元会長　島津喜人家　　　　）

富山県高岡市住
（㈱島津社長　島津信一家　　　　　）

富山県高岡市住
（清次郎2男家　島津芳弘家　　　　　）

複写・複製厳禁　　　　112.越前鯖江藩島津家他出所不知島津氏一族分出略系図　523

■引用・参考文献

引用・参考文献については、下巻と共通するので下巻に収録する。

■編著者紹介

野田幸敬（のだ　ゆきたか）

1948年、長崎市生まれ。本籍地は熊本県。
1972年、熊本大学薬学部卒業。同年、熊本県薬剤師会勤務。1973年より1984年まで、現田辺三菱製薬勤務。
1984年、鹿児島に移住。小学校6年の頃より関心を持っていた島津家系図研究について、移住を機に本格的に着手。吹上町永吉南郷会、谷山郷土史研究会、日新公顕彰会等で島津家系図に関する講演多数。一方で、田舎暮らしと化学物質を使わない自然生活を追求する。
主な著作・論文
『島津一族全系図』全4巻（私家版）
「薩摩藩の家臣配置と島津一族」『家系研究』16号、家系研究協議会
「米沢藩上杉家臣島津氏」『南九州文化』26号、南九州文化研究会
「信濃の島津氏」『長野』125号、長野郷土史研究会
「島津中務大輔家久毒殺の謎」『歴史研究』475号、歴史研究会
「島津氏支族について」『家系研究』33号、家系研究協議会
「島津氏関連著作物の紹介」『家系研究』58号、家系研究協議会
「反西郷の雄、末弘直方」『家系研究』64号、家系研究協議会
他多数。

■内容に関するお問い合わせ先

系図集という特殊性に鑑み、新しい系図に関する情報、内容に関するお問い合わせ等は、直接編著者まで文書にてお願いいたします。
〒899-3203 鹿児島県日置市日吉町吉利1989-2
　　　　野田幸敬　宛て

※本書は、系図集という歴史資料としての性格上、文書等の原史料をそのまま記載しています。そのため、現代では不適切とされる用語もごく一部に収録されていますが、何卒ご了承ください。

系図研究資料

島津家家臣団系図集

上巻　各家各氏一族分出略系図

2019年6月1日　第一刷発行

編著者　野田幸敬
発行者　向原祥隆
発行所　株式会社 南方新社
　　　　〒892-0873 鹿児島市下田町292-1
　　　　電話 099-248-5455
　　　　振替口座 02070-3-27929
　　　　URL http://www.nanpou.com/
　　　　e-mail info@nanpou.com

印刷・製本　モリモト印刷株式会社
定価はカバーに表示しています
乱丁・落丁はお取り替えします
ISBN978-4-86124-389-9　C0021
©Noda Yukitaka 2019, printed in Japan